# De Tropische Trump

Hans Veltmeijer

# De Tropische Trump

## Brazilië onder president Jair Messias Bolsonaro

Hans Veltmeijer: *De Tropische Trump, Brazilië onder president Jair Messias Bolsonaro* maakt deel uit van de PROMINENT-reeks waarvan de redactie wordt gevormd door Wim Hazeu en Cok de Zwart.

Voor meer informatie: www.uitgeverijprominent.nl

ISBN: 978-94-92395-42-9



Ontwerp omslag: Koeno van der Schuur
Foto's: Hans Veltmeijer

## Inhoudsopgave


1. Twee Brazilië's 8
2. Dit is Brazilië 12
3. Einde van een links tijdperk 25
4. De Messias staat op 34
5. Een atleet krijgt geen corona 48
6. Bolsonaro verslaat Moro 57
7. Democratie onder druk 72
8. Het momentum van Maricá 82
9. De paria's van de pandemie 88
10. Geen land van flikkers 96
11. Het foute feestje 102
12. Lula is terug, en nu? 123
13. Oefenen voor de coup 139
14. God bestuurt het land 153
15. Worsteling met de oorlog 187
16. De strijd tussen het goed en het kwaad 201
17. Spannender dan een voetbalkraker 238
18. Twee historische zondagen 257

Hoofdpersonen 269
Bronnen 273
Dankwoord 275

Voor Claudia, de verzoener

# 1. Twee Brazilië's

Jair Messias Bolsonaro werd net niet herkozen als president van Brazilië. Waren de vier jaren onder zijn bewind een duistere periode in de geschiedenis die ternauwernood is overgewaaid, of de start van een rechtse dominantie, een uiterst rechtse, waarbij orde op zaken wordt gesteld? Dat eerste hoopt iets meer dan de helft van de bevolking, die op Luiz Inácio Lula da Silva stemde als nieuwe president. Het luidruchtigste contingent, ruim 49 procent van de kiezers op 30 oktober 2022, gelooft in een conservatief tijdperk, dat nu even op pauze is gezet. Het bolsonarisme leeft voort, ook zonder Bolsonaro. Zijn gedachtegoed is ruim vertegenwoordigd in het parlement. Ook dat was een uitkomst van de verkiezingen.

Hij kreeg al snel de bijnaam 'De Mythe', daar kwam later 'Kapitein van het Volk' bij. Zijn regeringsjaren (2019-2022) waren ook volgens zijn aanhangers niet voorbeeldig, maar ze gunden hem graag een tweede kans. En belangrijker voor vooral de rechtse middenklassers: alles beter dan de Partido dos Trabalhadores (PT), de Arbeiderspartij, die 'door en door corrupte partij met bendeleider Lula aan het hoofd'.

Na het verlies braken protesten uit, soms gewelddadig. De fanatiekste *bolsonaristas* sloegen door het hele land hun tenten op voor kazernes, en smeekten tevergeefs om militaire interventies. De voorspelde bezetting van het parlement in Brasília bleef aanvankelijk uit, maar gebeurde toch, op de zondagmiddag van 8 januari. De Capitoolbestorming in Washington DC verbleekte erbij qua omvang.

Duizenden in het groen en geel geklede 'terroristen', zoals ze direct in de media werden genoemd, trokken uitgelaten het parlementsgebouw, het presidentieel paleis en het Hooggerechtshof binnen en waanden zich even baas van de natie. Aanvankelijk werd hen bij alle vernielingen geen strobreed in de weg gelegd door de militaire politie. Het duurde enkele uren waarin de bestormers zich uitleefden en toen was hun feest voorbij. Er volgde snel een arrestatiegolf en de kampementen voor kazernes werden per direct verboden.

Het geflirt met een dictatuur door Bolsonaro kreeg nooit bijval van de legertop en de invasies werden ronduit veroordeeld door politiek en leger. De grondwet uit 1988 overleefde en de relatief jonge democratie hield zich staande. De flinke hobbel op het pad naar volwassenheid werd genomen.

Bolsonaro had vier jaar lang de hoofden van zijn medestanders geboetseerd richting de uitbarsting op 8 januari. In het spoor van roerganger Donald Trump. Nadat de daad bij al zijn woorden was gevoegd, veroordeelde hij vanuit schuilplaats Florida wat omfloerst de couppoging. Na de verkiezingen accepteerde hij met grote tegenzin zijn nederlaag, hoewel hij zich daags na de inauguratie van zijn grote vijand nog altijd de echte president van Brazilië noemde.

Bolsonaro zocht in zijn presidentsjaren vaak de grenzen van de grondwet op en werd bij overschrijding daarvan steeds teruggefloten, vooral door wat zijn grote vijand werd: het Hooggerechtshof met rechter Alexandre de Moraes als personificatie van het kwaad.

Ook links Brazilië heeft een versie van de waarheid die geen nuance duldt: de PT is in 2016 door een vooropgezette rechtse coup en met hulp van de media van de troon gestoten, en Bolsonaro is door diezelfde media in het zadel geholpen om in oktober 2018 de verkiezingen te winnen. Zijn tegenstander Lula zat wegens vermeende corruptie veilig achter slot en grendel. Dat was volgens links het gevolg van gepolitiseerde rechtspraak. Vervolgens hebben de collaborerende media (lees mediagigant *Globo*) en het Hooggerechtshof spijt gekregen, omdat de nieuwe president zich ontpopte als een ongeleid projectiel.

Bolsonaro keerde toch terug naar Brazilië, verhoogde daarmee zijn mythische status bij zijn aanhangers en deed de grimmigheid in het land weer aantrekken. Nog meer nadat hij op 30 juni 2023 door het electorale gerechtshof (Tribunal Superior Eleitoral) acht jaar werd uitgesloten van de verkiezingen.

Daarna kwam het innen van de openstaande coronaboetes vanuit de deelstaten, voor het niet dragen van een mondkapje. Alleen al in São Paulo voor meer dan een miljoen real. Hij bood een van zijn appartementen aan ter betaling daarvan en zijn aanhangers lapten voor een boetepot. Ze zijn hun held eeuwig dankbaar, omdat hij 'Brazilië zijn patriotisme heeft teruggegeven'.

Eenmaal van het pluche af, stapelen de rechtszaken tegen Bolsonaro zich verder op en wordt zijn slachtofferrol versterkt. Intussen blijft de vulkaan borrelen en zien zijn aanhangers uit naar een goede opvolger om het bolsonarisme weer aan de macht te krijgen. En vooral: Lula ten val te brengen, de strop hangt al klaar.

Dit boek brengt Bolsonaro's controversiële en nimmer saaie beleid als president in kaart, met name tijdens de coronajaren. Maar het is ook de registratie van mijn bevindingen als participerend observant in mijn tweede thuisland, onder familie, buren en vrienden. Tussen 2017 en 2023 raakten bevolkinsggroepen steeds verder van elkaar verwijderd en ontstonden er twee frontaal botsende wereldbeelden. De sfeer in het luchtige Brazilië veranderde, werd opzichtig grimmig en families kwamen onder hoogspanning te staan.

Net zoals dat in de Verenigde Staten gebeurde en in veel landen op de loer ligt. In Amerika werd het Capitool bestormd, Brazilië volgde in de overtreffende trap en in Nederland werd een inname van het parlement door het ontevreden volk als een droomscenario geschetst door Forum voor Democratie. Ook Suriname kende begin 2023 zijn eigen micro-uitvoering van een heuse parlementsbestorming. En president Benjamin Netanyahu bedacht wetten om de macht van het Hooggerechtshof in Israël in te perken, in ook al een tot op het bot verdeeld land.

In Nederland werd de Boeren Burger Beweging ineens de grootste politieke partij tijdens de Provinciale Statenverkiezingen. En hoewel Caroline van der Plas niet in het rijtje Trump, Bolsonaro, Orbán, Netanyahu past, heerst er bij de achterban wel veel onvrede en achterdocht over 'het links-liberale establishment'.

Er is een wereldwijde beweging gaande, ook wel trumpisme genoemd, gedreven door een afkeer van de linkse elite en angst voor bepaalde veranderingen en van munitie voorzien door nepnieuws en complottheorieën die floreren in de bubbels van de sociale media. Ook vanuit die bubbels doet dit boek verslag over de twee Brazilië's.

De spanning en worstelingen over de politieke tweedeling zag ik ook bij vrienden, buren en schoonfamilie. Krampachtig, vaak met behulp van een stiltepact, probeerden de mensen hun banden te behouden.

Tegelijkertijd blijft Brazilië Brazilië: vrolijk en levenslustig. En zeer tolerant, zolang er niet over politiek wordt gesproken. En ook die verhalen staan hier opgetekend.

Er komen heel wat mensen voorbij. Voor wie dreigt te verdwalen in het woud der namen, staat er achterin het boek een lijst met hoofdpersonen.

## 2. Dit is Brazilië

Het leven gaat zijn gang in Itaocaia Valley, bij het verstrijken van het jaar 2017. Het serene gehuil van de motorzaag klinkt vertrouwd in de boomrijke omgeving: buurman Barata heeft weer een klus. Als het een beschermd exemplaar betreft, heeft hij dat vooraf even kortgesloten met zijn contact bij het milieubeschermingsorgaan van de regionale overheid. Een bescheiden steekpenning geeft groen licht voor de kap.

Via 'de route voor wie geen rijbewijs heeft' doen we wat inkopen in het centrum van kustplaats Itaipuaçu, in de gemeente Maricá, deelstaat Rio de Janeiro. En mocht er toch een verdwaalde agent lastig doen, dan is er altijd nog het briefje van 50 in het dashboardkastje – in Brazilië mag dan een ware kruistocht tegen de corruptie op politiek niveau bezig zijn, dit soort praktijken zit er te vast ingeramd bij de mensen. Muziek schalt tegenwoordig uit speakers op straat en er komen steeds meer winkeltjes van enige kwaliteit bij. Barata kletst wat met straathandelaren en winkelende vrouwen.

Blij als een kind komt hij daags voor oudejaarsavond thuis met de mededeling dat hij een geit heeft gekocht, een heel mooie geit. Hij heeft het verdienmodel al klaar: zestig porties à 15 real. Hoeveel is dat Hans ('Rans')? Met een investering van 500 real gaat hij dus 400 winst maken, snel verdiend. En die omgerekend honderd euro is toch bijna de helft van een minimumloon in Brazilië. Maar de blik van Geralda is dodelijk. "Wat moet je nu met die oude geit? Niemand eet dat." Barata sputtert voor de vorm nog wat tegen, in de wetenschap dat het doek is gevallen voor dit project. Vrouw is baas thuis.

De kippenhandel gaat wel levendig door. *Macumba* is tegenwoordig zijn beste klantensegment. Macumba is in Rio de Janeiro een verzamelnaam voor alle spiritistische en Afro-Braziliaanse culten en religies. Aanhangers daarvan geven graag 50 real voor 'een boerenkip' uit, om het dier te offeren voor hun heiligen. Barata betaalt 15 real per kip bij een sloeber om de hoek. De klanten komen van heinde en verre uit de deelstaat voor de echte boerenkippen van Barata.

De buurt wordt al even geteisterd door vlees- en bierdieven. Ook ons huis deden ze aan, met als buit een mooi stuk *picanha*, staartstuk van het rund. Wat lege bierblikjes lagen in de keuken. Intussen zijn ze ook bij buurman Jorge binnen geweest en deze week kreeg overbuurman Mauro ongewenst bezoek.

Tijdens zo'n zelfde inbraakgolf vorig jaar werd met een van de kruimeldieven afgerekend op een vrijdagnacht na de wekelijkse dolle avond in de lokale cowboytent. Een *caseiro* (iemand die een huis van een ander bewaakt, verzorgt en er ook woont) kon het niet verkroppen dat een zoon van een collega ook bij hem had ingebroken. En in dit gebied is eigen rechter spelen heel gebruikelijk. Barata weet wel te vertellen dat de dader de komende 21 jaar vastzit voor moord.

Wij hoeven niet meer te vrezen voor nachtelijk onheil, weet Barata zeker. Hij heeft met de jonge boefjes gesproken en duidelijk gemaakt dat hij op ons huis past. De huizen die hij onder zijn hoede heeft in dit landelijke gebied, op een uur rijden van de stad Rio, worden vanaf nu met rust gelaten.

### Kleine en grote corruptie

Het huis dat Claudia en ik in 2013 lieten bouwen op een verwilderd perceel in de Vallei van Itaocaia, verhuren we via Airbnb, om het niet het grootste deel van het jaar leeg te laten staan en het geen pure kostenslurper te laten zijn. De achterburen Barata en Geralda runnen deze business ter plekke. Ooit straatarm vertrokken uit deelstaat Paraiba in het noordoosten van het land, op zoek naar voorspoed in Rio de Janeiro. En daarin zijn ze geslaagd.

Zij zijn het gezicht voor de gasten van Sítio do Sol (Landgoed van de Zon), ik regel dingen op afstand en verzorg vooral de communicatie via de app. Een onverslaanbaar team. Een of twee keer per jaar zijn we er zelf en ik denk dan snel: waarom gaan we hier niet wonen? Ruimte, natuur rondom, het strand op tien minuten rijden, schoonfamilie en vrienden nabij, geweldige buren en een warm en zonnig klimaat. Er is steeds wel een reden om het uit te stellen. De kinderen gaan nog naar school, hoe komen we aan een fatsoenlijk inkomen en wat doen we met de hondjes? En de (on)veiligheid is altijd een issue. Het wordt 'een proces' en we mikken langzamerhand op het door veel Nederlandse senioren gehanteerde concept van half daar half hier.

Eenmaal daar is het stil in en rond huis. Wanneer ik alleen ben, staat de krakende transistorradio aan. Ik hoor dat de Bolsa Família, een van de paradepaardjes van de diep gevallen – maar onbreekbare – oud-president Lula, een ware melkkoe blijkt voor lieden die er geen recht op hebben. 350.000 fraudegevallen meldt het nieuws, vooral ondernemers en ambtenaren misbruiken de toelage die bedoeld is voor arme gezinnen. Direct daarop volgt een minutieus live verslag van de files in Rio. De radiozender brengt verstrooiing met dit soort onzinnige bijdrages, maar ook verhelderende samenvattingen in een notendop van de malaise in het land komen voorbij. Naar aanleiding van de structurele problemen in de gevangenissen, met bloedige opstanden tot gevolg, stelt een analist vast: "De politici in Brazilië houden niet van politiek maar van de macht."

We zitten nog ruimschoots in het pre-Bolsonaro tijdperk, maar de aanloop daar naartoe is wel begonnen. Bolsonaro is nog een onbelangrijk maar wel altijd dwarsliggend parlementslid. Met bijzonder grote interesse volgt hij de ontwikkelingen in Amerika, waar Donald Trump de presidentiële troon heeft bestegen.

Het is acht uur 's ochtends en ik heb al drie geroosterde broodjes met kaas op en zit aan mijn derde bak koffie. De zwarte bonen met gedroogd zoutvlees (*carne seca*) staan al drie kwartier te pruttelen. Daar zal ik later Geralda en mijn schoonmoeder Ceiça mee verblijden.

Spoken uit het verleden verschijnen weer op het toneel. Roberto Jefferson, een van de hoofdpersonen in het corruptieschandaal van het 'dikke maandsalaris' (O Mensalão), haalt het nieuws. Onder de regering Lula stroomde er publiek geld naar parlementsleden in ruil voor steun aan regeringsvoorstellen. Dat is volgens links in Brazilië altijd zo geweest, onder elke regering. De aantijgingen vanaf 2005 zijn daarom 'een rechts complot'. Lula bleef buiten schot en kon worden herkozen in 2008. Een ander kopstuk, voormalig bankdirecteur Henrique Pizzolato, werd wel veroordeeld. Daarover later meer.

Ook Jefferson duikt verderop in dit boek weer op, in doorgedraaide versie. Hij is in 2017 even vrijgelaten uit de gevangenis om met president Michel Temer de aanstelling van zijn dochter tot minister van Arbeid door te spreken. Deze Cristiane Brasil raakt direct in opspraak. Veel ex-werknemers van haar en haar familie vertellen over misstanden en uitbuiting. Een voormalig privé-chauffeur klaagt dat hij na tig jaar zomaar is ontslagen, zonder enig 'sociaal plan'. Indien hij zijn mond had gehouden tegen de pers, zou de familie zijn schulden hebben afbetaald. Hij moet goed afgewogen hebben dat uit de school klappen gunstiger voor hem zou uitpakken.

En wellicht was dat helemaal niet voor eigen gewin. Hij kon natuurlijk ook tot de groeiende groep Brazilianen behoren die de corruptie en misstanden in het land helemaal beu waren en zich uitspraken. Zoals Toninho en zijn zoon Leon bij de zondagse voetbalgroep Amigos do Rola. Leon is startende ondernemer en zegt principieel niet mee te doen aan welke vorm van corruptie dan ook, zelfs niet aan de cultureel gewortelde *jeitinhos*. De kleine handigheidjes om iets voor elkaar te krijgen.

Zijn vader heeft het over een soort 'morele revolutie' die moet plaatsvinden in zijn land. Een andere zoon keerde met zijn vrouw Brazilië de rug toe vanwege de onzekere situatie. Hij is hoogopgeleid, maar doet nu als illegaal in Boston allerlei ongeschoold werk. Toninho vindt het een verkeerde keuze. Toninho wordt later een overtuigd Bolsonaro-aanhanger. En Bolsonaro zou de morele revolutie prediken. En met zijn zoon in Boston kwam het goed, hij zou met de jaren geofficialiseerd worden en zijn Amerikaanse droom verwezenlijken.

**De motorclub**

'Dit is Brazilië', blijft de dooddoener van Barata voor allerlei louche praktijken die hij zelf bezigt. Dit keer is hij de trotse bezitter van een gele kanarie, voor 300 real gekocht. Maar hij zal niet lang genieten van het gezang van het beschermde vogeltje. Hij heeft al een koper, voor 1000 real. Een vriend uit Rocinha, de grootste favela van Rio.

Zijn zoon, de brandweerman, kan het niet aanzien. Hij wordt juist ingezet om de illegale vogelhandel in de regio Maricá aan te pakken. Er blijkt een levendige smokkel en zwarthandel in de tropische, inheemse vogels. Zo verneem ik dat ook de vriend van een goede vriendin van de familie erin handelt. Hij vangt simpelweg de mooie vogeltjes rond zijn buitenhuis in Valença (in de koffiestreek in de deelstaat Rio) om ze te verkopen.

Deze vriend is motorliefhebber en heeft al sinds zijn jeugd een vast motorclubje. We worden een keer uitgenodigd voor een evenement in Itaipuaçu. Verschillende motorclubs feesten gebroederlijk. Geweld is overal, maar van toestanden met motorclubs zoals in Nederland is in Brazilië geen sprake. Dat blijkt ook wel wanneer ik daar naar informeer. Er wordt zelfs geen wiet gerookt. Het is een onschuldig tijdverdrijf van de middenklasse. Overwegend het blanke deel, maar alle Braziliaanse kleuren zijn wel vertegenwoordigd. Later wordt de gemeenschap van motorrijders in Brazilië ongeveer synoniem met fanatieke steun aan Bolsonaro. De president organiseert tijdens zijn campagne voor herverkiezing in 2022 motorritten door het hele land.

Van de politieke voorkeur van de motorclub was destijds openlijk nog niets te merken. Een hele runderrib draait rond aan een reusachtig spit. De mensen staan in hun leren, mouwloze jacks met opschriften gedisciplineerd in de rij met een plastic bakje op hun portie te wachten. Beetje rijst, wat *farofa* (gebakken en gekruid cassavemeel), aardappelsalade, stukjes varkensworst en een nog te vet stuk rib. Het had toch nog wat langer moeten draaien. Euforisch door de situatie (motorvrienden, vriendin met haar familie, veel bier op) nodigt deze blonde familievriend ons uit voor een barbecue de volgende dag, in het ouderlijk huis van zijn vriendin. Hij zal dan vanaf 11 uur een mooi speenvarken gaan braden.

Het wordt nog een late avond in het uitgaansleven van Itaipuaçu. Het slaperige strandoord van weleer is ondertussen getransformeerd in een drukke plaats, vooral bevolkt door mensen uit de lagere middenklasse, en ook met grote arme wijken. Een positief gevolg is dat er nu wel van alles te doen is, vooral in de weekenden. Barretjes met live-muziek, goede strandtenten en veel dansgelegenheden tot in de kleine uurtjes. Ook de dan 70-jarige Maria da Conceição Vieira (Ceiça), mijn schoonmoeder, is er gewoon bij, dansend op *sertanejo* muziek (Braziliaanse country). Het feest duurt tot vier uur in de ochtend, wanneer we afsluiten met een hot dog. Voetballen vier uur later wordt voor mij geen succes. En lekker voetballen is toch fijner dan lekker uitgaan, dus dat was de laatste keer voor mij op een zaterdagavond.

De barbecue van de vriend kwam er niet. Door ervaring wijs geworden arriveer ik een paar uur na het afgesproken tijdstip. Geen houtskoolgeur, geen vlees. De vriend in kwestie staat bepakt en bezakt met zijn motorvrienden klaar om te vertrekken naar Rio. Hij heeft 'plotseling iets belangrijks' te doen. Daar wordt verder niet over doorgevraagd, maar blijkbaar moest hij naar zijn vriendin, zijn wat vastere vriendin. Onze vriendin accepteert de situatie maar min of meer. Beter zo dan alleen te blijven. Ze gaat nu fanatiek afvallen, in een poging hem helemaal voor zichzelf te veroveren.

**Chileense toeristen**

Ik probeer tevergeefs grip te krijgen op het zwembad. Barata's werkwijze is om het helemaal te laten vergroenen en pas wanneer er gasten komen, het water met behulp van ladingen dure chemicaliën weer helder te krijgen. Het werkt alleen niet altijd. Maar met een mooi verhaal ('het is het grondwater in deze omgeving, schoon maar niet helder' of 'het is de regen', of 'de wind') weet hij de gasten meestal toch weer te overtuigen om de situatie zonder morren te accepteren.

Ze zwemmen zelfs in het 'natuurlijke' groene water. Dat kan ook geen kwaad, zelf doen we het ook regelmatig. Algen schijnen beter voor de gezondheid te zijn dan chloor. Maar sommigen eisen toch echt constant een blauw kristalhelder bad en hebben geen boodschap aan de verklaringen van Barata. Ze sturen mij dan vernietigende commentaren. Zolang die niet in de publieke recensies terechtkomen, is er niet zoveel aan de hand. Ik bied graag ruime compensatie aan in de vorm van gratis overnachtingen. Later blijken dit de kinderziektes geweest te zijn, wanneer Barata het zwembad onder de duim krijgt en de gasten hun verblijf structureel met vijf sterren beoordelen. Barata heeft zich dan ontwikkeld tot een alomgeprezen gastheer.

Gasten die via Airbnb ons huis huren, krijgen dus voornamelijk met Barata te doen. Ik heb zelf ook wel eens mensen ontvangen en wegwijs gemaakt. Een bezoek aan Barata thuis is daar een vast onderdeel van, en zijn ei-act een vast welkomstritueel. Hij grist voor het oog van de verbouwereerde gasten een ei uit de kont van een kip, blaast het enigszins schoon en steekt het vervolgens in zijn mond, waarna de dooier langs zijn kin stroomt en hij het uitkrijst van plezier. De stadse Chileense jonge vrouwen uit Santiago en hun moeder reageren tussen verbijsterd en met walging. Maar ze krijgen zo wel een authentieke lokale touch tijdens hun vakantie.

De vader (een kunstenaar) merkt aangenaam verrast op dat er wat boeken op de plank staan in ons huis. Hij is al in veel Braziliaanse woningen geweest, maar had daar nog geen boek gezien. Die observatie geeft wellicht iets van een antwoord op zijn kwellende vraag: hoe kan het dat Brazilië niet echt van de grond komt, met zoveel potentie? De Chileen is zeer gefascineerd door het land. Mensen, natuurlijke rijkdommen, schoonheid. Dat moet er een keer uitkomen. Het is het aloude verhaal van 'De Slapende Reus'. Die maar niet wakker wil worden.

Zijn zoon is de verantwoordelijke reisleider van het stel. Zijn dochter, en vooral haar vriendin, de losbollen die in het gareel moeten worden gehouden. De huurauto heeft al een flinke deuk, dochter ging even rijden. En het duurt niet lang of ze vragen mij of ik ook wiet rook, na een aangenaam uitstapje naar de onovertroffen zonsondergang naast de Olifantenberg en in de Atlantische Oceaan. Op het strand van Itaipuaçu, met een caipirinha. Na mijn ontmoedigende verhaal dat dat in Brazilië niet zo gewoon is, en vooral zeer strafbaar omdat er geen onderscheid tussen harddrugs en softdrugs wordt gemaakt, vragen ze niet door. Maar Barata stellen ze wel concreet de vraag of hij niet wat te roken kan regelen, een briefje van 50 real wordt hem onder de neus gehouden. Barata vertelt me het verhaal geshockeerd, en ik denk ditmaal niet dat hij acteert.

**Afvalproblemen**

De plastic-tasjes-discussie leeft op dat moment weer eens. In Brazilië werkt het eenvoudig niet zonder de gratis plastic tasjes in de supermarkt, luidt de berustende conclusie van de voorstanders. En dus wordt een pakje koffie in twee plastic tassen verpakt en om een in plastic verpakt sixpack bier doet de glimlachende cassière nog eens vier tasjes. Om minder vragen heeft weinig zin, de extra tasjes zijn me echt gegund. Maar dat dit een gewoonte is van de laatste (tientallen) jaren wordt duidelijk wanneer de ouderen, zoals Ceiça, herinneringen ophalen aan het boodschappen doen van vroeger. Ze kregen helemaal geen tasjes en namen karretjes en stoffen tassen mee voor hun inkopen.

Ik probeer het nog wel eens met Nederland als voorbeeld. Ook hier was tegenstand tegen het opheffen van gratis tasjes. Maar zie nu, geen haan die er meer naar kraait. Meer dan in Nederland belanden de tasjes in Brazilië bovendien in de buitenlucht. Een pijnlijk gevolg haalt de headlines van het nieuws in december 2017. In de al zo vervuilde Baai van Guanabara in Rio drijven honderdvijftig dode dolfijnen. Hun magen blijken vol met plastic afval te zitten.

In januari 2020 zijn de plastic tasjes toch echt afgezworen. Voor korte duur overigens. Maar ook dan is de milieuschade door plastic afval nog steeds pijnlijk zichtbaar. Bijvoorbeeld tijdens een verrassend boottochtje in de wateren rond het Ilha da Gigoia in Barra da Tijuca, de relatief nieuwe en rijke strandwijk vol hoogbouw aan de zuidzijde van de stad Rio de Janeiro. De lokale visser toont ons kaaimannen en capibara's. Dieren die niet inheems zijn in deze contreien, maar zich er prima voortplanten. Maar de motor loopt vast in een grote afvalzak en overal rond de dieren wemelt het van het plastic. En ze hadden enkele dagen eerder nog alles schoongemaakt, vertelt de jongen. Dat doen de vissers helemaal zelf. Hun bootjes worden op zo'n dag tot de nok gevuld met plastic. Eenzelfde verdrietig gevoel krijg ik wanneer ik in het zeewater bij het strand van Itaipú steevast tegen plastic aanloop. Tegelijkertijd vergapen de mensen zich aan de grote schildpadden die hier hun leefgebied hebben.

In de Vallei van Itaocaia is de situatie rond het afval wel sterk verbeterd. Zou mijn e-mail naar de gemeente Maricá met suggesties vanuit de Nederlandse context hebben geholpen? Dat zal ik niet weten want op zulke mails wordt niet geantwoord. Maar bij neef Paulinho werkte het ook zo: om een junglepad op te knappen, werd niet gereageerd, maar het werd wel uitgevoerd.

De grote, stinkende en smeulende containers in de buurt zijn verdwenen. Vrijwel dagelijks wordt het huisvuil tegenwoordig door de gemeente aan de deur opgehaald, en de mensen wennen er snel aan. Maar de vuurtjes blijven, en de giftige geur van smeulend plastic. Nog enkele jaren, want in 2023 zijn grote vuren echt taboe, en is het leven weer wat aangenamer geworden in de groene vallei.

Een vuurtje in en om het huis is oké, vindt Barata, maar plastic verbranden kan niet en zeker niet vlak bij het terrein van een ander. Dat laatste flikt een achterbuurman bij onze achterpoort, zelfs de pannen zijn zwartgeblakerd. Als ik hem erover, waarschijnlijk te direct, aanspreek, schiet hij strak in de verdediging: niets aan de hand want het gebeurde niet op zijn terrein. Alles aan de hand natuurlijk want plastic verbranden op openbaar terrein is gewoon verboden. Ik besluit het maar via Geralda en Barata te spelen, en zo de gedragsverandering bij deze buurman op de subtiele Braziliaanse wijze te realiseren. En dat werkt.

**Kruisvaarder Paulo ontdekt Calaboca**

Een van de kruisvaarders voor een milieubewuster, geschoolder, geweldlozer en minder materialistisch Brazilië is neefje Paulinho, ondertussen beter 'neef Paulo'. Opgegroeid in een streng evangelisch gezin in een arme voorstad van Rio. Als kind altijd al bereid om anderen te helpen, en nooit op de voorgrond tredend.

Later verdient hij een klein inkomen als parttime boekhouder voor een fitnesschool, maar zijn passie ligt in de natuur. Hij maakt in zijn vrije tijd wandelingen in de bossen in de omgeving van Rio, beklimt bergen en reist zelfs uren met trein en bus om voor hem nieuwe natuurgebieden te ontdekken. Met water en fruit als proviand. Paulo consumeert geen 'industrieel vervaardigde producten' meer. Dus geen frisdranken, maar ook geen vruchtensappen die niet rechtstreeks uit het fruit zijn geperst zonder toevoegingen.

Hij verdiepte zich ook in de geschiedenis van de Vallei van Itaocaia. Zo ontdekte hij een oude spoorwegtunnel. Bij Inoã, vlak om de hoek van de vallei op vijf minuten van ons huis. Hier passeerde de trein van Maricá naar São Gonçalo. Die laatste plaats is nu een grote, gewelddadige en overwegend arme stad geworden.

Veel middenklassers van hier hebben een tweede huis in Itaipuaçu.

Het moet met de blik van 2018 een spektakel voor de zintuigen zijn geweest, een stoomtrein dwars door de uitbundig begroeide heuvels en langs koffie-, suikerriet- en bananenplantages. Waar de overgebleven slaven (in 1888 was Brazilië het laatste land waar de slavernij officieel werd afgeschaft) hun arbeid verrichtten voor de eigenaren van Fazenda Itaocaia.

Nu is het uiteraard een verwilderd stukje geschiedenis. Het spoor ligt er niet meer, de uit hoge rotsen uitgehouwen tunnel nog wel. We struinen wat rond door het uitbundige groen, tevergeefs op zoek naar meer tastbare overblijfselen uit het verleden.

Vlak achter de tunnel ligt een wijkje, een kleine *comunidade*, genaamd Calaboca. Letterlijk: hou je kop. Paulo heeft uitgezocht waar die naam vandaan komt. De trein werd namelijk regelmatig in de tunnel overvallen door bandieten. De cultuur van geweld en diefstal is duidelijk niet van gisteren. De bandieten droegen de passagiers op hun bezittingen in te leveren (net zoals dat tegenwoordig op stranden en in bussen gebeurt) en daarbij vooral je kop te houden: '*Cala boca*!'

Paulo woonde een tijdje in favela Morro do Borel, van oudsher best berucht vanwege het drugskartel ter plekke: het Comando Vermelho, de grootste speler in de branche van de deelstaat. Hier wordt in maart 2020 een inval gedaan door de politie waarbij tal van 'ondernemers en boekhouders' worden opgepakt. Zij hadden spookbedrijven in de lucht gehouden, waarmee de afgelopen vijf jaar 147 miljoen real aan drugsgeld was witgewassen. Door het hele land worden mensen opgepakt die zich met de witwasoperatie bezighielden.

Het zijn berichten waar niemand meer van opkijkt.

Paulo werkte in deze omgeving ook als vrijwilliger voor een Europese ngo. Met idealistische, jonge vrijwilligers die de buiten de drugsboot vallende arme bewoners van de wijk hielpen. Vervolgens koos hij voor een periode als missionaris voor zijn evangelische kerk. Hij verbleef een tijdje tussen inheemse gemeenschappen in Rondônia, in het noorden van het Amazonegebied. Bevolkingsgroepen die het onder Bolsonaro zwaar zouden krijgen. Daarna hielp hij arme lieden in een *quilombo*, ooit ontstaan als gemeenschap van gevluchte slaven, in de deelstaat Ceará.

Er waren overigens duizenden van die quilombos tijdens de koloniale periode. Hele steden, maar vooral heel veel kleine dorpen. Hier vermengden de Afrikaanse slaven zich met de inheemse bewoners en leefden hun eigen vrije leven in de slavernijtijd. De Portugezen hadden er geen grip op, en de aanvallen die ze uitvoerden op sommige bolwerken, kostten duizenden soldatenlevens. Niet alleen door de speren van de marrons en indianen, ook door tropische ziektes als malaria. Dit staat onder meer opgetekend in het boek *1493* van historicus Charles C. Mann.

Paulo verzorgde in de quilombo anno 2019 oudjes, hielp met hutjes bouwen en ik geloof niet dat hij actief zijn geloof heeft gepredikt daar in de droge *sertão* van Brazilië. Lyrisch van geluk vertelde hij over zijn ervaringen. Terwijl zijn gelovige ouders de stad Rio niet uitkwamen, boorde hij als begin twintiger al zijn centjes en mogelijkheden aan om iets van de wereld te zien. De kerk was een prima vehikel daarvoor, en hij zag zichzelf tegelijkertijd goede daden verrichten.

Met Pasen 2020 zit Paulo al even in de bossen van de Chapada dos Veadeiros, een rotsgebergte in de deelstaat Goiás, op de hoogvlakte in centraal-Brazilië. Hij helpt daar nieuwe vrienden een totaal duurzaam huis te bouwen. Hij beleeft 'ongelooflijke dagen', zonder elektriciteit en met de rivier als bad. Koken op houtvuur. "Het eten heeft een smaak die ik nog nooit eerder geproefd heb", schrijft hij. "De natuur is uniek en heeft me getoond hoe belangrijk hij is. Nu ja, ik zou willen dat op een dag iedereen zou kunnen leven zonder zorgen, zonder conflicten, zonder angst en de geneugten zou kunnen experimenteren die de schepper altijd heeft gepland voor ons." De coronacrisis die op dat moment de wereld teistert, is ver weg voor hem.

Ergens in dat oerwoud moet hij wel een internetverbinding hebben gehad, anders had ik zijn berichten niet kunnen ontvangen. Zijn foto's tonen een gezond en gelukkig mens, te midden van overweldigende natuur. Hij is duidelijk wat kilo's aangekomen en heeft nu een atletisch postuur. Zijn angsten heeft hij dusdanig afgezworen dat hij een giftige oranje-zwart gestreepte koraalslang (of zijn onschuldige dubbelganger) van dichtbij heeft gefotografeerd.

In 2022 wordt Paulo vader en gaat hij trouwen met Carol, een lief meisje uit Rio's middenklasse, net zo idealistisch als haar vriend. Ze wonen in een huis dat ze nog zelf aan het bouwen zijn met duurzaam materiaal. In deelstaat Espírito Santo, bij het grote nationale natuurpark van de Serra do Caparaó. Zij verdient de kost met massages in het toeristische plaatsje nabij. Patrimônio da Penha zou ook onze harten veroveren.

# 3. Einde van een links tijdperk

De rust en ruimte van de Chapada dos Veadeiros en de Serra do Caparaó vormen een schril contrast met de opeengepakte gemeenschappen in de meer dan duizend favela's van de stad Rio de Janeiro. Van arme, versteende buurten met tienduizenden inwoners tot krottenwijkjes van hout en plastic met een paar honderd pioniers. Met de dramatische val in 2016 van Dilma Rousseff, de eerste vrouwelijke president van Brazilië, en daarmee de Partido dos Trabalhadores (PT), is het grote project 'de pacificatie van Rio' hier nu wel mislukt te noemen. Dat was door Lula in gang gezet om de drugskartels een slag toe te brengen, en in ieder geval minder zichtbaar te maken, tijdens zijn jaren als president, van 2003 tot 2011.

Er is nu geen geld meer, of het wordt er niet meer voor uitgetrokken, om de inmiddels veelal gecorrumpeerde posten van de pacificatiepolite (UPP's) in een aantal favela's goed draaiende te houden, en de drugskartels buiten het zicht hun werk te laten voortzetten. Zonder de cultuur van geweld op straat waar de bewoners zo'n last van hebben. Ook ik zag echt een structurele verbetering plaatsvinden, die weliswaar enkele jaren duurde, maar dus toch tijdelijk bleek. De macht van de drugsmaffia lijkt onbreekbaar.

Gouverneur Pezão (eigenlijk heet hij Luiz Fernando de Souza, maar zoals vaak in Brazilië wordt de bijnaam dominant, in dit geval 'grote voet') van deelstaat Rio de Janeiro kondigde bij zijn aantreden in 2014 liefst honderd plannen aan. Tegen het einde van zijn termijn bijna vier jaar later, blijkt hij er achttien gerealiseerd te hebben. Zo was er geen enkele post van de pacificatiepolitie in een favela bijgekomen in zijn tijd. De vestiging van de laatste UPP, nummer 38, dateert van 2014.

Het geweld tussen drugsbendes onderling, milities en politie (de bekende cocktail) en de onveiligheid op straat voor gewone burgers namen dusdanige vormen aan dat interim-president Michel Temer de hulp inriep van legertroepen uit Brasília om iets van orde te herstellen in de Cidade Maravilhosa, de geweldige stad.

De opvolger van Pezão is de man met de klinkende naam Wilson Witzel. Inwoner van Grajaú bovendien, de charmante lommerrijke wijk in de Zona Norte waar de vrouwen van mijn schoonfamilie jarenlang met vier generaties samen in een appartement leefden en werkten. Zoals beschreven in mijn vorige boek, *Echo's uit Rio de Janeiro* (2015).

Witzel bedacht het plan om sluipschutters in te zetten tegen gewapende drugsdealers. Hij werd gelijktijdig met Bolsonaro gekozen en deels dankzij dezelfde beloftes, oude beloftes die veel voorgangers ook deden: zonder mededogen een einde maken aan de misdaad in deelstaat Rio de Janeiro. Jonge gewapende dealers uit de arme wijken bestempelt hij als 'terroristen' op wie geschoten mag worden. 'Ik verdedig liever een politieman in de rechtbank, dan dat ik naar zijn begrafenis ga' is een van zijn uitspraken die zomaar van de president had kunnen zijn. Maar Bolsonaro zet het net weer iets scherper neer: "Een politieman die niet doodt, is geen politieman."

Dit soort populistische uitspraken tijdens de verkiezingscampagnes legden de twee politici geen windeieren. De meerderheid van de voetballers van het zondagse recreatieclubje Amigos do Rola was er bijvoorbeeld ook zeer gevoelig voor. Zij hebben eenzelfde mening over de aanpak van criminaliteit: doodknallen die boeven. Met een gevangenisstraf schiet immers niemand iets op. Opmerkelijk is dat niet alleen als 'rechts' bekend staande mensen er zo over denken, ook veel PT-stemmers geloven in 'oog om oog, tand om tand'. Eigenlijk toch niet zo opmerkelijk; het is de opstelling die ik sinds het eerste bezoek aan Rio in 1992 aantref.

Favela Morro do Macaco in Vila Isabel, de sloppenwijk waar ik in 1994 antropologisch leeronderzoek deed en sindsdien nauwe banden onderhoud met sommige bewoners, is veel in het nieuws rond de jaarwisseling van 2017-2018. Het is er weer bijzonder onrustig. Jarenlang leefden de bewoners in de hoop dat de geweldspiraal door de pacificatie daadwerkelijk doorbroken was. En ook ik begon daar echt in te geloven. Ze beleefden een lange en gelukkige Braziliaanse lente.

Maar de staat kon het niet volhouden (of 'rechts' draaide het beleid van 'links' helemaal terug) en ook de familie van Adalto en Elaine is weer terug bij af. Bij de dagelijkse angsten voor schietpartijen, de drugshandel voor de deur en de zwijgcultuur. Adalto stelt dat nuchter en gelaten vast aan de receptie van Vila Velha, het bedrijfsverzamelgebouw aan de eens statige Boulevard 28 de Setembro, beneden in de wijk Vila Isabel, waar hij al zo lang als portier werkt. Hij heeft even mogen proeven van een vredige woonomgeving, maar nu is alles weer bij het oude. Hij raadt me dringend aan niet met hem naar boven te gaan, het is te onveilig in de favela.

Het geweld is overal. Regelmatig komen er foto's van toegetakelde lijken voorbij in de groepsapp van het voetbalclubje. Zo ook op 14 januari 2018, de dag na ons eerder beschreven avondje uit in Itaipuaçu. Bij de buren van danstent Torre Beer (Biertoren) lijkt een afrekening te hebben plaatsgevonden, even nadat wij de plek hadden verlaten om te gaan rusten. Twee doden tonen de foto's. Heel even is het een onderwerp van gesprek, maar niemand is echt van slag.

In de Nederlandse dagbladen verschijnen reportages over het ondraaglijke geweld in Rio, dat 'nu zelfs de bewoners van de gewone buurten in de Zona Sul raakt'. Mooi en persoonlijk beschreven allemaal, maar het is zo'n herhaling van zetten. Dezelfde artikelen hadden 25 jaar geleden geschreven kunnen zijn, of tien jaar geleden. Niet vijf jaar geleden, toen de pacificatie op haar hoogtepunt was en het geweld zichtbaar afnam, ook duidelijk geïllustreerd in de cijfers.

**Dilma valt, Temer niet**

Met de val van Dilma Rousseff (2016) is de linkse heerschappij in de Braziliaanse politiek ten einde. De Arbeiderspartij (PT) was veertien jaar aan de macht. De verlokkingen bleken te groot, zo gaat althans 'het verhaal'. Dat gold nog niet voor Dilma. Na een veelbelovende start van haar mandaat ging het economisch steeds slechter met het land. Dat werd haar persoonlijk aangerekend door het anti-PT deel van de Brazilianen, ongeveer de helft van de bevolking.

Maar vooral haar warrige betogen en besluiteloosheid werden haar fataal. Zelfs PT-aanhangers vertelden me later: dat kon echt niet, ze was ongeschikt als president. De directe aanleiding voor haar afzetting was echter nogal onschuldig: het wat creatief omgaan met economische prognoses. Iets wat volgens haar overal ter wereld door regeringen wordt gepraktiseerd. En voormalig president Fernando Henrique Cardoso (centrumpoliticus) beaamde dat dit ook in zijn periode een heel gewone exercitie was.

Maar met steekpenningenpraktijken of andersoortige corruptie is Dilma nooit in verband gebracht. Toch werd zij afgezet, na massale protesten. Protesten door overwegend dezelfde mensen die twee jaar later Bolsonaro aan de macht hielpen en bolsonaristas zouden worden.

De afzetting van een president na een volksprotest (van vooral middenklassers) gebeurde vierentwintig jaar nadat de jonge Fernando Collor de Mello hetzelfde overkwam. Nu ging vooral links Brazilië de straat op. Bij deze telg uit een rijke en rechtse politieke familie uit het noordoosten (deelstaat Alagoas) was grootschalige corruptie wel degelijk aangetoond. Natuurlijk was zijn familie erbij betrokken.

De val van Dilma was een klinkklare coup, weten de PT-stemmers. Het vertrouwen in haar was verdwenen, ze werd vooral een bron van grappen op sociale media. Een prachtig moment om samen te spannen, een aanleiding te zoeken en haar weg te sturen, aldus de complottheoriedenkers aan de linkerflank. Een theorie die met de jaren steeds meer aan geloofwaardigheid zou winnen.

De oude, en ook van corruptie beschuldigde, vicepresident onder Dilma, de centrumrechtse Michel Temer (van partij MDB, vanouds een machtsblok in het parlement) nam als tussenpaus het roer over. Dat werd geen onverdeeld succes. Zijn vrouw Marcela deed het wel goed bij de beeldmedia. De knappe blondine, ex-Miss São Paulo, trouwde in 2003 op haar negentiende jaar met de 43 jaar oudere politicus. Voor feministen was 'de ideale huisvrouw' Marcela een schrikbeeld. Later liet ze de naam van haar man in haar nek tatoeëren.

De zoon van Libanezen die in de jaren 1920 vanuit Libanon naar Brazilië emigreerden, was van begin af aan niet populair. Een meerderheid van de bevolking wilde Temer tegelijkertijd met Dilma afgezet zien worden en nieuwe verkiezingen. Zover kwam het niet en Temer pakte zijn momentum. Hij werd er niet geliefder op. Aan het einde van zijn tweejarige presidentschap bleek hij de minst populaire president in de geschiedenis van Brazilië. Hij kon nog op de waardering van 5 procent van de bevolking rekenen.

Hij werd voortdurend beschuldigd van corruptie. Het bekende werk, *caixa dois* (doos twee, illegale bronnen van financiering), lucratieve contracten voor bedrijven tegen een mooie vergoeding. Een naaste medewerker werd zelfs gepakt met een koffer met 110.000 euro, die voor Temer bestemd zou zijn. Temer zat natuurlijk in dezelfde trein als toenmalig parlementsvoorzitter en partijgenoot Eduardo Cunha. Ze werkten hard mee aan de afzetting van Dilma, maar waren zelf pas echt corrupt. De bevolking wist dit maar al te goed, maar de meerderheid vond een exit van Dilma toch zwaarwegender.

Cunha liep al snel tegen de lamp na de val van Dilma, en was daarmee een gevaar voor Temer. Om Cunha stil te houden zou Temer zwijggeld hebben betaald. Het Hooggerechtshof achtte alle beschuldigingen ernstig en serieus genoeg om hem te vervolgen. Maar Temer misbruikte zijn immuniteit als president om dat te dwarsbomen. Ook wist hij tot tweemaal toe genoeg parlementariërs achter zich te krijgen om die immuniteit door het parlement niet op te laten heffen.

Uitstel van executie was het. Eenmaal van het pluche af, was Temer wel een jaagbare prooi voor de aanklagers van het Openbaar Ministerie. In maart 2019 werd de 78-jarige oud-president gearresteerd, wegens het aan het hoofd staan van een criminele organisatie. Met zijn handlangers zou hij voor 400 miljoen euro verduisterd hebben.

Hij viel ook ten prooi aan het Lava Jato (Wasstraat) onderzoek, net als Lula. Aan een uitloper ervan dan, de Operatie Ontsmetting (Operação Decontaminação), weer als onderdeel van Operação Radioatividade. Alleen al om die namen van al die onderzoeken zou je een boek schrijven.

Hij werd beschuldigd van 'actieve corruptie en witwassen' bij contractonderhandelingen van staatsbedrijf Eletronuclear met het bedrijf Engevix. Lula nam het meteen voor hem op, hij zag er een volgend slachtoffer in van de rechtse heksenjacht.

Temer zat zes dagen vast, van 19 tot 25 maart, en in mei nogmaals zes dagen. Daarna mocht hij op vrije voeten maar moest wel zijn paspoort inleveren en werden zijn bank- en creditcards geblokkeerd lopende het onderzoek. Temer noemde de gang van zaken 'barbaars'. Met hem sneuvelde ook de oud-minister van Mijnbouw en Energie, Moreira Franco. Hij zou met Temer en zeven anderen betrokken zijn geweest bij corruptie rond de bouw van een kerncentrale in deelstaat Rio de Janeiro: witwaspraktijken, fraude bij aanbestedingen, actieve en passieve corruptie en kartelvorming.

**Lula, de bendeleider**

Temer mocht wel in juli 2016 de Olympische Spelen van Rio openen. Net na zijn aantreden, terwijl Lula het doelwit van justitieel onderzoek naar corruptie was en Dilma thuis uithuilde over haar afzetting. Best wrang voor de PT, want het was deze partij, en eigenlijk Lula persoonlijk, die de Spelen naar Rio haalde.

Lula is op dat moment al persona non grata voor steeds meer Brazilianen. Hij wordt duidelijk als een ander geval gezien dan zijn opvolgster Dilma. Hij maakte als linkse volksjongen vriendjes met de grote jongens in het bedrijfsleven. De banden werden wat te intiem. De macht corrumpeerde ook Lula, is de analyse van het niet-linkse deel van de bevolking.

In ruil voor toekenning van projecten aan staatsbedrijf Petrobras kreeg hij grondige renovaties van een triplex-appartement (drie etages), ter waarde van 1,2 miljoen real in Guarujá. De kustplaats waar hij als kind met zijn ouders en zeven broers en zussen (Lula was de op een na jongste) als economische vluchtelingen uit het binnenland van Pernambuco belandde. Dat was na een reis van dertien dagen in de achterbak van een vrachtwagen.

Ook een landhuis in Atibaia werd opgeknapt. Allebei in deelstaat São Paulo, en uitgevoerd door onder meer bouwbedrijf OAS. Aldus 'het verhaal'. Eigenaar Marcelo Odebrecht vertelt later dat dit de gewone manier van zakendoen was in Brazilië, geworteld in de samenleving, een vorm van 'doos twee'. Dat hoorde ik al eerder van medewerkers van (toeleveranciers van) oliegigant Petrobras. En dus niet zijn bedrijf en Lula waren schuldig, maar de Braziliaanse maatschappij in zijn geheel, volgens Odebrecht.

Lula werd ervoor aangeklaagd en verweerde zich tot waar mogelijk. Hij sprak direct al van een samenzwering om hem achter de tralies te krijgen, operatie Wasstraat was een 'narratief' dat daarvoor bedacht was. Een politiek proces. In de documentaire *Amigo Secreto* die in september 2022 uitkwam, zijn beelden van de rechtszaken te zien. Lula leest rechter Sérgio Moro de les en verklaart vanuit het diepst van zijn hart dat het bewuste appartement nooit in het bezit is geweest van hem of zijn vrouw. "We vonden het niet mooi, we wilden het niet."

Ook probeerde Moro corrupte praktijken van directeuren van staatsbedrijven, zoals Petrobras, Lula in de schoenen te schuiven. "Wist u dat ze dat uitspookten," vraagt hij Lula. "Nee, ik wist het niet, jij wist het niet en het Openbaar Ministerie wist het ook niet", riposteert Lula. "Dus u voelt zichzelf niet verantwoordelijk voor wat zij hebben gedaan?" Lula: "Nee, natuurlijk niet, ik heb zoveel mensen benoemd."

Openbaar aanklager Deltan Dallagnol organiseerde de later berucht geworden powerpointpresentatie waarin Lula als spil van een crimineel netwerk wordt gepresenteerd. Dat beeld heeft een grote impact op de politieke beeldvorming in Brazilië gehad, in de aanloop naar de verkiezingen in oktober 2022 hebben Bolsonaro en zijn aanhangers het nog altijd over 'bendeleider Lula'.

Van de circa honderd getuigenissen werd er in de lente van 2018 eentje belastend genoeg geacht om Lula te kunnen veroordelen. In de documentaire wordt duidelijk dat getuigen zwaar onder druk werden gezet door het Openbaar Ministerie om belastende verklaringen af te leggen, in ruil voor geen vervolging.

De rechtse rechter Sérgio Moro in Curitiba legde Lula dus celstraf op. Aanvankelijk voorkomt een menselijk cordon van zijn trouwe fans een arrestatie, maar uiteindelijk meldt hij zich vrijwillig. Tussen 7 april 2018 en 8 november 2019 verblijft hij 580 dagen in de gevangenis in Curitiba. Daarna mag hij thuis zijn (inmiddels gereduceerde) straftijd van acht jaar en tien maanden uitzitten en hopen op het hoger beroep. Zijn trouwste aanhang blijft zijn gehele gevangenschap op hem wachten in tenten voor de gevangenis.

Met de celstraf stopte zijn campagne voor het presidentschap niet. Ondanks alles dacht Lula toch nog een kans te maken tijdens de verkiezingen van oktober 2018. En waarschijnlijk schatte hij dat goed in. Hij ligt op 22 augustus 2018 ruim op kop, bericht onderzoeksbureau Datafolha, met 39 procent van de stemmen tegen 19 procent voor Bolsonaro.

Maar het electorale gerechtshof zet op 31 augustus, ruim een maand voor de verkiezingen, een streep door de kandidatuur van Lula. Met zes tegen één stemmen beoordelen de rechters dat zijn blazoen te bezoedeld is voor een presidentskandidaat. Alexandre de Moraes maakte toen overigens nog geen deel uit van dit hof. Rosa Weber wel. Zij was nota bene door Dilma Rousseff voorgedragen en stemde nu voor intrekking van de kandidatuur van haar partijgenoot Lula.

Daarmee is de weg vrij voor Bolsonaro en een extreemrechts politiek tijdperk. In linkse ogen is 'de coup' geslaagd, uitgevoerd door een door rechts gepolitiseerde rechtspraak. Dat laatste wordt later impliciet bevestigd door rechter Gilmar Mendes van het Hooggerechtshof. Hij was een van de rechters die stemde voor annulering van de veroordelingen tegen Lula vanwege partijdigheid van rechter Sérgio Moro.

Mendes noemt het in een interview 'fouten' die zijn gemaakt, 'onder druk van het OM en de media'. Met dat laatste bedoelde hij voornamelijk *Grupo Globo*, het machtige mediaconcern dat het land decennialang kon maken en breken, tot de sociale media die rol overnamen.

# 4. De Messias staat op

De korte campagne van Lula verloopt vol incidenten. Waar hij aanvankelijk op veel plekken in het land met eieren wordt bekogeld, hanteren tegenstanders in de laatste dagen van zijn campagne in het zuiden van het land zelfs vuurwapens om hem weg te jagen. Wanneer hij toch niet mee mag doen, schuift de PT pas op het laatste moment Fernando Haddad naar voren.

Een ondankbare taak voor deze oud-burgemeester van São Paulo met een prima cv, een representatief voorkomen en een wetenschappelijke achtergrond als socioloog. Maar het is veel te laat, hij vormt geen partij meer voor de ontketende Bolsonaro. Veel eerder had de PT onvoorwaardelijk voor Haddad moeten kiezen en Lula moeten vergeten, analyseren veel socialistische stemmers.

Wanneer Bolsonaro ook nog glorieus een aanslag met messteken door Adélio Bispo de Oliveira overleeft, kan hem de zege helemaal niet meer ontglippen. Daarmee bereikt deze activist precies het omgekeerde van wat hij beoogde met zijn steekpartij in de stad Juiz de Fora (in de deelstaat Minas Gerais). De toch flink gewonde presidentskandidaat spreekt zijn aanhangers monter en allesbehalve aangeslagen toe vanuit zijn ziekenhuisbed. De Messias is nog springlevend!

Ook deze gebeurtenis is voer voor aanhangers van complottheorieën, die beweren dat Bolsonaro de aanslag op zichzelf zelf zou hebben georganiseerd. Hoe dan ook, het blijkt het zetje voor hem naar de victorie in de tweede ronde van de verkiezingen. In de eerste ronde hadden Bolsonaro (46 procent) en Haddad (29 procent) zich gekwalificeerd voor de finale.

Bolsonaro krijgt daarin 55 procent van de stemmen, Haddad

toch nog 45. En weer viert na een verkiezingsuitslag iets meer dan de helft van de bevolking feest, en stromen op 28 oktober 2018 tranen bij een grote minderheid. De polarisatie in Brazilië tussen links en rechts heeft met deze uitslag een nieuw hoogtepunt bereikt. Het bedrijfsleven juicht mee. De Braziliaanse beurs, de Bovespa in São Paulo, sluit de volgende dag op recordhoogte.

Donald Trump pakt als een van de eerste staatshoofden de telefoon om de winnaar te feliciteren en zegt nadien dat het 'een heel goed gesprek' was met de nieuwe Braziliaanse president. Er is direct afgesproken goed samen te werken qua handel en defensie. "We hebben een uitstekende band", aldus Trump.

Bij de formatie van zijn regering plaatst Bolsonaro twee voltreffers, op dat moment. De man die als onderzoeksrechter in het grote corruptieschandaal Lava Jato zelfs Lula achter de tralies had gekregen, wordt minister van Justitie. Sérgio Moro is dan voor veel Brazilianen nog een absolute held. De door de wol geverfde politicus en econoom Paulo Guedes wordt minister van Economische Zaken.

Verder zorgt Bolsonaro direct voor ophef met veel prikkelende plannen, zoals het verplaatsen van de Braziliaanse ambassade in Israël van Tel Aviv naar Jeruzalem en de versoepeling van de wapenwet. Maar vooral kondigt hij 'een morele revolutie' aan, een uitbanning van de corrupte politieke cultuur en de 'genderideologie'. De waarden 'familie, God en Brazilië' worden het morele kompas. Die koers had voorzitter Toninho van de voetbalgroep al aangekondigd. Niet zelden verwijst Bolsonaro daarbij naar de 'zuivere, corruptievrije' episode van de dictatuur. Dat verhaal sijpelt door, merk ik, onder meer bij de voetballers op zondagochtend.

Op 1 januari 2019 treedt hij aan als 38ste president. Het is geen gebeurtenis waarbij heel Brazilië aan de buis gekluisterd zit. Het is vooral de dag van het bijkomen van oudejaarsavond en het grillen en opwarmen van al het overgebleven eten. De ceremonie op de televisie vertolkt een rol op de achtergrond van het familieleven. Alleen een paar mannen, onder wie ikzelf, kijken een gedeelte. Terwijl het huis is bevolkt met Bolsonaro-stemmers. De nieuwe president benadrukt in zijn maidenspeech dat hij met zijn regering de democratie en de grondwet zal verdedigen.

## Italiaanse immigranten

Jair Messias (echt waar) Bolsonaro werd in 1955 geboren in het toeristische plattelandsdorp Eldorado in de deelstaat São Paulo. Zijn beide ouders komen uit Italiaanse immigrantenfamilies. Hij groeide in alle rust op in de vallei van de rivier de Ribeira met zijn ouders en vijf broers en zusters.

Na zijn middelbare schooltijd koos hij voor een militair vervolg van zijn opleiding aan de Academia Militar das Agulhas Negras. Zich wel bewust van zijn toekomst als verdediger van de militaire dictators, die in 1964 de macht hadden gegrepen in Brazilië. Van 1971 tot 1988 (drie jaar na het einde van de dictatuur) diende Bolsonaro in het Braziliaanse leger en bracht het tot de rang van kapitein. Dat was een soort oprotpremie, want hij werd niet meer gepruimd door de legertop, na een aantal incidenten. President Ernesto Geisel noemde hem in de zeventiger jaren al 'een slecht militair'.

Bolsonaro was dwars én sociaal bewogen. Hij schreef in 1986 een opiniestuk in het gezaghebbend magazine *Veja* waarin hij de lage salarissen van de militairen aan de kaak stelde. Hij moest er twee weken de gevangenis voor in. Een jaar later beschuldigde hetzelfde tijdschrift hem ervan bomaanslagen op militaire eenheden te beramen. Daarvan werd hij later vrijgesproken.

Bolsonaro zou ondanks zijn conflicten de dictatuur altijd blijven zien als een positieve episode in de geschiedenis van het land. Later stelde hij als president voor om de militaire coup van 1964 nationaal te gaan herdenken. Een feestdag ter ere van de dictatuur. Het was een kansloos idee.

Hij werd in 1988 ook meteen gemeenteraadslid in Rio de Janeiro, voor de Christendemocratische Partij. Drie jaar later vervolgde hij zijn carrière in Brasília als federaal afgevaardigde. Tot zijn verkiezing tot president zat hij altijd in de oppositie en was niet bepaald succesvol met zijn wetsvoorstellen. Van de tweehonderd pogingen konden er twee op de goedkeuring van het parlement rekenen.

Saai was het niet met hem, hij veroorzaakte regelmatig incidenten. Zoals in 2014 na een scherpe woordenwisseling met medeparlementslid, Maria do Rosário, voorheen minister van Mensenrechten onder Dilma Rousseff. Ze had hem beter geen 'verkrachter' kunnen noemen, want Bolsonaro gaat altijd nog een stapje verder. "Ik zal jou niet verkrachten want daar ben je te lelijk voor", reageerde hij. Het kwam hem op een geldboete te staan.

In juli 2018 stelde hij zich kandidaat namens de PSL (Sociaal Liberale Partij) voor het presidentschap. Dat werd aanvankelijk wat lacherig ontvangen, want Bolsonaro had al een bedenkelijke reputatie opgebouwd als parlementslid. Zo'n gek zou toch niet de verkiezingen gaan winnen? Maar met het failliet van de PT-geloofwaardigheid door alle corruptieschandalen tijdens het bewind van deze partij, stegen zijn kansen geleidelijk tot hij een serieuze kanshebber werd. Hij werd in de maanden daarna voor steeds meer radelozen de Messias, zijn naam voor hen eer aandoende.

In navolging van Donald Trump hamerde de nieuwe Messias op het 'belang van de meerderheid', waar onder de PT vooral minderheden het goed gehad zouden hebben. En natuurlijk drukte hij hen op het hart dat hij wél die 'onder de PT zo uit de hand gelopen criminaliteit' bikkelhard zou aanpakken. In feite ging het met de criminaliteitscijfers onder Lula en aan het begin van Dilma de goede kant op. Vanaf de corruptieschandalen en de val van de PT kantelde dit beeld weer, en onder Temer werd het allengs erger.

Ook de evangelische christenen bond Bolsonaro aan zich, onder meer door zijn afwijzingen van abortus en homoseksualiteit. Lesprogramma's tegen homofobie noemde hij 'homoseksuele propaganda' en zichzelf typeerde hij als een 'trotse homofoob'. Hij verklaarde de oorlog aan 'de genderideologie', waarmee het Westen steeds meer 'besmet' raakt. 'Ik zou nooit van een homoseksuele zoon kunnen houden, ik zou liever hebben dat hij omkomt bij een verkeersongeluk' staat in de rijtjes op internet van zijn meest beruchte uitspraken.

Dat hij kort voor zijn opmars naar het presidentschap de religieuze overtuiging van zijn vrouw Michelle volgde en zichzelf bekeerde tot de evangelische geloofsrichting hielp hem natuurlijk later tijdens de verkiezingen ook flink. De protestanten, voornamelijk leden van evangelische kerken, vormen inmiddels zo'n 30 procent van de gelovigen in Brazilië en zijn ook een politieke factor geworden. Vooral bij deelstaatverkiezingen is er van een scheiding tussen politiek en geloof, kerk en staat, geen sprake meer.

**De moord op Marielle**

Voor zijn huidige huwelijk met Michelle is Jair Bolsonaro twee keer getrouwd geweest. Met zijn eerste vrouw had hij drie zonen, met zijn tweede vrouw één zoon. En met Michelle kreeg hij een dochter. 'Een zwak moment', zo vertrouwde hij de bevolking toe. Drie van zijn vier zonen zijn ook politici: Flávio, Carlos en Eduardo. De eerste bracht zijn vader al direct in opspraak, eind januari 2019. Flávio zou nauwe banden onderhouden met de hoofdverdachten van de moord op Marielle Franco, sociologe, activiste en wethouder in Rio de Janeiro namens de Partij Socialisme en Vrijheid (PSOL). Ze was geboren en getogen in Maré, een indrukwekkend complex van favela's in Rio, en kwam op voor de Afro-Brazilianen in deze arme wijken. Haar dood bracht veel beroering, tienduizenden van hen gingen de straat op.

In de nacht van 14 maart 2018 werd de 38-jarige Franco onderweg naar huis na een debat met jonge, zwarte vrouwen samen met haar chauffeur in de auto doodgeschoten. De moord leek terdege voorbereid, want de vijf bewakingscamera's op de plek waar de kogelregen plaatsvond, waren een dag eerder uitgeschakeld. Een jaar later werden de twee hoofdverdachten aangehouden in Rio. Zij zouden de schutter en diens chauffeur geweest zijn.

De verdachten waren leden van een van de vele milities van vooral voormalige politiemensen en militairen. In dit geval het Escritório do Crime (Bureau van de Misdaad). In de periode dat Flávio parlementslid was van de deelstaat Rio de Janeiro zouden de echtgenote en de moeder van een militielid in zijn staf hebben gewerkt. De jonge Bolsonaro verklaarde niet verantwoordelijk te zijn geweest voor het in dienst nemen van deze vrouwen.

Zijn vader blies daarop een media-optreden in Davos af. Wel had hij tijdens de jaarlijkse mondiale economietop in deze Zwitserse stad een onderonsje met Mark Rutte waarbij zij beloofden hun onderlinge handel een impuls te zullen geven. Die handel houdt ook in: import van soja vanuit een van de vele nieuwe sojahavens aan de monding van de Amazone. Hier, maar vooral in het sterk toenemend aantal gebieden waar soja wordt verbouwd, verdwijnt het regenwoud in sneltreinvaart.

De beschuldigde Flávio ontkende dus elke betrokkenheid bij de militie, maar de kwestie zou dooretteren en keerde negen maanden later terug in de publiciteit. Lokale media hadden uitgepluisd dat de bezoekersgegevens van een luxe-appartementencomplex in Rio de Janeiro, waar de hoofdverdachten van de moord op Franco enkele uren voor haar dood samen waren gekomen, vermeldden dat zij op bezoek waren bij Jair Bolsonaro. De president reageerde woedend, ontkende alle betrokkenheid bij de moord in een Facebookvideo en gaf de media weer eens een flinke uitbrander. De 'zaak Marielle' zou geen rust krijgen, de nieuwe regering Lula blies in januari 2023 het onderzoek naar de moord nieuw leven in.

Het werkte door, die constante hetze van de president tegen de media. Zelfs het van oudsher als rechts of centrumrechts getypeerde conglomeraat Globo werd door Bolsonaro in het vijandige linkse kamp – het kwaad van alles – geplaatst. Zijn aanhangers gingen hem napraten en verwezen elk serieus nieuwsbericht naar het rijk der fabelen, om daar een onophoudelijke stroom aan echte nepnieuwsberichten tegenover te stellen.

De traditionele media deugen niet voor de uitdijende groep fanatieke 'bolsonaristas', het beestje kreeg een naam. Een lieve tante van ons stuurt bijvoorbeeld sinds Bolsonaro's eerste tirades tegen de media elk overduidelijk nepnieuwsbericht de wereld in als ware het de heilige waarheid, en met haar miljoenen andere believers. Voor fans als deze tante is hij niet alleen de Messias, maar ook *O Mito*, de mythe. Een bijnaam die door een muziekgroep werd gelanceerd tijdens de verkiezingscampagne. 'De mythe is gearriveerd en Brazilië is wakker geworden', brullen zij in Braziliaans rijm.

**Het gifpakket**

Januari 2020. Brazilië is al weer een jaar Bolsonaro-land. En de schok is ondertussen wel verdwenen. Onderhuids borrelt de vulkaan bij de tegenstanders van de president, maar de verhitte openlijke discussies van rond de verkiezingstijd hoor je nauwelijks meer op straat en in familiekringen.

De ingrijpende veranderingen die Bolsonaro doorvoert, sijpelen meestal niet door bij de gemiddelde Braziliaan. Bijvoorbeeld de vrijgave van 469 nieuwe (voornamelijk Russische) pesticiden in 2019, een record volgens Greenpeace. Gif dat uiteindelijk in het eten terechtkomt, landarbeiders ziek maakt, het drinkwater besmet en de biodiversiteit aantast.

Een jaar eerder had de milieuorganisatie nog succesvol druk uitgeoefend op de parlementariërs om het 'gifpakket' niet te steunen. Bolsonaro loodst het er nu behoedzaam doorheen met alleen een handtekening van de minsiter van Landbouw, Tereza Cristina, voor critici 'de gifminister'.

In het najaar van 2019 hoor ik activisten in het Amazonegebied vertellen over de toename van gifstoffen in de landbouw en de schade hiervan aan de natuur en de lokale gemeenschappen. Het is een pittige, maar leerzame klus: alle interviews vertalen voor een televisiereportage van *Zembla* over de Amazone. Daaruit blijkt in ieder geval dat Bolsonaro het behoud van het regenwoud niet hoog op zijn agenda heeft staan, maar dat wisten we wel. Geld moet er binnenkomen, via investeerders, buitenlandse multinationals, ontginners van het woud. Milieuvergunningen worden niet al te serieus genomen en de controleurs die op de naleving ervan moeten toezien, zijn grotendeels wegbezuinigd.

**De graanspoorlijn**

De burgemeester van het goudzoekersstadje Itaituba, aan de rivier de Tapajos en grenzend aan twee nationale parken, vertelt graag over alle voorspoed die de havens en alle infrastructuur zijn gemeente oplevert. Zelf heeft hij ook een paar tankstations, aan de dwars door het beschermde Amazonewoud aangelegde autoweg. En hij bezit nog wel wat bedrijven en stukken land. Een daarvan treffen de interviewers en de filmploeg helemaal platgebrand aan. Een smeulende vlakte boomresten. Maar van ontbossing hier is geen sprake, beargumenteert de burgemeester. Een bepaald percentage van je gronden mag je voor weidegrond gebruiken, en dit past in dat percentage.

Waar hij zich echt druk om maakt is 'de Chinees', 'de allesvergiftigende Chinees'. "Het enige dat telt voor de Chinees is de Chinees." Want de Chinezen zijn de grote investeerders in een spoorlijn vanaf de sojaproductievelden in Mato Grosso naar de havens aan de monding van de Amazone. Om precies te zijn van Sinop naar Itaituba, 933 kilometer. En Bolsonaro heeft er wel oren naar, snel geld in het laatje. Het past ook goed in zijn beleid van het stimuleren van grootschalige landbouw, veeteelt en industrie en het investeren in asfalt en spoorrails door onherbergzame natuur. Overigens is het project niet door Bolsonaro gelanceerd, de eerste plannen ervoor dateren uit 2012.

Maar die 'graanspoorlijn', de *Ferrogrão*, zou volgens de burgemeester wel exclusief door en voor de Chinezen worden gebruikt. En dat is zijn grote grief. De deuren gaan dicht bij vertrek en openen pas weer voor overladen bij aankomst. Geen tussenstops, geen activiteiten onderweg. Met de komst van zo'n saaie, maar efficiënte vrachttrein ziet de burgemeester de functie van de autoweg en alles wat daaromheen gebeurt (hotels en vooral tankstations, zijn tankstations) verdwijnen.

Wat hij toen nog niet kon bevroeden, was dat rechter Alexandre de Moraes van het Hooggerechtshof het project in maart 2021 liet stilleggen vanwege de verwachte schade aan natuurgebieden en inheemse gemeenschappen. De rechtszaak was aangespannen door de sociaal-liberale politieke partij PSOL, na veel protest van inheemse omwonenden van de inmiddels kale strepen door het regenwoud.

Zo kreeg de burgemeester hulp uit onverwachte hoek, waarschijnlijk tijdelijk, want het project lijkt al te ver gevorderd om nog te worden afgeblazen. De vondst van een grote lading cocaïne in een transportvliegtuigje op een van de terreinen van deze *prefeito* komt overigens niet ter tafel, anders zou het interview direct door hem worden afgekapt.

Ondertussen vertellen sommige bewoners van de dorpen en gemeenschappen rond de nieuwe havens aan de monding van de Amazone, bij Belém, dat ze wél graag de economische vooruitgang aan den lijve willen ondervinden. Voor velen van hen is het bos niet heilig. Hun voornaamste bezwaar is dat de grote bedrijven (bijvoorbeeld havens voor de export van soja) zich wel in hun achtertuin vestigen, met alle impact van dien, maar zij er helemaal niet van meeprofiteren. Ze klinken als teleurgestelde Bolsonarostemmers.

## Tropische Trump

De Tropische Trump is best een rake bijnaam – al wordt die in Brazilië zelf niet gebruikt. De een is dan wel ondernemer en de ander een militair, ze hebben qua gedachtegoed vooral raakvlakken. Beiden verafschuwen 'het linkse establishment', de milieulobby, de 'genderideologen' en de mainstream media. Liberale wapenwetten en een sterke leger- en politiemacht staan wel op hun lijstje. Ze zijn allebei nationalistisch-conservatief, tegelijkertijd neoliberaal – op hun eigen manier – wat de economie betreft en worden ook wel omschreven als 'rechts autoritaire populisten'. Provoceren, beledigen, chaos creëren en complottheorieën stimuleren, doen ze ook graag. Er kwam trumpisme, en daarna bolsonarisme. En massa's mensen sloten zich aan bij deze 'hechte gemeenschap'. Ze werden met hart en ziel trumpers en bolsonaristen. Voor de een is het America First, de ander predikt Brazilië boven alles, God boven iedereen. Bolsonaro liftte twee jaar later handig mee op de in 2016 door Trump tijdens zijn presidentscampagne uitgestippelde route.

Beiden volgen een door de sociale wetenschappers Leo Löwenthal en Norman Guterman al in 1950 omschreven bekend patroon voor autoritaire bewegingen: "Ten eerste, wek een gevoel van depressie, vernedering en slachtofferschap op. Ten tweede, verdeel de wereld in twee tegengestelde groepen: een meedogenloos gedemoniseerde groep anderen versus degenen die de macht en de wil hebben om ze te overwinnen." Zij hadden rechtsextremisme in Amerika als studiegebied.

In een analyse van 'het Trump-effect op Amerikaanse scholen', kwam Reid Jewett Smith in 2020 met een aanvulling: "Dit omvat het levendig identificeren van de vijand die zogenaamd de huidige stand van zaken veroorzaakt en vervolgens het promoten van paranoïde samenzweringstheorieën en angstzaaierij om angst en woede aan te wakkeren. Nadat deze eerste twee patronen naar het volk zijn overgebracht, is de laatste boodschap gericht op de belofte van verlossing omdat er een machtige leider is die de natie terug zal brengen naar zijn vergane glorie."

Ook mijn schoonfamilie viel, op een enkele uitzondering na, voor de Messias. En ook onze buren Geralda en Barata haakten even aan bij de nieuwe beweging. Zij behoorden tot de kiezers die stemden op Bolsonaro uit een gevoel van wanhoop en omdat er geen betere kandidaat zou zijn, anderen kozen hem zeer bewust vanwege zijn rechtse retoriek.

De paar twintigers in de familie waren aanvankelijk de buitenbeentjes, anti-Bolsonaro. Ook de jonge ondernemer uit een rijk ondernemersgezin. Maar een jaar later blijkt toch dat ook zij op Bolsonaro hebben gestemd, 'omdat er niets beters was'. In oktober 2022 zou nichtje Clarissa toch de stoute schoenen aantrekken en op Lula stemmen, vanwege haar verder gegroeide weerzin tegen Bolsonaro.

Paulo was aanvankelijk het enige familielid, in Brazilië, dat er openlijk een andere politieke overtuiging op nahield. Hij was daarbij ondeugend. Tijdens luidruchtige familiefeesten in de aanloop naar de verkiezingen van 2018 riep hij regelmatig '*viva Lula*'. Dat kon toen nog, vier jaar later absoluut niet meer. Het kwam hem op een speelse reprimande van zijn tante Ceiça te staan.

De 16-jarige klimaatactiviste Greta Thunberg mengt zich in de 'binnenlandse aangelegenheden' door op Twitter te verkondigen dat de inheemse volkeren in Brazilië worden vermoord. Dit naar aanleiding van de liquidatie van twee inheemse leiders in het Amazonegebied. Die snotaap krijgt veel te veel aandacht van de media, doet Bolsonaro de kwestie af.

Dat is in december 2019. Nog geen maand later komt hij met een groot plan om zeven inheemse territoria in de Amazone open te stellen voor ontginning. Voor mijnbouw van verschillende delfstoffen. Het staat op de voorpagina van het gezaghebbende dagblad *O Globo*, maar niemand in mijn omgeving die er weet van heeft wanneer ik het onderwerp in Brazilië aansnijd.

Het maakt hen ook allemaal niet uit, het is vast nepnieuws en anders is het nog steeds onze president, onze mythe. Die zal het toch wel bij het rechte eind hebben. De onverschilligheid wordt almaar groter, Bolsonaro krijgt carte blanche van het gros van zijn stemmers. Hij kan geen kwaad doen, naar het voorbeeld van zijn evenknie in de Verenigde Staten.

Het andere deel van de bevolking veracht de president dan al. Buurman Marcos Robba hoort bij die grote minderheid die niets op heeft met Bolsonaro, 'hem haat' is treffender. Marcos loopt in zijn vrije tijd steevast rond in een t-shirt met de tekst *Viva Lula* met afbeelding van de martelaar. Hij is zich de provocatie goed bewust.

**Retraite**

Eenmaal gearriveerd in het onovertroffen paradijs – dat vond Charles Darwin ook al – moet ik al snel de klaagzang van Barata aanhoren. Die groep van de kerk die het huis heeft gehuurd voor een bijeenkomst, heeft er een grote puinhoop van gemaakt. Dat was een gunst, ze waren welkom voor een zacht prijsje, tot mij gekomen via schoonmoeder Ceiça. Stukken gordijn hangen nog in de bomen, de lamp in het zwembad is onklaar gemaakt en de kraan van de douche stuk. Takken van de limoenbomen zijn afgerukt. Barata laat het allemaal vol afgrijzen zien. Een andere groep, familie van een goede vriend van ons, had al een kraan van de zwembadpomp afgebroken. En Barata moest de stomdronken mannen van het gezelschap om drie uur 's nachts tot stilte gaan manen.

Geen groepjes vanuit vrienden- en familiecontacten meer, besluit ik. De beste huurders zijn de onbekenden, die gewoon via Airbnb boeken en met wie ik van tevoren en tijdens het verblijf uitgebreid contact heb via de app. In vrijwel alle gevallen zijn het stadsbewoners van Rio de Janeiro die een weekend weg in de natuur willen.

Er wordt nogal wat geklaagd over Airbnb, maar mijn ervaringen zijn uitstekend. Inmiddels heeft ons team zich, dankzij de goede recensies, opgewerkt tot Superhost. Ik heb er lol in, hoewel ik aanvankelijk mijn bedenkingen had. Zeker, de uitwassen in de drukke steden met alle overlast voor de vaste bewoners van appartementencomplexen zijn jammerlijk en vragen wellicht om strengere regelgeving. Maar hier in de weldadige ruimte van de groene Vallei van Itaocaia werkt het prima.

We hebben een nestje gele kanaries onder het dak van de veranda. Het gepiep van de kleintjes verraadt het onderkomen. De knalgele vader en de moeder met de bruine schutkleur zien we dagelijks rondhuppelen en met proviand in hun bek heen en weer vliegen, maar nu blijken ze dus ook een gezinnetje te onderhouden. Het kroost kwettert er vrolijk op los, totdat er mensen te dichtbij komen, dan wordt het stil.

Vorig jaar een nestje kolibri's, nu dus kanariepieten. En de aapjes laten zich dit keer ook royaal zien. Terwijl we mediteren onder de oude, majestueuze jambolanbomen (*jamelão*) – hij geeft kleine paarse vruchten, een beetje bitterzoet, die nog niet de Nederlandse fruitschappen hebben bereikt – kijken ze vanaf de takken rustig toe. Ze mediteren mee.

Ik neem voor het eerst deel aan een retraite van Claudia, met twee andere mannen die door hun vrouwen zijn gestrikt. Ook voor het eerst dat er mannen meedoen. En we brengen het er prima vanaf, zonder grote wegtrekkers of heel zware momenten. Zo'n reinigingsweek zonder alcohol en dierlijke producten doet goed. De stiltes voelen ook weldadig, pas na de meditatie en de yoga mag er gesproken worden. Dat is tijdens de eerste maaltijd van de dag: een lunch van veel fruit, noten, zaden, salades en iets warms, een soep van linzen, erwten of zwarte bonen. De trek wordt zeer tijdelijk gestild want rond vier uur in de middag verlangt iedereen al naar de warme maaltijd, de echte opkikker van de dag. De slaap wordt vroeg gevat in tijden van retraites.

Extra actief word ik in de periode erna. Dan staat het grote onderhoud van het mini-landgoed weer op het programma. Onder meer een grondige snoeibeurt van de *jamelões*. Die oude fruitbomen zijn zo uitgedijt dat het zicht op de Rots van Itaocaia ons helemaal is ontnomen. Boomchirurg Miguel gaat vanaf zijn ladder vastberaden te werk. Even later schittert de machtige steen weer tussen de bomen. De specialist vraagt er een flink bedrag voor, 300 real, en kan dat doen vanwege zijn expertise. Er zijn er niet veel in de omgeving die het kunnen en mogen. Want Miguel heeft een licentie van milieuorganisatie Enea. "En mannen als Miguel hebben dat geld heel hard nodig", weet Barata. "Want ze drinken heel veel."

En dus dat mooie bedrag voor slechts twee uur werk. Het is meer dan het maandloon van Barata, dat ik bij nader inzien (op zijn verzoek) dan toch maar ga verhogen naar 300 real. Twee jaar later zou dat weer verdubbeld zijn.

Apetrots toont hij me zijn nieuwe Fiat, inderdaad een keurig autootje, en vrij nieuw. Veel beter dan de oude 500 die hij had. Daar kreeg hij een aanrijding mee, en hoera hoera, de tegenpartij bleek schuldig. Van het uitgekeerde verzekeringsgeld kocht Barata dit pronkstuk. Over het feit dat hij ook ten tijde van het ongeluk nog steeds geen rijbewijs had, hield hij zijn kaken stijf op elkaar. Je moet het maar weer durven.

Zijn jongste zoon Angelo is in de zevende hemel. Hij is toegelaten tot een vierjarige opleiding voor sportinstructeur. De jongen sloot zijn middelbare school af met louter hoge cijfers, liet een gratis opleiding tot militair aan zich voorbijgaan vanwege de liefde en had daarna geen geld om verder te studeren. Dus werkte hij jarenlang bij een fastfoodketen en daarna als kapper, in een salonnetje en voor zichzelf. Met dat bestaan had hij blijkbaar geen vrede en hij vroeg een studiebeurs aan bij de gemeente Maricá, al jaren een links bolwerk. Het was een strenge selectie, vertelt hij, maar het is hem dus gelukt. En nu kan hij toch gaan studeren voor het beroep waar hij altijd van droomde.

# 5. Een atleet krijgt geen corona

We bevonden ons aan de vooravond van het coronatijdperk, onbewust van wat zou komen. Naar China keken we allemaal nog wat schouderophalend, ook in Brazilië. Wat flauwe grapjes en verder vooral ver van ons bed. Eenmaal terug in Nederland werd het nieuws over besmettingen in Noord-Italië al wat serieuzer genomen en toen moest het carnaval in Brabant nog komen, en dat ging wel gewoon door.

Medio maart 2020 is er ineens een wereldwijde coronacrisis. Met lockdowns en halve lockdowns, in Nederland 'intelligente lockdown' genoemd. Brazilië lijkt even de dans te ontspringen, zoals alle landen in warme streken. Maar gestaag komen ook hier de besmettingen op gang. Er is ook sprake van dat Bolsonaro besmet is geraakt na een bezoek aan president Trump. Maar nee hoor, natuurlijk zou hij het virus zelf niet oplopen, hij is immers 'een atleet', vertelt hij bloedserieus op de televisie.

Terwijl in Italië de tienduizendste dode wordt geborgen, spreekt Bolsonaro van 'een griepje'. Het zou hem nog lang nagedragen worden. Hij roept zijn landgenoten op om toch vooral door te gaan met het gewone leven, met name met winkelen en werken. 'Brazilië mag niet stoppen', is de leus die hij de (sociale) media inslingert. Als de dood is hij voor zijn economische cijfers, want daar worden presidenten in Brazilië grotendeels op afgerekend. Zijn mening staat haaks op die van veel deelstaatgouverneurs, en ook voorheen medestanders kiezen nu een andere weg. Corona slaat een wigje in het tot dusverre zo strakke pact tussen Bolsonaro en zijn achterban.

Tegenstanders van de president slaan met potten en pannen om zijn spaarzame redevoeringen te verstoren en manen hem op te rotten: 'Fora Bolsonaro'. Analisten uit die hoek verklaren dat Bolsonaro de chaos bewust aan het creëren is om zijn autoritaire staat te kunnen opzetten. Het coronavirus doet Brazilianen beven van angst. Zelfs de drugskartels nemen voorzorgsmaatregelen. Op gepaste afstand van elkaar, met mondkapjes op en handschoenen aan, worden nieuwe ladingen cocaïne de favela ingesjouwd. Om later in handzame porties de consumentenmarkt op te gaan. De bendeleiders roepen de bewoners wél op om binnen te blijven, opeengepakt in hun hutjes. Wie niet gehoorzaamt, krijgt te maken met de wetten van de favela.

**De paniek slaat toe**

Corona neemt gaandeweg 2020 bezit van de wereld. In de deelstaten Rio de Janeiro en São Paulo zit de boel helemaal op slot. Maar dan ook echt op slot.

Schoonmoeder Ceiça is intussen meer dan een maand de poort van haar huis niet uit geweest, en ditmaal overdrijft ze niet. Dochter Cris is met vriend Patrick in volledige quarantaine in het vochtige stadsappartement in Grajaú, met alle proviand in huis, om pas zes weken later moeder weer te bezoeken.

De voorzichtigheid is dermate groot omdat er via via contacten waren geweest met iemand die besmet bleek met het coronavirus en Ceiça tot de risicogroep behoort. Oud en met een ziektegeschiedenis, net herstellende van een operatie aan een kolossaal kankergezwel op haar nieren. Dus deze kwetsbare oudere moet door de rest van de familie strict worden gemeden. De boodschappen worden door een vriendin voor de deur gezet. Ceiça mag ook niet meer naar de bank om geld te pinnen. "De mensen op straat spreken je daar op aan en schelden je uit, ouderen mogen echt niet naar buiten", klaagt ze.

Het was de Bolsonaro-benadering die doorsijpelde, ook al vond het merendeel van de bevolking dat hij dit keer te ver ging. De president wilde alles laten doordraaien en tegelijkertijd de ouderen totaal isoleren. Hoe langer de crisis duurde, hoe meer voorstanders hij hiervoor zou krijgen. Arme ouderen. Door tegenstanders zou dit al snel 'genocide' worden genoemd.

Geralda behoort nog niet tot de risicogroep, maar is wel panisch van angst. Op hysterische toon spreekt ze berichten in, waarna ik haar met relativeringen moet kalmeren. Want Barata blijft dan wel gewoon werken, de tuinen en zwembaden van zijn klanten onderhouden, maar hij treft de mensen niet of nauwelijks, laat staan dat hij dichtbij komt. Toch kan hij volgens zijn vrouw het virus 'zomaar oppikken en mee naar huis nemen'. In een latere angstkreet ziet Geralda heel Rio de Janeiro 'aan de pest ten onder gaan', want covid-19 was waargenomen in een favela.

Onze buurman aan de voorzijde, de intellectuele universitaire docent natuurkunde Marcos Robba, doet ook mee met de hysterie. Hij leeft met vrouw en volwassen zoon achter gesloten deuren en stuurt mij een filmpje van een stuiptrekkende man op de grond in een busstation, waarbij een over hem heen gebogen vrouw het uitkrijst: 'Het is het coronavirus!' De herkomst van het filmpje en de werkelijke context zijn onduidelijk. "De mensen zijn begonnen met omvallen Hans", concludeert Marcos. "Als dit in de favela's terechtkomt gaat het een ramp veroorzaken."

Dat laatste is niet gebeurd, en wereldwijd niet. Ook niet nadat de eerste besmetting was geconstateerd in de grootste sloppenwijk ter wereld, in het Indiase Mumbai, een wijk met een miljoen inwoners. En in Zuid-Afrika waren ze ook als de dood dat het virus de townships in kerkhoven zou veranderen.

Over dit fenomeen werd in Nederland niet echt een debat gevoerd, maar het heeft me steeds gefascineerd. Waarom grijpen de ziekmakende gevolgen van de verspreiding niet snel om zich heen in buurten waar arme mensen dicht op elkaar gepropt zitten? En van de favela's weet ik uit eigen onderzoekservaring dat deze mensen wel degelijk naar de dokter gaan bij gezondheidsklachten, en zeker wanneer deze horen bij de ernstige vorm van corona. Zou het een immuniteit zijn die de bewoners door het leven in een vervuilde omgeving vol virussen en bacteriën hebben opgebouwd? De bewuste 'groepsimmuniteit' die premier Rutte in Nederland zo nadrukkelijk beoogde, en die later uit zijn actieve herinnering verdween?

Barata schept duidelijkheid in deze kwestie: "De armen krijgen geen corona, alleen de rijken!" Hij schreeuwt het uit, nog geen twee weken nadat bij hem thuis de paniek toesloeg over het dodelijke virus. Het is klaar voor Barata, hij is alweer naar de *forró* van Manuel Bigote geweest. Een van die vele pleisterplaatsen waar migranten uit het noordoosten samenkomen om hun cultuur te koesteren, en dicht tegen elkaar aan te dansen op de aanstekelijke muziek, de forró. Het was gezellig druk en hij heeft het ervan genomen, zowel op de dansvloer als aan de bar. Zaterdag gaat hij weer. Het is het slechtste scenario voor de epidemiologen en andere deskundigen: van een totale lockdown naar alle remmen los.

Bij de voetbalvrienden van de Amigos de Itaipuaçu (voorheen Amigos do Rola, vriend Rola (kleine duif) heeft namelijk zijn bar annex kantine verkocht) moet de ernst van de situatie wel even doordringen. Ongeveer als laatste activiteit van de deelstaat wordt met veel gevoel voor drama ook hier het zondagse voetbalritueel afgelast. De mannen zijn voor het overgrote deel Bolsonaro-aanhangers, maar gehoorzamen toch netjes deelstaatgouverneur Wilson Witzel. De Messias wordt nu even niet meer onvoorwaardelijk gevolgd.

Hoewel. Een van de leden stuurt een petitie door die pleit voor het afschaffen van het parlement, zowel Tweede Kamer als senaat. Want 'de briljante regering van Jair wordt in de weg gezeten door dit corrupte orgaan'. De afgevaardigden en senatoren zouden alleen bezig zijn wetten uit te vaardigen die zichzelf en andere corrupte medestanders bevoordelen. "Stop met deze rem op onze Braziliaanse natie."

Iedereen moet eruit, maar of daar andere volksvertegenwoordigers voor in de plaats moeten komen, wordt niet helemaal duidelijk. Ik vermoed dat dat niet de bedoeling is gezien de oproep van ‘sluiting’ van het nationale congres. In een van de commentaren op de website van de petitie roept iemand op om ook meteen maar het Hooggerechtshof te sluiten en de militairen het roer over te laten nemen. Met 3700 handtekeningen op 14 april 2020 hebben de initiatiefnemers nog wel een lange weg te gaan. Maar het idee sluimert al lang bij een groot deel van de bevolking, en onder Bolsonaro durven steeds meer mensen zich openlijk uit te spreken voor een terugkeer naar de dictatuur.

**Coronacrisis**

Maricá is dan een socialistische enclave in Bolsonaro-land. Deze gemeente kondigt nog eerder dan de Nederlandse regering steunmaatregelen aan voor kleine zelfstandigen en zelfs ‘informelen’. Ze krijgen drie maanden lang duizend real extra op hun Mumbuca-kaart – de sociale munt van de gemeente Maricá – en kunnen daarmee hun collega’s van supermarktjes en bakkers weer van dienst zijn.

De vraag naar het huis via Airbnb neemt een vlucht. Families en alleenstaande moeders met kleine kinderen verklaren helemaal gek te worden tussen de vier muren van hun appartement. Anderen willen het deprimerende aura van de dode stad ontvluchten. Er komen zelfs aanvragen om drie maanden in quarantaine te komen in Sítio do Sol. Maar er moet wel doorgewerkt worden en het ontbreken van wifi is een struikelblok. Ook geld speelt een rol met de lage waarde van de real, en de huurprijzen zijn op euro’s gebaseerd.

Tijd om te investeren dus met zo’n wisselkoers, maar weinigen wagen dat. Ook wij niet, we moeten als zzp’ers alle eindjes aan elkaar knopen in Nederland. Het is coronacrisis.

Ik schrijf nog over vooral corona voor de nieuwsbladen in Soest en Baarn, onderdeel van BDU in Barneveld, een mediabedrijf dat begin april 2020 op omvallen staat vanwege de plotselinge crisis. Adverteerders haken massaal af. Mijn andere opdrachtgevers zijn met het coronavirus even helemaal van het toneel verdwenen.

Sommige plotseling, andere geleidelijk. Het zou een kortstondige crisis in mijn freelancersbestaan blijken.

Claudia kan in die periode helemaal niet meer werken, als schoonheidsspecialiste, natuurgeneeskundig therapeut en yogalerares. Ze schakelt door en neemt haar yogalessen op en zendt ze live uit via Facebook en YouTube. Gratis voor de deelnemers. Niet alleen uit Nederland krijgt ze daar mooie reacties op, ook in Brazilië kijken de thuisblijvers. Ze maakt er mensen blij mee in deze donkere tijden.

Met Pasen lukt het Bolsonaro weer eens niet alleen zijn eigen land maar ook de wereld te shockeren. Terwijl iedereen thuiszit en anders de anderhalve meter afstand buiten respecteert, laat hij zich filmen terwijl hij een bakkerij bezoekt. Hij drinkt een bak koffie aan de toog en gaat meer dan gewillig met het personeel op de foto. Voor zo'n speciaal moment doen de medewerkers graag hun mondkapje af. Zij aan zij, bijna in een omhelzing met de wildvreemden, poseert Bolsonaro breedlachend voor de fotografen. Alles en iedereen bewust provocerend. Maar zijn actie wordt niet door iedereen ter plekke gewaardeerd. 'Ga naar huis!', roepen mensen voor de bakkerij hem toe.

Het is ook nog in een fase dat de situatie in de ziekenhuizen penibel wordt. Net zoals in Nederland, maar dan een graadje erger, blijkt Brazilië niet voorbereid op deze pandemie en is er een tekort aan ic-bedden. Hotels worden omgetoverd tot ziekenhuizen en in Itaipuaçu is een levensgrote tent opgezet als coronacentrum, inclusief ziekenhuisbedden. Om het zorgpersoneel te bedanken hebben de autoriteiten in Rio het Christusbeeld in een verplegersuniform gehesen met opschriften, in alle talen, als 'bedankt' en 'het komt goed'.

Ik kan het niet laten enkele Bolsonaro-stemmers binnen de familiekring te confronteren met het gedrag van hun president, dat via de mediabeelden tot mij komt. "We zijn teleurgesteld in de houding van onze president ten opzichte van covid", luidt de diplomatieke reactie. Laten vallen willen ze hem duidelijk nog niet, ze beperken zijn flaters tot dit enkele onderwerp.

Het stadsbeeld in Rio de Janeiro toont een meerderheid die de regels naleeft, thuisblijft, afstand houdt, een mondkapje opdoet, en als middenstander gesloten blijft. Maar er is blijkbaar een flinke minderheid die alle regels aan hun laars lapt, in het spoor van hun president. Voor hen is er simpelweg niets aan de hand. Het is een beetje zoals de politieke verhoudingen, een middenweg ontbreekt.

En gemeentes trekken hun eigen plan. Voorstad Duque de Caxias gehoorzaamt deelstaatgouverneur Wilson Witzel helemaal niet en gooit alles open. Niet zo verrassend dat het aantal besmettingen hier hoger is dan elders. Maar aan de andere kant van de Baai van Guanabara, in de stad Niterói, spuit het leger water met zeep door de straten, om de mensen binnen te houden.

Gouverneur Witzel loopt ook corona op en blijft thuis in quarantaine, in Grajaú. En Bolsonaro ontslaat zijn minister van Volksgezondheid. Deze Luiz Henrique Mandetta riep naar de smaak van de president de bevolking te vaak op om thuis te blijven en veilige afstand van elkaar te houden, en daarmee dwarsboomde hij de economie van het land. Dus weg ermee, al is hij zeer deskundig én populair onder de bevolking. *Kill your darlings*, daar heeft de president geen moeite mee.

**Nieuw schisma**

Brazilië heeft er met corona dankzij de president duidelijk weer een vorm van polarisatie bij, die dwars door het links-rechts schisma heenloopt. Ceiça is uitgesprokener dan andere familieleden over haar afkeuring, terwijl zij 'haar president' altijd placht te verdedigen. "Hij is inderdaad compleet fout. Het is bijna niet te geloven en shockerend." Geen goed voorteken voor de president, zo'n duidelijke terechtwijzing door mijn schoonmoeder. Maar de afkeer van links en met name Lula zou toch groter blijken.

Zij viert Pasen moederziel alleen, met trouwe hond Bonita, dat wel. Geen uitgebreide en levendige maaltijden met vlees en vis voor alle familie plus aanhang. Waar ze dagen druk mee is. Ze heeft ditmaal een pannenkoek van *jiló* (bittere groente) met courgette en kaas gegeten als paasdiner. Het was heel goed, appt ze.

Na een beginperiode met depressies, ziet Ceiça nu vooral de zonnige zijde van de quarantaine. Natuurlijk in de overtreffende trap. “Corona heeft mijn leven gered”, openbaart ze medio april 2020. Ze hoeft niet meer zo nodig vier keer in de week die helse tocht te maken naar Rio om daar mee te doen aan haar schildercursus en yogalessen. En al die mensen van de kerkclubjes staan ook niet meer aan haar poort met hun, waarschijnlijk, goedbedoelde praatjes. Ceiça heeft nu rust, met hond Bonita, en geniet ervan. Bonita is zelfs zo gelukkig met alle aandacht van haar baasje dat ze werkelijk glimlachend rondloopt. Later bleek dit gedrag een vorm van *coping* te zijn, want o wat was ze blij om weer naar haar pilateslessen te mogen en feestjes bij haar thuis te geven voor familie en vriendinnen.

Wij ontvangen na enkele weken coronastilte weer eens gasten in Itaocaia Valley. Een door de lockdown in het zuidelijke Santa Catarina gestrande familie uit het noorden van Brazilië. Ze waren op rondreis door Zuid-Amerika toen de pandemie uitbrak. Geen vliegtuigen meer om naar huis te kunnen. Ze besloten een auto te huren en het erop te wagen. Ons huis is een van de tussenstops op de vele duizenden kilometers naar deelstaat Alagoas. Of ze van daaruit nog verder moeten, is me niet duidelijk. Andere huurders moeten toch afhaken vanwege alle wegblokkades door de politie tijdens het paasweekeinde. In alle richtingen.

In de volgepakte stad is de situatie veel zorgelijker dan in landelijke gebieden als Itaocaia Valley, waar het relatief moeilijk is een besmetting op te lopen. Dat merk ik ook wanneer Jomarcos Morales weer eens contact met mij zoekt via Twitter. Ik kende hem alleen onder zijn bijnaam Messi, met wie hij uiterlijke (geen voetbaltechnische) gelijkenis vertoont. Al veel te lang niet geweest op zondag bij de Amigos de Itaipuaçu, excuseert hij zich. Als zelfstandig boekhouder ligt zijn werk blijkbaar ook stil vanwege 'het decreet van de politiek'. Dat hij het niet hoog op heeft met gouverneur Witzel, blijkt wel uit zijn reactie op het nieuws dat de man besmet is: "Wat zielig voor het virus!"

Tegelijkertijd is Messi in diepe rouw. Zijn goede vriend van 57 jaar is overleden aan het coronavirus. "Nu komt er geen voetbal meer in de hemel, want daar is een groots doelman gearriveerd", is zijn eerbetoon op Twitter aan zijn vertrokken voetbalmaat.

# 6. Bolsonaro verslaat Moro

Twee jaar later is er niet veel schot gekomen in het onderzoek naar de moord op Marielle Franco. Op 9 februari 2020, een maand voor het uitbreken van de coronacrisis, krijgt de zaak een nieuwe dimensie. Dan wordt in het noordoosten van Brazilië Adriano da Nóbrega door de politie doodgeschoten. De ex-politieagent zou mogelijk betrokken zijn geweest bij de moord op de politica.

Volgens haar politieke partij, de PSOL, is Nóbrega een sleutelfiguur in de zoektocht naar de opdrachtgever van de misdaad. Deze partij vermoedt twee mogelijke motieven voor de nieuwe moord: het elimineren van een getuige of de zoveelste poging om Justitie tegen te werken. "Franco was een populaire politica. Als zwarte biseksuele vrouw uit een favela streed zij in het witte mannenbolwerk van de Braziliaanse politiek onvermoeibaar vóór mensenrechten en tégen politiegeweld. Niet iedereen nam haar dat in dank af", duidt Amnesty International de kwestie.

Het zaakje stinkt en begint de president steeds meer te kwellen. De kwestie stort Bolsonaro in april 2020 in de grootste politieke crisis tijdens zijn presidentschap, tot dan toe. Nadat de president de commandant van de militaire politie uit zijn functie zet vanwege diens vasthoudendheid om het onderzoek voort te zetten zonder Bolsonaro inzage daarin te willen geven, heeft minister van Justitie Sérgio Moro er genoeg van. Hij stapt op, omdat 'de federale politie niet meer onafhankelijk kan werken'.

De commandant wilde juist doorpakken in de onderzoeken naar de betrokkenheid bij de moord van ondertussen twee zoons van de president. De inmenging in de politieonderzoeken gaat oud-rechter Moro te ver. Zijn opvolger wordt een vazal van Bolsonaro van wie de president weinig te vrezen heeft.

Zo komt het tot een fatale botsing tussen Bolsonaro en die andere held van (het rechtse deel van) het volk, de kruisvaarder tegen de corruptie, en een pijler onder de regering. 'Wat nu?' vragen de regeringsgezinde Brazilianen zich af. De reactie in de app van de Amigos de Itaipuaçu illustreert een nieuwe verdeeldheid, nu binnen het kamp-Bolsonaro. Sommigen zijn het helemaal eens met de argumenten van Moro en zien Bolsonaro in grote problemen komen. Andere vasthoudender fans noemen Moro 'zwakjes' en benadrukken dat ze toch echt op Bolsonaro, hun kapitein, hebben gestemd en niet op Moro. En al snel verschijnen de grappen: Moro die naast Bolsonaro op een voetbaltribune het shirt van Flamengo aantrekt. 'Hier begon de ellende' staat erbij. De fans van Flamengo slaan terug met een foto van Moro in een shirt van Vasco da Gama. 'Gevallen' verwijst naar de vele degradaties van deze voetbalclub in het afgelopen decennium. Een andere toont Moro die zichzelf in de voet schiet.

## Crisis op crisis

Geflankeerd door zijn steeds gemankeerder wordende kabinet, ontkent Bolsonaro publiekelijk alle aantijgingen van inmenging. Alle ministers staan fysiek dicht tegen elkaar aan, terwijl het coronavirus steeds harder toeslaat in hun land. Ze horen vervolgens hun president weer een Trumpiaanse tirade afsteken. "Ik ben de baas, de benoemingen doe ik en de dag dat ik me moet onderwerpen aan een van mijn minderen, stap ik op als president."

Dat laatste kan hij maar beter snel doen, voordat het land weer zit opgescheept met een lange afzettingsprocedure, twittert de inmiddels bejaarde ex-president Fernando Henrique Cardoso. Landgenoten die dezelfde mening zijn toegedaan, pakken na de verklaringen van Moro en Cardoso hun potten en pannen weer en gaan de straat op.

De misslagen rijgen zich aaneen tijdens de coronacrisis. En een kat in nood maakt rare sprongen. Zo mengt de president zich onder lieden die protesteren voor de sluiting van het Hooggerechtshof en het congres. Een militaire interventie zou de oplossing voor de problemen van het land zijn. De militairen zelf, die in de regering zitten, blijken daar geen zin in te hebben. Aan de democratie in Brazilië kan niet worden getornd, verklaren zij.

Een crisisteam onder leiding van een van die militairen, stafchef en generaal Walter Braga Netto, neemt het stuur vast over en presenteert een herstelplan van circa vijf miljard euro dat Brazilië uit het economische moeras moet trekken. De werkloosheid is opgelopen naar 12 procent. De minister die voor zo'n operatie verantwoordelijk zou moeten zijn, de ervaren technocraat Paulo Guedes van Economische Zaken, is niet bij de presentatie aanwezig. Een veeg teken en volgens insiders het signaal dat deze andere aanvankelijke steunpilaar onder Bolsonaro's bouwwerk ook zal omvallen. De mannen die het ongeleide projectiel in toom moeten houden. Maar Guedes zou de rit uitzitten.

De angst en twijfel slaan toe onder de bevolking, zelfs bij de Brazilianen die niet op Bolsonaro hebben gestemd. Want de hele heisa is slecht voor Brazilië. De gezondheids- en economische crises zijn er al en daar komt nu een politieke crisis bovenop. Weer een energieverslindend conflict waar alles voor moet wijken. Bolsonaro houdt zich intussen bezig met stemmen winnen in de senaat, die hij nodig heeft om vervolging vanwege de inmenging in het politie-onderzoek te voorkomen.

Ondanks alle turbulentie wijzen opiniepeilingen uit dat de president nog steeds veel krediet heeft bij zijn aanhang. Een meerderheid van de Brazilianen gelooft de aantijgingen, maar ook een meerderheid vindt dat Bolsonaro moet aanblijven als president. Onder die meerderheid is altijd zo'n 30 procent hardliners die hem tot en met de laatste snik en de ultieme misstap zouden steunen.

Bolsonaro blijkt over aanzienlijk meer charisma te beschikken dan zijn nieuwe rivaal Sérgio Moro. De laatste wordt al direct genoemd als kandidaat voor het presidentschap in 2022, maar zijn ster zou almaar dalen na diens breuk met Bolsonaro.

Een groep blanke vrouwen uit, ogenschijnlijk, de middenklasse in Curitiba (deelstaat Paraná) neemt een filmpje op terwijl ze in T-shirts met de beeltenis van Moro zijn gekleed. Hun gevallen held, wordt enkele minuten later duidelijk. Want hoewel Moro hun stadgenoot is, 'uit de republiek Curitiba', en veel voor het land heeft betekend, kiezen deze vrouwen toch unaniem voor Bolsonaro. De kapitein moet aan het stuur blijven. Met een sadistisch genoegen wordt de Moro-kleding verbrand.

## De vergiftiging van Bonita

Ceiça heeft andere zorgen in haar persoonlijke fort in de wijk Jardim Atlântico in Itaipuaçu. Hond Bonita is flink ziek geweest, overal zijn sporen van bloed na nachtelijke braakpartijen. Dat lijkt op een vergiftiging. Als blijkt dat de kat van de buren dezelfde symptomen heeft gehad en daaraan is bezweken, weet zij het zeker. Want de kat vertoeft altijd op hetzelfde plekje in haar tuin, vlakbij de hoge muur die het terrein scheidt van de straat. En op die plek had zij iets aan de muur zien hangen.

Voor mij allemaal nog geen bewijs dat het hier om een poging tot vergiftiging van de huisdieren gaat, maar schoonmoeder kent geen twijfel. Het is een beproefde methode van inbrekers, licht ze toe. Eerst de waakhonden doden, daarna de onbeschermde ouderen overvallen. Ceiça is dus helemaal op haar hoede en doet de volgende dag niet open wanneer er een verkoper van chloor aan de poort staat. Het is een van de vele nieuwe diensten die worden aangeboden in coronatijden. Ook 'controleurs' gaan de huizen langs om te zien of de regels wel worden nageleefd. Corona inspireert het boevengilde tot nieuwe tactieken.

Hierdoor worden ook echte onderzoekers het slachtoffer. Een nationaal wetenschappelijk onderzoek naar de verspreiding van covid wordt bemoeilijkt omdat inwoners en politie de onderzoekers voor boeven aanzien. De mensen die in 133 steden, verdeeld over alle deelstaten, met testmateriaal langs de deuren gaan, worden bedreigd en sommigen belanden zelfs in de cel. Een onderzoekster in opdracht van het ministerie van Volksgezondheid zit uren vast op verdenking van fraude en vertelt bang geweest te zijn om publiekelijk te worden gelyncht. De overheden geven elkaar de schuld van de 'desinformatie' naar de bevolking.

Het juridische spel tussen Moro en Bolsonaro is intussen begonnen. In een acht uur durende eerste verklaring aan de federale politie in zijn woonplaats Curitiba, verklaart Moro onder meer dat Bolsonaro hem al eerder heeft gedreigd met ontslag, als hij niet in zou stemmen met meer inzage door de president in de onderzoeken én met het ontslag van de politiebaas die dwars lag. Verschillende ministers leggen in de dagen daarna voor Bolsonaro tegenstrijdige verklaringen af aan de federale politie over gesprekken en vergaderingen waaruit zou blijken dat de president inzage wilde in de politie-onderzoeken naar de moord op Marielle Franco en dreigde met ontslag als dat niet zou gebeuren.

Op 3 mei 2020 bevolken aanhangers van de president het plein voor het presidentiële Palácio do Planalto, het paleis van de hoogvlakte, in Brasília. Na veel rumoer op sociale media zijn ze nu de straat opgegaan om hun onvoorwaardelijke steun aan de Messias te tonen. Daarbij moet niet alleen de nieuwe vijand Sérgio Moro het ontgelden, maar ook de pers, de oude vijand.

En ditmaal fysiek. Een fotojournalist van dagblad *O Estado de S. Paulo* (ook wel *Estadão* genoemd) wordt in de buik geslagen, geschopt en tot tweemaal toe tegen de grond gewerkt. Een andere medewerker van een krant krijgt een vliegende trap, capoeira-stijl, en een derde wordt uitgescholden en geschopt. De demonstranten scanderen leuzen als '*Globo* afval' en 'weg met de *Estadão*'. De drie moeten ontzet worden en met een auto in veiligheid worden gebracht.

In een officiële reactie op de agressie legt *Estadão* een rechtstreeks verband tussen Bolsonaro en het geweld tegen de pers. "Dat geweld, zelfs vanuit de poriën van de macht, heeft ons nooit geïntimideerd. Het heeft ons alleen gemotiveerd om voort te gaan met het doen van aangiftes van de daden van een regering die door een democratisch proces is gekozen, en minder dan anderhalf jaar later alle signalen vertoont van een zijpad naar willekeur en geweld."

Bolsonaro ligt in deze ongekende crisistijd met de pers en de hem afvallige Sérgio Moro overhoop, én hij is onderwerp van onderzoek. Naast al die crises op het werk was er waarschijnlijk achter de onwrikbare façade ook wel een familiecrisis gaande bij de Bolsonaro's, met al die familieleden verwikkeld in justitiële onderzoeken.

**Epicentrum Brazilië**

Corona woekert voort in de aanloop naar de Braziliaanse winter van 2020, waar elders in de wereld de curves dalen en versoepelingen worden aangekondigd. Op de Nederlandse radio hoor ik een viroloog vertellen dat virussen zich zo bewegen als trekvogels, maar dan in omgekeerde richting. Wanneer het in Europa zomer wordt, trekt covid-19 dus naar het zuiden, naar Afrika, Australië en Zuid-Amerika.

Vooral naar de oostelijke helft van Zuid-Amerika, naar de reus van het continent. Brazilië wordt het zwaarst getroffen van alle landen op het zuidelijk halfrond, met recordcijfers qua besmettingen en doden. Versoepelingen zijn ver weg, althans vanuit de deelstaten. Sterker: een totale lockdown voor Rio de Janeiro wordt overwogen. Het crisisnieuws kan niet op. Bolsonaro kondigt vanuit Brasília wél allerlei versoepelingen aan om de economie te redden. Kappers, schoonheidsspecialistes en sportscholen mogen weer functioneren van hem, terwijl de besmettingspiek in Brazilië nog niet in zicht is en al duidelijk wordt dat het land na de Verenigde Staten de meeste besmettingen en coronadoden ter wereld zal gaan hebben.

Het epicentrum van de pandemie verschuift plots naar Zuid-Amerika, vanwege Brazilië. Bolsonaro presenteert zich bij die versoepelingen als de ultieme liberaal: je hoeft niet te gaan werken hoor, iedereen mag zelf weten wat hij doet. Een paar flinke stappen verder dan Mark Rutte dus met zijn appel op de eigen verantwoordelijkheid.

Maar waar Nederland politiek in crisistijd toch wel zo goed als één front is, staan in Brazilië deelstaatgouverneurs lijnrecht tegenover de aanpak van Bolsonaro. Ze negeren hem of schakelen rechters in om een lockdown ook juridisch te verantwoorden. Het is noodzaak, want met name in de deelstaten São Paulo, Rio de Janeiro en Amazonas is de situatie soms schrijnend. In het snikhete en vochtige Manaus sterven onevenredig veel mensen aan corona. Dat staaft in ieder geval niet de theorie dat het virus vooral goed gedijt in koudere streken en boven de 25 graden niet opduikt.

De versnipperde boodschap vanuit de verschillende overheden leidt ertoe dat 30 tot 40 procent van de bevolking de coronamaatregelen opvolgt, voor een goed effect had dat 70 procent moeten zijn. In de stad Rio proberen de autoriteiten zelfs de bevolking van de favela's binnen te houden. De mensen moeten door 'controlemuren' heen waarbij wordt gecheckt of ze wel voor iets noodzakelijks (medisch of werk) op pad zijn. Maar het functioneert niet echt, de circulatie van mensen die wel op pad moeten om geld voor eten te bemachtigen, blijft groot. Burgemeester Crivella verklaart alleen een totale lockdown in zijn stad toe te staan wanneer de armen genoeg voedselpakketten krijgen om de quarantainetijd door te komen.

Schoonmoeder krijgt stiefzoon Wagner met vrouw op bezoek op Moederdag. Met imposante mondmaskers op zijn ze in innige omhelzing met Ceiça, die overigens weer recalcitrant is en geen mondkapje gebruikt. Het cultureel bepaalde mondkapje, denk ik dan nog. In Nederland ongewild en ongeveer nutteloos verklaard, in Brazilië een direct vrij algemeen geaccepteerd persoonlijk beveiligingsmiddel. Het zou tot 1 december 2020 duren voordat Nederland, als een van de laatste landen ter wereld, ook het mondkapje verplicht stelt in de meeste binnenruimtes.

In ons huis in de Vallei van Itaocaia verblijft de hele maand mei een stel onderwijzers met hun dochter. Het onderwijs ligt helemaal stil in Brazilië, geen digitale variant. En de vier muren van hun appartement in Niterói werden hen te machtig. De man geniet van de omgeving en de ruimte, maar klinkt toch licht depressief: hij maakt zich grote zorgen om corona.

**Coronacompetitie**

Terwijl in Duitsland de voetbalcompetite wordt hervat, is in Brazilië de coronacompetitie in volle gang. Het land maakt een indrukwekkende opmars in de internationale statistieken en dat willen de media weten. Het grote nieuws is dat Brazilië Spanje en Italië is gepasseerd qua aantal coronadoden. *O Globo* schreeuwt deze prestatie uit.

Precies een maand houdt de volgende minister van Gezondheid het uit met Bolsonaro. De oncoloog Nelson Teich biedt op 15 mei zijn ontslag aan, na meerdere malen publiekelijk zijn onvrede te hebben geuit over de aanpak van de coronapandemie door de president.

Bolsonaro vervangt gewoon de ene na de andere minister en is niet stuk te krijgen. Monter staat hij ook zijn vijandelijke pers te woord. Zoals *Estadão*. Natuurlijk, hij weet ook wel dat de effectiviteit van chloroquine niet is aangetoond, maar wat zou dat? Je hoeft het toch niet te nemen! Baadt het niet dan schaadt het niet, vindt hij en geeft het middel vrij voor de behandeling van beginnende coronaklachten. In het spoor van Trump die er alweer op terug was gekomen.

De burgemeester van de stad Campinas is zijn roerganger. Die heeft goede ervaringen met het middel, dus proberen maar, besluit Bolsonaro. De chloroquine raakt in rap tempo uitverkocht in de drogisterijen, daar doen nieuwe onderzoeken die de schadelijke bijwerkingen ervan (hoger risico op andere dodelijke ziektes) aantonen, niets aan af.

En dan is er dé video. Die zou Bolsonaro noodlottig worden in zijn duel met Sérgio Moro. Maar nee, hoewel Bolsonaro tijdens de kabinetsvergadering in straattaal van alles roept wat een president niet zou mogen roepen, en alle aantijgingen wegwuift als onzinnige futiliteiten, stapt hij toch weer als winnaar naar buiten.

Moro wordt daarna door de aanhang van Bolsonaro weggezet als een klein kind dat dreigde een video te laten publiceren, waar vervolgens niets schokkends op te zien is. De president zegt erin dat hij 'zijn familie niet laat naaien' en daarom inzage wil in de politie-onderzoeken. Niks mis mee, je familie verdedigen, vinden de familiegekke Brazilianen, althans een aanzienlijk deel daarvan.

In de groepsapp van de voetbalvrienden heeft de stroom berichten die volgt, een vrijwel unanieme boodschap: hij spreekt onze taal, 'echte taal zonder filter', en 'ik sta nu nog meer achter de president'. Het optreden wordt gezien als 'een garantie voor herverkiezing'. Een enkeling brengt voorzichtig een nuance aan door op te merken dat het inmengen in politiezaken niet zou moeten kunnen.

*Catarina, Claudia, Bibí en Ceiça: vier generaties. Met hond Bonita.*

*De buren Geralda, Barata en kleinzoon Mikael.*

*Na het snoeien is de Rots van Itaocaia weer zichtbaar.*

*Samen biddend luiden de Amigos de Itaipuaçu hun voetbalzondag in.*

*De polarisatie in graffity op een muur in de wijk Flamengo.*

*Henrique Pizzolato in zijn werkkamer. Hij 'doet de L' van Lula.*

*Buurman Marcos bespreekt graag de wereldproblematiek.*

*De deurmat van Marcos: 'Veeg je voeten op Bolsonaro'.*

*De bruiloft van Cris en Patrick in de tuin van Sítio do Sol.*

*Een motorclub in Itaipuaçu. De motorrijders steunden Bolsonaro.*

*Paulo, Carol en dochter Iarin in hun zelfgebouwde huis in de bergen.*

*In Flamengo. Miljoenen Brazilianen overleven met straatverkoop.*

# 7. Democratie onder druk

Het type Bolsonaro is al eerder door filosofen en sociaal wetenschappers ontrafeld. De Franse schrijver Albert Camus noemt in zijn boek *De mens in opstand* zo'n persoon 'per definitie iemand die de confrontatie zoekt. Hij houdt zich alleen staande in de uitdaging'. Dat schreef hij in 1951 en hij richtte zich op de dandy in de literatuur. In 2020 gaat het feilloos op voor steeds meer politieke leiders in de wereld. Die doorvertaling doet Hans Goslinga in zijn column in *Trouw* (24 mei 2020). Met Trump als schoolvoorbeeld: ook na de verovering van de macht gaat hij door met provocaties en is onmachtig coherent leiderschap te tonen, bondgenoten te maken en samen te werken. Dat laatste lukt zelfs niet met zijn eigen diensten, laat staan met politieke rivalen (en de media), van wie hij zich constant slachtoffer waant. De dandy in de politiek gedijt bij polarisatie. Hij wordt niet aangehaald, het staatshoofd uit dat toch wat te verre Zuid-Amerika, maar de beschrijving is één op één van toepassing op Bolsonaro, eigenlijk nog accurater.

Voor de volledigheid een definitie; op Wikipedia staat een goede: populisme (van het Latijnse *populus*, volk) is een manier van communiceren en van politiek bedrijven waarin de centrale tegenstelling die tussen het vermeende volk en de vermeende elite is en waarbij de populist de kant van het volk kiest.

Goslinga haalt ook de liberale senator Harm van Riel aan, politiek peetvader van Hans Wiegel. Deze VVD'er zag het vijftig jaar geleden al scherp voor zich. Hij maande de volgende generatie partijgenoten 'de sociaal-democratie te slopen'. Want de liberalen en andere volkspartijen waren niet meer in staat het volk aan zich te binden, te genuanceerd en te verbonden aan een elite. De partij volgde zijn advies niet, maar in Nederland stapten Pim Fortuyn, Geert Wilders en Thierry Baudet wel in dat vacuüm. Zonder de macht echt te grijpen.

Dat lukte de nog grotere populisten Trump, Orbán en Bolsonaro dus wel. En ze zijn medio 2020 volgens tegenstanders hard bezig niet alleen de sociaal-democratie maar de gehele democratie in hun land te slopen. De Duitse denker en socioloog Max Weber omschreef honderd jaar geleden de politicus met charisma, maar zonder innerlijke overtuiging en een gevoel van verantwoordelijkheid als 'een parvenu van het moment'. De term 'populist' in de politiek deed pas in de jaren 1980 zijn intrede. Weber was destijds van mening dat zo'n politicus niet alleen bekrompen, maar ook onbeduidend was. Dat dit laatste door de geschiedenis is achterhaald, moge duidelijk zijn.

**Massagraven**

De wereld is langzaam terug aan het keren naar het gewone leven, de term 'terug naar normaal' is gemeengoed geworden, maar Brazilië en de VS stapelen record op record, in negatieve zin. De leiders van die landen lijken dan ook wel erg op elkaar, ook qua aanpak van de pandemie. Eigenlijk geen aanpak, maar ontkenning.

De catastrofale coronacrisis in zijn land wordt door president Bolsonaro steeds op veilige afstand van hemzelf gehouden. Hij zit onverschillig de rit uit, en gokt op het vervagen van de herinneringen van zijn landgenoten met de tijd. Ook wanneer er massagraven komen, haalt hij zijn schouders op. "Nou en? Wat kan ik er aan doen? Mijn tweede naam is Messias, maar ik kan geen wonderen verrichten."

Eenzelfde reactie heeft hij overigens wanneer een medewerker van zijn verkiezingscampagne een plaatsgenoot van de PT op diens verjaardag doodschiet onder de kreet: 'Hier is Bolsonaro!' "Wat heb ik daarmee te maken?" reageert de president, wars van enige tact, laat staan empathie. Hij vertoeft met zijn aanhang veilig in zijn eigen universum.

Het aan de laars lappen van coronamaatregelen door de president wordt zo gewoon dat daar na verloop van alle schendingen weinig woorden meer aan worden gewijd, laat staan dat er sprake is van een schok. Kinderen omhelzen, geen mondkapje op hebben, zich lachend door menigtes heen wringen. Bolsonaro doet het minstens wekelijks. Hij is even onschendbaar. Maar Brazilië vergeet het niet. De straf daarvoor komt drie jaar later, een half jaar na de machtswisseling en ten tijde van het grote afrekenen, wanneer hij alsnog voor miljoenen reais aan coronaboetes moet betalen.

Het ontbreken van eenduidig beleid tijdens de pandemie brengt de bevolking in opperste verwarring. Alle overheden ruziën met elkaar en vechten elkaars maatregelen aan bij de rechter. Zo worden versoepelingen weer teruggedraaid en lockdowns weer opgeheven. Terwijl de piek van de besmettingen nog niet in zicht is en het dodental snel oploopt. Chaos alom.

Bolsonaro probeert eigenhandig de ellendige cijfers een positieve draai te geven. Hij verordonneert de ware coronastatistieken niet meer te openbaren maar een flauwe afspiegeling daarvan, waardoor het er allemaal een stuk beter uitziet. Het Hooggerechtshof moet er weer aan te pas komen om een einde te maken aan dit meest recente, en opzichtige, goocheltrucje van de president.

Ook bij Trump hoorde dit bij zijn structurele gedrag als president. Zo schrijft hoogleraar politieke wetenschappen Matthew McManus: "In tegenstelling tot conventionele leugens van politici die hun prestaties overdrijven, zijn de leugens van Trump flagrant, en gaan ze over gemakkelijk verifieerbare feiten." Zo verklaarde Trump eens dat zijn vader uit Duitsland kwam, maar Fred Trump werd in New York geboren. "Trump liegt over het triviale, zoals beweren dat er geen regen was op de dag van zijn inauguratie terwijl het wel regende." Ook grote leugens zaten in het pakket, zoals de bewering dat Obama terreurbeweging IS heeft opgericht. Voor links Brazilië is het roofverhaal over Lula en de PT zo'n grote leugen van Bolsonaro.

**Dictatuur en cultuur**

Halverwege de termijn van Bolsonaro komt een militaire coup steeds dichterbij, wanneer het aantal militairen in de regering daar een graadmeter voor is. Ik tel dan tien van de 22 ministers die uit het leger komen. De in een jaar tijd negen vertrokken ministers worden vrijwel allen vervangen door een militair. Ook de derde minister van Gezondheid in ruim een maand is een generaal. Wanneer de oppositie doorgaat met afzetpogingen en het Hooggerechtshof de president blijft terugfluiten, gaat het leger ingrijpen, is een veelgehoorde voorspelling.

Wat sowieso plaatsvindt deze jaren, is de uitholling van democratische instituties, zonder dat er werkelijk een dictatuur wordt gevestigd. Dat is ook wat Bolsonaro van de daken schreeuwt: "We houden ons aan de kernpunten van de grondwet." En binnensmonds: "En alles wat meer in detail wordt beschreven qua persvrijheid en mensenrechten nemen we niet serieus." Na verloop van tijd ontstaat dan vanzelf een dictatuur, net zoals dat in Venezuela is gebeurd, maar dan met een heel andere politieke kleur.

Zijn propagandamachine draait continu door. Een filmpje van de federale regering wordt gretig gedeeld. Operação Verde brengt gelikt in beeld hoe de centrale overheid het regenwoud beschermt en illegale houtkappers aanpakt. In de dertig dagen durende actie staat heel wat te gebeuren. Deze 'groene operatie' kan echter niet voorkomen dat de ontbossing onder Bolsonaro veel forser is dan onder al zijn voorgangers. Die cijfers halen het landelijke nieuws wel, maar niet het sociale mediaverkeer van de bolsonaristas.

Die ontwikkelingen en de voortdurende uitglijders van de president lijken mijn Bolsonaro-gezinde familieleden koud te laten. Zonder hem zou het allemaal misschien nog wel erger zijn geweest, merkt schoonmoeder Ceiça op. Anderen beginnen wel te beseffen dat deze leider erg veel problemen veroorzaakt. Maar ze gooien hem op de hoop van alle leiders en bestuurders in het land. "Het is de cultuur. Iedereen in Brazilië is '*sem educação*' (ongemanierd), inclusief de bevolking, en daarom is het zo'n zooitje." Het kan altijd nog erger dan onder Bolsonaro, troosten zij zich.

Dat denkt een goede vriendin van ons uit Curitiba niet. Vânia Vicente is vooraanstaand biologisch wetenschapper en gespecialiseerd in infectieziektes. Ze beschrijft haar land medio 2020 als een hel op aarde. "Zo slecht was het nog nooit."

**Cardoso spreekt**

Fernando Henrique Cardoso slaakt een noodkreet in een interview met Braziliaanse studenten in Engeland. Het online evenement heeft de onheilspellende titel 'What's next Brazil?' Nou, Brazilië kan maar zo een autoritaire staat worden wanneer antidemocratische acties niet van bovenaf veroordeeld worden, antwoordt Cardoso. De aanleiding is een met vuurwerk gesimuleerde aanval op het Hooggerechtshof door een groep van dertig bolsonaristas. Op 14 juni 2020 op het Plein van de Drie Machten in Brasilia. Natuurlijk op de zondag, de vaste manifestatiedag van Bolsonaro-aanhangers, ook in coronatijd. De rechters van het hof werden uitgescholden. Naderhand bleek het een bescheiden voorproefje van wat er tweeënhalf jaar later zou gebeuren.

Zo gaan deze hardliners steeds een stapje verder naar hun ultieme doel: het afschaffen van het parlement en de hoogste rechterlijke macht en daarmee de toetsstenen van het regeringsbeleid. En Bolsonaro staat het oogluikend toe. Er komt in ieder geval geen enkele publieke reactie van de president. Wel wordt een dag later een van de activisten, Sara Winter, gearresteerd. Het absurdistische nieuws houdt maar niet op rond de president. In dezelfde week doet hij een oproep aan het volk om ziekenhuizen binnen te vallen en vast te leggen, in woord en beeld, hoeveel patiënten er werkelijk met corona liggen. Bolsonaro gelooft de cijfers van zijn eigen diensten niet.

Het is een gevaarlijk moment en juist nu de tijd om de democratische instituties te beschermen en je uit te spreken over het belang ervan, zegt oud-president Cardoso. Maar de 'fundamentele institutie' is het leger. Hij gelooft niet dat de militairen eenzelfde plan hebben als in 1964. Wat Bolsonaro betreft noteert Cardoso diens autoritaire discours, maar hij ziet 'nog geen zwaard in zijn hand'. "We bevinden ons in grijs gebied, en dat is maar goed ook."

Cardoso was in 1994, na jaren diepe economische en politieke crises, de grondlegger van het Plano Real, een grondige economische hervorming met een nieuwe munt. Dat deed hij als minister van Financiën onder interim-president Itamar Franco. Hij riep een groep vooraanstaande economen bij elkaar om het ingenieuze plan te smeden dat in korte tijd een einde maakte aan de hyperinflatie, die in 1993 nog 2708 procent bedroeg. Daarna was hij acht jaar lang – tussen 1995 en 2003 – de meest stabiele president die Brazilië waarschijnlijk ooit heeft gehad. Tweemaal versloeg hij Lula tijdens presidentsverkiezingen.

Hij hervormde en privatiseerde er gretig op los, als sociaal-liberaal, en zijn opvolger Lula hield die koers aan, met meer de nadruk op de sociale component.

De corruptie waarvoor de regeringen van de PT zo zwaar hebben moeten boeten, was er altijd al, ook onder Cardoso. Zo verklaart hij zelf regelmatig. Maar niemand die er toen om maalde, dat was nu eenmaal 'de Braziliaanse cultuur'.

Dus geen spraakmakende schandalen in de periode Cardoso, maar ook geen verbale uitspattingen en bovendien een consistent beleid met een regering van weinig personele wisselingen. Zelf socioloog van huis uit, zijn vrouw Ruth antropoloog. Cardoso werd wel gekenschetst als een 'te rustige en nette president' voor het temperamentvolle volk. De munt schommelde altijd rond eenzelfde waarde. Ook later overigens lange tijd onder de opvolgers Lula en Dilma.

Zo was de euro nog 2,5 real waard toen wij ons huis lieten bouwen in 2013. Het was niet bedoeld als investering maar de wisselkoers in

2020 (bijna 6 real voor een euro) bewees maar weer dat investeren in Brazilië een heikele kwestie is. Het zou een slechte investering zijn geweest. Financieel dan, want er zijn meer waardes in het leven.

Met de gevangenisstraf van Lula vanwege vermeende corruptie heeft diens voorganger altijd moeite gehad en die ook geuit. Cardoso verdedigde Lula tijdens de jarenlange processen meermalen door te benadrukken dat een president 'niet alles kan weten' wat er onder zijn bewind gebeurt.

**Goed verdienen bij de Wereldbank**

Met Bolsonaro is er een complete tegenpool aan de macht. Iemand die de taal van de straat spreekt en met een verre van stabiele regering. Laat ik er eentje uitlichten uit de lange rij: minister Abraham Weintraub van Onderwijs. Hij ruimde niet het veld als gevolg van een conflict met zijn baas, maar voor eigen gewin. Het bracht nogal wat commotie teweeg. Weintraub verruilde namelijk zijn ministerspost voor een plek in de directie van de Wereldbank, waar hij vier keer zoveel ging verdienen. Maar de keuze viel niet goed binnen de Wereldbank, waarvan medewerkers aan de krant *Estado de São Paulo* meldden dat 'Brazilië op weg is een internationale grap te worden'. Want Weintraub liet zich als minister juist vaak negatief uit over multilaterale samenwerking. En op sociale media ging hij regelmatig op zijn Bolsonaro's tekeer tegen andere landen en volken. Zo bespotte hij de Chinezen tijdens de coronapandemie. En, solidair met de president, weigerde ook hij het verplichte mondkapje te dragen op straat tussen mensenmenigtes.

Hij ging de stoel bezetten namens Brazilië, Colombia, Equador, Trinidad en Tobago, Filippijnen, Suriname, Haïti, Dominicaanse Republiek en Panama. De stemming was geen grote horde, gezien de zware afvaardiging van Brazilië. Analisten waarschuwden direct voor het gevaar van een pariastatus van Brazilië binnen de Wereldbank wanneer Weintraub zijn houding niet zou veranderen. Door dat isolement zouden projecten van belang voor de Braziliaanse regering tegengehouden worden. Zoals de ontginning en ontwikkeling van gebieden in de Amazone. Daar had Bolsonaro grote plannen voor.

Intussen draait de propaganda door, onder leiding van zoon en parlementslid Eduardo. Ditmaal met een video waarin Eduardo, als een volleerd shownieuwspresentator, landgenoten oproept en instrueert om lid te worden van de nieuwe politieke partij in dienst van 'het project Bolsonaro'. Aliança pelo Brasil, het bondgenootschap voor Brazilië, zal overigens nog niet klaar zijn voor de gemeenteraadsverkiezingen dit jaar. Dus Brazilianen mogen nog op een ander stemmen, laat Eduardo weten, 'als het maar geen linkse partij is'. Op zijn 38ste is deze zoon al een ervaren politicus, en daarmee is Brazilië nog lang niet van deze machtige familieclan af, besef ik. Het zou niets worden met deze partij en de familie Bolsonaro zou zich aansluiten bij de PL, de Partido Liberal, die daardoor ineens een machtige partij zou worden.

Maar zo'n rechts marketingoffensief geeft de polarisatie tussen rechts en links weer een nieuwe impuls. Een ander filmpje dat rondgaat op sociale media brengt loepzuiver nog een ingesleten tegenstelling in beeld binnen het land: die tussen arm en rijk. De filmer toert eerst door de buitenwijk Madureira in de Zona Norte van Rio de Janeiro. Kijk, hier is helemaal geen corona, stelt hij lachend vast. Alle winkels geopend, straatventers en grote groepen mensen bij elkaar. Een alledaags pre-corona straatbeeld.

In een ander stadsdeel, de rijkere Zona Sul, lijkt het op Europa tijdens de lockdown. Een vrijwel leeg winkelcentrum in de wijk Leblon met overal de coronamaatregelen en een beperkt aantal bezoekers. Strak geregisseerd door medewerkers in uniform en met mondmaskers. Er is zelfs een desinfecterende mat voor de schoenzolen. Het is zoals de president de preventieve aanpak van de pandemie graag ziet: iedereen moet zelf maar weten wat hij doet.

De voetbalclubs protesteren in deze periode met succes tegen de hervatting van de competitie, en het virus trekt verder het binnenland in.

**De atleet krijgt toch corona**

En altijd weer word je door de realiteit ingehaald als journalist over Bolsonaro's Brazilië. Net een artikel afgerond voor *La Chispa* – het journalistieke platform over Latijns-Amerika – met een uitgebreide update over alle crises die het land teisteren en dan lees je op de Nederlandse nieuwssites dat de rechter Bolsonaro heeft verplicht publiekelijk een mondkapje te dragen. Elke keer dat hij dat niet doet kost hem dat 380 euro, ruim 2000 real. Circa tweemaal het minimumloon in het land, maar voor de president natuurlijk een schijntje. De boetepot zou flink oplopen, zoals reeds gememoreerd.

In de Braziliaanse media halen de zorgen over de natuur weer de headlines. Dertig internationale banken dreigen zich terug te trekken uit Brazilië wanneer de onophoudelijke ontbossing niet echt aangepakt wordt. De directeur van de Braziliaanse bank Bradesco is het helemaal eens met die opstelling. Hij zegt dat Brazilië ernstig tekortschiet en dat de coronacrisis aanleiding zou moeten zijn voor een grondige herijking van het huidige milieubeleid.

Bolsonaro reageert weer als door een wesp gestoken. "Ons imago in het buitenland is inderdaad niet goed wat het milieu betreft", geeft hij nog toe. Maar dat komt allemaal door 'desinformatie'. Het begint dan een steeds interessanter vraagstuk te worden hoe deze president het nu al rampjaar 2020 gaat uitzingen.

In ieder geval pakt hij zelf nog een coronabesmetting mee. Op 7 juli maakte hij bekend dat de uitslag van de test 'positief' is, ook daarbij betracht hij overigens geen afstand van journalisten. Deze atleet heeft toch corona gekregen. Na de aankondiging doet hij zijn mondkapje af om te laten zien 'dat hij er goed uitziet'.

Hij geeft geen krimp en de volgende dag meldt hij alweer dat hij zich prima voelt. Generaal Eduardo Pazzuelo wordt zijn stand-in. Temidden van de grootste gezondheidscrisis in de recente historie, zit het land alweer twee maanden zonder minister van Gezondheid. Pazzuelo zou die post zelf op zich nemen.

Internationaal is de besmetting groot nieuws en enig leedvermaak klinkt door in de berichtgeving. Onder de Bolsonaro-gezinde Brazilianen blijft het oorverdovend stil. Alsof er niets is gebeurd. In de voetbalapp zelfs geen enkel bericht, terwijl opmerkelijke feiten en geruchten over politici altijd gepaard gaan met cynische commentaren en grappen. Bolsonaro laten ze met rust.

Dat doet de tegenpartij allerminst. De haters van de president duimen zelfs voor zijn dood. Ze roepen op Twitter de hashtag *força corona* (hup corona) ervoor in het leven. Heel foute ontwikkelingen volgens columnist Vera Magalhães van *Estado de S. Paulo*. Al heeft Bolsonaro 'in het gezicht gespuwd van het land de afgelopen vijf maanden'. Paardrijden, jetskiën, de neus snuiten en daarna ouderen begroeten, chloroquine voorschrijven zonder dat hij arts is, oproepen ziekenhuizen binnen te vallen, geen mondkapje willen dragen en uiteindelijk besmet worden, en waarschijnlijk anderen besmet hebben tijdens zijn onverantwoordelijke gedrag. Het is haar uittreksel van een onuitputtelijke lijst.

De diagnose zet een volgende spade in de toch al diepe kloof die de bevolking politiek splijt. Voor de tegenstanders zou het veel beter zijn om te duimen voor de genezing van de president, betoogt Magalhães. Zodat hij zich kan verantwoorden voor 'zijn verantwoordelijksheidsmisdaden die hij heeft begaan tegen de kiezers door te spelen met het leven als een despoot van de vijfde categorie'. Deze journaliste zou later mikpunt van fysieke agressie worden door aan Bolsonaro gelieerde politici.

# 8. Het momentum van Maricá

De crisis in het land weerhoudt de gemeente Maricá niet van nieuwe sprongen vooruit. Twee jaar na de inwijding van het vliegveld wordt op 1 juli 2020 vol trots de verlichting op de landingsbanen wereldkundig gemaakt. Door de state of the art verlichting kan er nu de gehele nacht opgestegen en geland worden op Maricá. Daarmee is het stadje concurrenten in de deelstaat voor. Maar wie gaat of wil hier midden in de nacht landen? Burgemeester Fabiano Horta spreekt van 'een potentie en een aanwinst voor Maricá'. Hij rekent op meer bedrijvigheid, meer investeringen en meer ontwikkelingen voor zijn gemeente van ruim 200.000 inwoners.

Het vliegveld wordt vooralsnog vooral gebruikt door de offshore petrochemische industrie. De absolute motor voor de economie van Maricá en de grootste inkomstenbron van de gemeente. Maricá is de stad die op korte afstand ligt (200 kilometer) van een van de grote olievelden onder de zoutlagen in de zee, het présal bassin van Campos. Waar een familielid al vele jaren werkt, sinds hij op zijn vijftigste met pensioen mocht bij de marine. Twee weken op, twee weken af, waarin hij zijn best doet om het (relatief) riante inkomen uit te geven aan vakanties en ander vertier. Ook Bolsonaro probeerde de pensioenleeftijd te verhogen, maar net als zijn voorgangers stuitte hij steeds op te veel weerstand in het parlement.

Het vliegveld wordt door de ligging dus ook gebruikt voor reddingsoperaties van werkers op de booreilanden en voor medische vluchten. De burgemeester spreekt de ambitie uit om de functie van het vliegveld te verbreden, naar commerciële lijndiensten. Zouden we op een dag naar Maricá vliegen?

Maricá beleefde financiële hoogtijdagen door de oliewinning. Maar na de sluiting van de dichtstbijzijnde raffinaderij, in de stad Itaboraí, en de afslanking van Petrobras, vloeit ook het geld van deze Braziliaanse multinational niet zo uitbundig meer naar de regio. Vanwege de corruptieschandalen is het bedrijf zijn monopoliepositie ontnomen en zijn de olieprojecten in de verkoop gedaan. De olie gaat richting Amerika om geraffineerd te worden. Hierover later meer.

Er was de afgelopen jaren veel bedrijvigheid op het grondgebied van de gemeente. In Itaipuaçu werd met de asfaltering van de strandboulevard een nieuw hoofdstuk toegevoegd aan de urbanisering van het gebied. De inwoners zijn vrijwel zonder uitzondering dolenthousiast. Wie ben ik dan om bedenkingen te hebben? Nu kunnen de joggers over het trottoir lopen en de auto's fijn racen. En 's avonds nog beter want het gehele twaalf kilometer lange strand wordt verlicht. De charme van de voorheen ruige, landelijke kustlijn met de weg van rode aarde is er wel mee verdwenen. Maar daar lijk ik dus ongeveer alleen om te malen. De buitenlander die de romantiek in stand wil houden, terwijl de lokalen vooruitgang nastreven.

En een half jaar later moet ik toegeven: het is mooi geworden, er ontvouwt zich geleidelijk een charmant en levendig strandoord. Op het strand is het aangenaam druk. Er is nog alle plek voor de vissers. En er wordt juist minder gescheurd op de boulevard, daarvoor is er te veel reuring.

Critici, zoals schoonmoeder Ceiça, verklaren de bouw- en projectendrift door de aanstondse burgemeestersverkiezingen. De socialist Horta, een 44-jarige dierenarts uit Niterói, werd in 2016 gekozen als opvolger van de populaire partijgenoot Washington Quaquá, die in 2022 verwikkeld raakt in allerlei aanklachten wegens corruptie. Ook hier is politiek een familiebusiness, zoals zo vaak in Brazilië. De opa van deze Horta, en daarna zijn vader, bestuurden Maricá al, blijkt uit de oude foto's in de hal van de bescheiden *câmara municipal*, de thuishaven van de wethouders van Maricá.

**De wethouder van het volk**

Met de jongste Horta is het bestuur van Maricá al zestien jaar in handen van de Partido dos Trabalhadores (PT). Nieuw Venezuela, noemt de enige rechtse wethouder van de gemeente het. Ricardo Netuno is in 2022 bezig aan zijn tweede termijn en doet dan een gooi naar een parlementszetel in hoofdstad Brasília voor de partij Republicanos.

Na wat gestrande afspraken tref ik hem uiteindelijk op zijn bescheiden werkplek als wethouder. Op de smalle gang is het een komen en gaan van mensen met paperassen in hun handen. In Maricá heerst 'puur communisme', verklaart hij. Zijn gezicht betrekt. Hij ergert zich aan van alles. Aan zijn Spartaanse kantoortje met zijn slecht betaalde medewerkers – 'het lijkt hier meer op een stal' – , aan alle potjes geld voor de mensen onderaan de sociale ladder ('daardoor migreren armen vanuit heel Brazilië naar Maricá') en aan het uitdijende leger van ambtenaren.

Bij dat laatste kan ik me iets voorstellen. Het aantal in de rode gemeentekleur geklede straatwerkers in Itaocaia Valley is indrukwekkend. Beetje vegen, de berm met de hand maaien, plastic uit de sloot halen en veel slapen langs de kant van de zandweg; het lijkt verdacht veel op werkverschaffing voor deze mannen en vrouwen. De werkloosheidscijfers van Maricá zijn dan ook om mee te pronken.

Sinds dit interview heb ik ook associaties met communistische dictaturen bij het zien van het vlagvertoon als ik de gemeente Maricá en ook de kern van Itaipuaçu binnenrijd. Van veraf zijn de reusachtige banieren van de gemeente, de deelstaat en het land te zien. De enorme masten reiken tot ver in de hemel. Het heeft een vermogen gekost, weten de inwoners.

Alle potjes voor de armen en het grote contingent ambtenaren zijn volgens de 36-jarige Netuno allemaal mogelijk door de nog steeds grote toelage van Petrobras. Hij heeft het over 4 miljard real per jaar. De na de landelijke machtsoverdracht werkloos geworden afgevaardigden van de PT heeft hij vanuit Brasilia naar

Maricá zien verhuizen. "Voor iedereen wordt wel een baantje gecreëerd."

Hij zegt precies te weten wat goed is voor de gemeente en voor het land. "En ik ben tegen wat fout is. Tegen de ideologie van gender, tegen dat slachtofferschap van homo's en zwarten. En ik ben tegen de, ook politieke, indoctrinatie op scholen."

Wat betreft Lula bestaat er voor hem geen enkele ruis. "De corruptie is onder Lula en de PT geïnstitutionaliseerd. Er is heel veel geld weggesluisd, wel 108 miljard real, en ook aan landen als Cuba en Venezuela gegeven. In plaats van het echt te investeren in een staatsbedrijf als Petrobras."

Voor 100 procent gelieerd aan Bolsonaro is hij, en hij is heel tevreden met de prestaties van zijn president. Hij dreunt op: het systeem van corruptie is aangepakt, staatsbedrijven zijn weer winstgevend (dankzij minister Paulo Guedes), het aantal ministeries is van 40 naar 22 teruggebracht en de gehele bureaucratie is verminderd, de belastingen zijn verlaagd, de inflatie is lager dan ooit en de agribusiness doet het geweldig. En: "Bolsonaro heeft zich gedurende zijn termijn sterk verbeterd."

De Amazone wordt bovendien beschermd door de regering Bolsonaro, weet hij. Wat betreft de teloorgang van de Cerrado (een groot ecosysteem in het midden van Brazilië van savannen, struiken, kleine bomen, rivieren en veel wilde dieren) ten gunste van de sojateelt: "Hoe weet jij dat? Geloof die journalisten niet!" Hij is er zeker van: de volgende president treft een beter Brazilië.

De corruptie ziet hij in Maricá 'nog overal' en blijft hij met hand en tand bestrijden. Intussen worden de armen met alle toelages 'aan het infuus gehouden'. "De helft van de bevolking leeft in armoede. Die mensen hebben geen geld en zijn afhankelijk van de gemeente, die reikt ze een wandelstok om te overleven, en ontneemt ze de vrijheid om echt vooruit te komen."

'Politiek autonoom' noemt hij zichzelf. "Ik ben de wethouder van het volk." President van het volk, kapitein van het volk, wethouder van het volk: daar is dan toch het populistische discours van zijn roerganger.

De advocaat van beroep zit midden in zijn verkiezingscampagne en ziet zes weken voor de verkiezingen van oktober 2022 de peilingen met vertrouwen aan. Hij moet nog even bijkomen van een campagnedag in Niterói. In die stad werd hij niet overal hartelijk ontvangen. Vanuit de ramen van de hoge flatgebouwen werd hij door PT-sympathisanten bekogeld met eieren, en zelfs flessen, vertelt hij. Zijn secretaresse betoont non-verbaal haar medeleven en walging.

Ineens heeft hij grote haast, de vergadering van de wethouders begint. Stropdasje strak en rennen. Ik bezet een stoel in de rij voor journalisten en ben daar de enige. Tijdens de bijeenkomst treedt hij luidruchtig op de voorgrond, als een ware luis in de pels van het linkse establishment. Hij neemt het woord in een corruptiezaak waarbij grond en gebouwen voor ver boven de marktprijs door de gemeente zijn aangekocht. Veel bouwprojecten liggen stil door malversaties. "En ik was de enige die op de bres sprong tijdens alle vertragingen bij de bouw van de nieuwe autoweg!"

Zijn betoog ontaardt in schreeuwen en een harde bel van de voorzitter van de vergadering maant hem tot stilte. Even later pakt hij de draad op en switcht naar de toestand in het gemeentelijke ziekenhuis, vernoemd naar Che Guevara, de Argentijnse marxistisch revolutionair die later een genadeloze Cubaanse guerillaleider werd. In het ziekenhuis zitten de medewerkers al te lang zonder salaris, het geld van de gemeente komt maar niet binnen.

Ricardo Netuno zou niet gekozen worden als afgevaardigde in de hoofdstad en moet voorlopig de rechtse wethouder blijven in het hol van de leeuw. Hij komt uit Itaipuaçu, groeide op in de wijk naast de Rots van de Olifant. Zijn ouders hadden een bar en hij maakte zich al snel druk om zijn leefomgeving, en de uitblijvende vooruitgang, zoals asfaltering. Zo belandde hij in de politiek.

Niet toevallig is de lancering van de website *lawfare nunca mais* (vrij vertaald: nooit meer gepolitiseerde rechtspraak) in juli 2022 in Maricá. Het is dan het nieuwste wapen in de strijd tegen de 'oneerlijke processen' en al het onrecht dat de PT is aangedaan, met Lula als bekendste voorbeeld. Maar ook oud-vakbondsman en bankdirecteur Henrique Pizzolato voelt zich al jaren slachtoffer van een rechtse afrekening via de rechter. Daar zou hij me later alles over vertellen.

# 9. De paria's van de pandemie

In Itaocaia Valley, gemeente Maricá, berust Barata eind 2020 nog in het beleid van zijn president, dan nog wel. "We hebben op hem gestemd, dus zullen dit nu moeten verdragen", schatert hij. Van de mondkapjes is hij niet, maar voor het algemeen belang gaat ook hij overstag.

Een van de gasten verzoekt voorafgaand aan zijn verblijf in ons huis om Barata een mondmasker te laten dragen wanneer hij het terrein betreedt. Vaste klanten Alexandre en zijn gezin nemen ditmaal namelijk opa en oma mee, mensen uit de risicogroep. Als vertegenwoordiger van het toen nog hardnekkigste anti-mondkapjesland in de wereld, sputter ik nog een beetje tegen dat dit in de buitenlucht toch niet echt nodig is. Dat prikkelt hem om op te merken dat een schoonzus in een ziekenhuis op de IC werkt 'en heel goed weet te vertellen hoe belangrijk mondmaskers zijn'. Einde discusssietje en ik krijg Barata, via Geralda, zover om mee te doen.

De president besluit opeens ook om een mondkapje te gaan dragen, ongeveer tegelijkertijd met het overschrijden van de 100.000 coronadoden in zijn land. En nadat de baas van de WHO fijntjes opmerkt dat 'sterke leiders het afleggen tegen het virus'. Waarschijnlijk net op tijd heeft Bolsonaro zich laten overtuigen door slimme adviseurs met hun overlevingsstrategieën. Zij hebben hun vizier al op oktober 2022 gericht, de verkiezingen. Hij is even getemd en treedt niet meer op de voorgrond met botte uitspraken en provocaties, draagt netjes zijn mondmasker en trekt de beurs voor de armen, om de coronatijd door te komen.

Met een stuk vlees en een glas bier heb je een stem, luidt een nationale wijsheid. De 600 real per maand extra is voor veel armen meer dan ze gewoonlijk verdienen. Vooral in het noordoosten van het land, waar de PT traditioneel oppermachtig is. 'Vadertje Bolsonaro' zorgt nu ineens goed voor ze. Ook in de deelstaat Rio de Janeiro staan dagelijks lange rijen mensen voor de banken, hunkerend naar de coronasteun, hun nieuwe inkomen.

Zijn plotselinge campagne om de armen te paaien is breder. Hij herintroduceert de Bolsa Família. Maar dit paradepaardje van vijand Lula krijgt wel een andere naam: eerst Bolsa Renda (inkomensbeurs) en later Bolsa Verde Amarela (groen-gele beurs). De neerwaartse curve van zijn populariteit buigt hij op die manier wat om.

Maar de nieuwe versie wordt door een sociologe die het programma door en door kent 'een kerstboom' genoemd. Vol met ballen die kunnen vallen. De armoedegrens staat op dat moment op 178 real in de maand en de extreme armoedegrens op 89 real.

Vijftien miljoen families vragen met succes de steun aan. Maar de inflatie van de afgelopen jaren was niet doorberekend, waardoor veel armen die boven die grens zitten, niets ontvangen. De grens moet naar 260 real, vindt Letícia Bartholo. En de toelage naar 400 real. Ze krijgt haar zin pas ongeveer een jaar later, als Bolsonaro het benauwd krijgt van de verkiezingspeilingen en aan het potverteren slaat om stemmen te winnen.

**Mantelzorger in quarantaine**

In huize Ceiça in Itaipuaçu heerst al zo'n vijf maanden het quarantaineregime. Al zou ze willen, voor 65-plussers is geen plek in de huidige Braziliaanse maatschappij, verzucht ze berustend. Het openbaar vervoer is taboe voor deze risicogroep en in veel winkels en restaurants zijn ze ook niet welkom. De oudjes worden de paria's van de Braziliaanse coronasamenleving.

Ceiça neemt in die barre tijd ook nog de rol van mantelzorger op zich, van haar moeder, Mara das Neves da Silva, ofwel Bibí (afkorting van overgrootmoeder). De vrouw van ver in de negentig, exact hoe oud blijft gissen, heeft dementie en is incontinent. Maar een verzorgingshuis (in Brazilië in de volksmond *asilo* (asiel) genoemd, wat iets zegt over de opvatting over zo'n tehuis) is geen optie voor de drie dochters. En dus rouleren ze en is het de beurt aan Ceiça, die zelf nog van een zware kankeroperatie herstellende is. Van de geplande controles komt niets meer sinds de pandemie.

Ze slaapt met haar moeder in dezelfde kamer, verschoont haar luiers, voert haar het eten en moet haar meerdere keren van de straat plukken na vluchtpogingen. Maar geen geklaag, ze noemt het 'de tijd van mijn leven'. Bibí ziet er altijd piekfijn uit bij de videogesprekken: mooie jurk, gekamde haren en op en top verzorgd uiterlijk.

Vriend Liberal was een tijdje afwezig in de voetbalgroepsapp. De eind zestiger blijkt noodgedwongen ingetrokken te zijn bij zijn stokoude moeder, in een van de favela's van de wijk Estácio in het centrum van Rio de Janeiro. De woning in Itaipuaçu waar hij mocht verblijven de eerste maanden na zijn scheiding is door de eigenaar opgeëist.

Hij verlangt naar het buitengebied want het leven in de favela bekoort hem niet zo. Veel onrust en invallen van rivaliserende bendes, vertelt hij wanneer ik hem bel op zijn verjaardag. Als ik vraag wie nu de dienst uitmaakt, durft hij dat niet te zeggen, bang dat de muren oren hebben. Ik noem de namen van de drugskartels en hij fluistert bevestigend of niet. Het Comando Vermelho blijkt binnengevallen te zijn in de door Terçeiro Comando Puro gecontroleerde wijk. Bij de vuurgevechten die daarmee gepaard gingen, zijn ook onschuldige slachtoffers gevallen, zegt hij met pijn in zijn stem.

Dat hij al geruime tijd niet meer komt voetballen heeft niet alleen met zijn fysieke verwijdering tot de regio te maken. Hij kan immers altijd wel bij een kameraad blijven slapen. Hij is bang voor corona en ziet dat de voetbalvrienden bepaald geen afstand houden en de draad van de zondagse rituelen al weer snel oppakken, midden in coronatijd.

**Rotzooimakers**

De boekingen voor ons huis lopen gestaag door, van hopeloze stadsmensen uit Rio en Niterói. Ze hebben er veel voor over om de naargeestige coronasfeer even te ontlopen. Meestal verloopt het allemaal vlekkeloos en keren de gasten opgeruimd en blij huiswaarts. Dan schrijven ze ook nog een mooie recensie, wat onze status als Superhost versterkt.

Maar het gaat ook wel eens mis, dat is de lezer intussen wel duidelijk. Het lijkt er medio 2020 sterk op dat Barata zijn eigen handeltje drijft. Tot hij wordt teruggefloten. Zo vertelde een gast mij al eens dat hij vijftig real betaalde voor de extra service van de afvalzakken aan de straat zetten. En nu spreekt ene Juliana het ene na het andere nerveuze spraakbericht in over de vervelende ervaring die zij had aan het einde van een geweldig weekend met haar familie. Barata was vlak voor de thuisreis aangekomen met een kapotte lamp die uit het zwembad afkomstig was. Die zou ze moeten betalen, plus een vrachtwagen met nieuw water om het zwembad weer te vullen. Dat moest immers leeg om de lamp te vervangen.

De lamp was inderdaad door haar zus gevonden, op de bodem van het zwembad, en apart gelegd, vertelt ze. Daarna had niemand er meer aan gedacht. Tot ze er door Barata mee werd geconfronteerd. Het plan om direct de portemonnee te trekken voor een vrachtwagen met water stond haar niet aan. Ze wilde eerst met de eigenaar van het huis overleggen, met mij. Dat zag Barata natuurlijk niet zitten en hij stelde haar uiteindelijk voor om het maar op het conto van de volgende gasten te schuiven, dat waren immers toch 'rotzooimakers'. Dat laatste voorstel was de druppel voor Juliana om mij te contacteren.

Die rotzooimakers waren nota bene zijn eigen vrienden, die met een mooie korting het huis een weekend mochten huren. Met een poeslief stemmetje probeert Barata het heikele onderwerp te omzeilen wanneer ik hem bel, en gaat meteen over naar de oplossing: hij gaat de lamp plakken, en de lamp was al kapot. Dat was hij even vergeten toen hij de gasten er op aansprak. Alles is weer helemaal op en top in orde, tot de volgende frats.

Die laat nooit lang op zich wachten. Zo is corona verleden tijd voor Barata, meldt hij wanneer de besmettingscurve net iets aan het dalen is. "En we doden het hier met alcohol." Hij heeft zijn ritme weer opgepakt van de wekelijkse dans- en drankavonden bij Manuel Bigode (Manuel Snor). Op naar de tweede golf, waar wij op dat moment volop in zitten in Nederland.

Schoonzus Cris staat aan de vooravond van haar huwelijk met Patrick. Een plechtigheid die zal plaatsvinden op het notariskantoor in Maricá, een zuiver administratieve handeling. Corona of niet, ze willen trouwen en dat gebeurt.

De week voor de voltrekking krijgt Patrick een nieuw trauma te verwerken. Hij had net weer moed verzameld om zijn werk als Uber-chauffeur in Rio op te pakken. Een aantal gewapende berovingen had hem aan de kant gehouden, hij was bang geworden. Kort na zijn rentree gaat het opnieuw mis. Vanuit de Zona Sul wil een man heel graag dat hij hem naar Anchieta brengt, een buurt in de armere Zona Norte. De klus zou goed worden betaald, dus Patrick waagt het erop.

De passagier komt veilig thuis en betaalt, maar daarna moet Patrick de wijk nog uit. Niet eens een sloppenwijk, maar blijkbaar wel onder controle van de drugsmaffia, of een militie. Hij wordt gesommeerd te stoppen en krijgt direct een pistool tegen zijn slaap gedrukt. Wat is hij hier in godsnaam aan het doen? Of het een drugssoldaat is of een lid van een militie wordt niet duidelijk maar de man wil ditmaal zijn leven sparen, bij hoge uitzondering.

**Terug naar normaal**

Corona verdwijnt steeds meer naar de achtergrond in oktober 2020. Er is niet zoveel besmettingsafname voor nodig om de Brazilianen weer het gewone leven op te laten pakken. Zelfs de ouderen raken hun pariastatus kwijt. Voor het eerst in ruim een half jaar vergeet ook Ceiça alle regels. Ze durft haar huis uit voor de bruiloft van haar dochter.

Cris en Patrick trouwen officieel voor een loket van de gemeente Maricá. Het wordt allemaal gefilmd door dochter (van Cris) Clarissa en we maken het thuis in Baarn live mee. De vrouw die de ambtelijke taken uitvoert, zit achter plexiglas en heeft een mondmasker op. De bruid en bruidegom dragen ook een mondmasker, en staan bovendien half buiten.

Dat is het, meer zit er niet in vanwege corona. Geen kerkbijeenkomst en ook geen groot feest. Maar er is wel een bescheiden etentje georganiseerd in een restaurant in Itaipú. Daar blijkt Patricks moeder toch zo'n zeventig mensen voor te hebben uitgenodigd. De remmen gaan los. Geen mondkapjes meer, lekker dicht naast elkaar en later op de avond de knuffels en omhelzingen. "Ik heb iedereen gekust vanavond", meldt Ceiça zielsgelukkig. "*Matei saudades*", ze heeft een einde gemaakt aan het verlangen. Ook de oude Bibí was er natuurlijk bij, en genoot.

De lokale verkiezingen leveren ook een grote bijdrage aan de terugkeer naar normaal. De lieden die burgemeester of wethouder willen worden, organiseren grote manifestaties met de gebruikelijke tamtam. Een centraal gezag dat zoiets kan verbieden, laat niets van zich horen. Het zou de opmaat worden naar de tweede golf in de coronapandemie.

In de familie hebben we ook een kandidaat. Nichtje Karol schijnt in de race te zijn voor een wethouderszetel in de gemeente Niterói, namens de partij Republicanos. Geheel groen, zonder enige politieke of bestuurlijke ervaring. Maar ze is gedecideerd. Het verlegen, introverte meisje is een zelfverzekerde vrouw van in de twintig geworden, die recht op haar doel afgaat. Wat haar politieke programma inhoudt, is me niet geheel duidelijk, maar het ligt aan de verre rechterflank van het politieke spectrum. Een campagne kost natuurlijk geld, maar dat speelt niet echt een rol meer in haar leven sinds ze is getrouwd met een zeker dertig jaar oudere ondernemer en eigenaar van een scheepswerf.

De kandidaten die door Bolsonaro gesteund worden, doen het over het algemeen slecht. Maar bisschop Marcelo Crivella, de burgemeester van Rio de Janeiro, haalt er door zijn geflirt met de president in de laatste weken wel een tweede ronde uit tegen Eduardo Paes, die ook al eens burgemeester van Rio was. Hij doet mee namens de Democratas, een partij die als 'centrumrechts' maar ook 'liberaal' staat omschreven, een beetje als de VVD dus.

Paes wint, en ik zie hem ook zomaar ooit nog eens president van Brazilië worden. Hij doet me denken aan Fernando Henrique Cardoso, met zijn beschaafde voorkomen en taalgebruik en gematigde opvattingen. Onbraziliaans. Iets waar het volk op een gegeven moment wel aan toe kan zijn, wanneer de polarisatie de mensen echt teveel wordt.

Dat wensdenk ik dan nog, in een tijd dat er initiatieven komen voor een derde weg als alternatief voor het links-rechts slagveld. In de grootste stad van het land, São Paulo, wordt Bruno Covas herkozen als burgemeester. Deze dinosauriër in de politiek was met Fernando Henrique Cardoso in 1988 een van de oprichters van de PSDB, een middenpartij.

Ook de Democratas lijken garen te spinnen bij de toenemende onvrede onder de groep minder fanatieke, opportunistische Bolsonaro-stemmers. Opvallend is de marginale rol van de PT, nog niet zo lang geleden een machtig politiek bolwerk. Het is dan de vraag of de PT de schade van de corruptie-affaires ooit te boven zal komen.

Nichtje Karol redt het bij lange na niet om wethouder van Niterói te worden. Het kost even scrollen door de lijst van honderden kandidaten voordat ik haar tegenkom. Precies honderd stemmen wist ze te bemachtigen namens Republicanos, 0,04 procent van alle stemmen. Stemmen van de omvangrijke familie, wat vrienden en kerkgenoten.

Republicanos is een conservatieve partij die in 2005 is opgericht door Crivella en de regeringen Lula en Rousseff (PT) steunde tot de corruptieschandalen. Daarna stemde de partij voor de afzetting van president Rousseff.

Crivella is gelieerd aan de grote pinksterkerk Igreja Universal do Reino de Deus (de Universele kerk van het Koninkrijk Gods) en is de neef van de oprichter van de kerk, de inmiddels schatrijke bisschop Edir Macedo, tevens mediamagnaat. De partij wordt als een 'evangelische partij' omschreven, maar heeft ook leden uit katholieke hoek. Enkele maanden later moet deze Crivella als burgemeester van Rio de Janeiro het veld ruimen, wegens... corruptie. Gouverneur Witzel was al om dezelfde reden achter slot en grendel gezet. In de onderzoeken die volgen komt ook nog aan het licht dat de evangelische kerken en de drugsmaffia een pact hebben gesloten en zelfs samenwerken. De kerken in Brazilië zijn als de kapsalons en cafetaria's in Nederland: witwasstations.

# 10. Geen land van flikkers

Begin november 2020 is geen beste periode voor president Bolsonaro. Eerst blijkt zijn noordelijke evenknie de Amerikaanse verkiezingen toch echt verloren te hebben, hoewel het even zou duren voordat hij dat toegeeft. De Braziliaanse president wacht ook op een seintje van Donald Trump dat het verlies een feit is, voordat hij de winnaar gaat feliciteren. Bij Joe Biden stromen de felicitaties snel binnen, maar niet van Vladimir Poetin, Xi Jinping en dus ook niet van Jair Bolsonaro. "Joe Biden is een communist", wil de Braziliaanse president wel kwijt.

Trump is dus binnenkort exit en zijn opvolger heeft al geroepen dat het Amazonewoud beschermd moet worden en dat wie daar niet aan mee wil werken op economische sancties kan rekenen. Een verkapt dreigement aan Brazilië. Voor Bolsonaro is er niets verkapts aan. Hij reageert als door een tijgermug gestoken en dreigt 'een grote jongen als een Amerikaanse presidentskandidaat' op zijn beurt met 'buskruit'. "Je hoeft het niet te gebruiken, maar ze moeten weten dat je het hebt. Diplomatie alleen werkt niet." Het Braziliaanse leger distantieert zich direct van de toespeling op geweld door de baas van het land.

Ook rond ander groot nieuws speelt Brazilië dan een bedenkelijke rol aan de zijlijn. Een vaccin tegen corona lijkt nu echt op komst. De Amerikaanse farmaceut Pfizer is daar voor 99 procent zeker van, het vaccin is met succes op mensen getest, zonder noemenswaardige bijwerkingen. Al dit jaar zal het op de markt komen en de wereld kan begin 2021 starten met vaccineren. Een zucht van verlichting gaat over de globe en vooral door de financiële markten.

Die stijgen tot grote hoogten, vooral in Amerika, ondanks de nog immer penibele situatie qua corona en de nog sputterende Trump met zijn hondstrouwe aanhangers in zijn kielzog.

Brazilië heeft echter zijn pijlen gericht op een Chinees vaccin, 45 miljoen daarvan zijn er al besteld. Maar de bijwerkingen blijken serieus. De ontwikkeling van het vaccin loopt een flinke deuk op nadat een proefpersoon overlijdt.

Vriend Trump verslagen, de pandemie die maar voortettert. Bolsonaro is duidelijk geagiteerd door de tegenslagen en vliegt sinds maanden weer eens flink uit de bocht. Hij roept zijn onderdanen op om op te houden met het geleuter over corona. "Ik betreur de sterfgevallen, echt waar. Maar we gaan allemaal een keer dood. Het heeft geen zin om te vluchten voor de werkelijkheid. We moeten stoppen met een land van flikkers te zijn. We moeten het hoofd oprichten en vechten. Ik haat dit flikkergedoe."

Zijn fanatieke aanhangers waarderen deze uitspraken wel, ferme en stoere machotaal. Maar bij zijn politieke tegenstanders en in de wereld buiten Brazilië lokt deze nieuwste 'homofobie' felle reacties uit.

**Toch op reis**

De uitslag van een covidtest duurt in Nederland in de herfst van 2020 vijftien minuten, in Brazilië moeten Cris en Patrick er vijf dagen op wachten, en zijn dan nog bevoorrecht. De berichten uit het land zijn wisselend. São Paulo zit al vol in de tweede besmettingsgolf, Rio lijkt de dans nog te ontspringen. "We zijn nog mooi geel", juicht Ceiça. "De rest van Brazilië is donkerrood." Het dodental als gevolg van de pandemie staat op 180.000. Een indrukwekkend aantal, maar afgemeten aan het aantal inwoners maar net iets meer dan de 10.000 in Nederland.

Soms dreigt er een politiek gesprek met mijn schoonzus over de aanpak van de pandemie. Dat blijft diplomatiek van aard. Dat regels niet worden nageleefd, wijt zij in het geheel aan de cultuur van de Brazilianen. Want onder Lula, Dilma en Cardoso werden de regels ook niet gerespecteerd. Het feit dat de huidige president lange tijd helemaal geen coronabeperkende maatregelen wilde en ze zelf ook niet opvolgde, benoemt ze niet. Of toch wel een beetje: ze vindt het heel vervelend wat de president allemaal roept, dat helpt niet.

Op reis gaan is in deze periode taboe, zeker als het voor vertier is. Ik durf het in mijn omgeving dan ook nauwelijks te vertellen, maar we gaan er naartoe in december. Allemaal op verschillende dagen. En de kinderen nemen ook nog eens een vriend en vriendin mee, dat hebben ze buiten ons om zelf geregeld. We zaten lang in dubio, maar de argumenten om wel te gaan wogen uiteindelijk zwaarder. De met haar gezondheid tobbende Ceiça heeft haar dochter Claudia nodig, Cris wil zo graag dat we haar huwelijk, op zijn minst een beetje, komen vieren, we gaan ons in onze familiebubbel afzonderen in de natuur van ons buitenverblijf en er zijn zaken te doen.

Die zaken zijn: opzichter Barata voor een heel jaar betalen, noodzakelijk onderhoud aan het huis regelen, een bankpas van de Braziliaanse internetbank Nubank ophalen en kennismaken met de makelaar die ons appartement in de wijk Grajaú in Rio gaat verhuren. Ooit, in 1997, aangeschaft om de bij haar man weggelopen Ceiça onderdak te bieden en haar schoonheidssalon te kunnen voortzetten. Daarna werd het ongeveer twintig jaar lang het Huis van de Vier Generaties: Clarissa met moeder Cris, oma Ceiça en overgrootmoeder Bibí.

Het pasgetrouwde stel wil nu op eigen benen, maar moet wegens financiële redenen voorlopig bij Ceiça, en Bibí, in Itaipuaçu intrekken. Een volgend Huis van de Vier Generaties gloort.

De hele familie druppelt geleidelijk binnen in Brazilië, ik als laatste. De Braziliaanse kerst maak ik dit keer niet mee. Na verwarrende informatie van KLM doe ik toch maar wel een PCR-test waarvan ik de nacht voor vertrek de uitslag krijg. Eenmaal geconfronteerd met de vertrouwde ethanolgeur op vliegveld Rio Galeão, ofwel Aeroporto Internacional Tom Jobim, wordt meteen duidelijk dat corona even naar de achtergrond is verplaatst. Er wordt weer omhelsd, zelfs veelvuldig gekust. En de mensen genieten er zichtbaar van.

Wanneer ik arriveer is een vriendin van onze dochter Catarina door haar ouders al vervroegd naar huis gehaald, zodat ze nog geen (net ingevoerde) test hoefde te doen in Brazilië. Als ze positief zou worden getest, moest ze in quarantaine in Brazilië en zou ze haar schoolexamens in Nederland missen. Dus snel terug, en het kind van twintig gehoorzaamde direct. Indrukwekkend in het licht van onze ervaringen thuis. Achteraf blijkt het een zeer wijs besluit van deze ouders, dat mogelijk een hoop narigheid voorkwam.

**Oase in lockdownwereld**

Brazilië is op dat moment een vrije oase in de lockdownwereld. Een waar paradijs. Restaurants, barretjes, alles open. Daar geven de cijfers overigens geen enkele aanleiding toe, met in de laatste twee weken alleen al in de deelstaat Rio de Janeiro (net zoveel inwoners als Nederland) duizend doden. Meer een fata morgana dus.

Elke overheid maakt haar eigen keuzes en de autoriteiten in Maricá besluiten de stranden te sluiten, in plaats van de horeca. Maar ook dat is maar van tijdelijke aard, want wij kunnen in december en januari gewoon gebruik maken van het brede en 15 kilometer lange strand, van dikke zandkorrels, van Itaipuaçu en van die spectaculaire zonsondergangen genieten.

Zuidelijk van de stad Rio, waar de boten naar Ilha Grande vertrekken, maakt voetballer Neymar het ondanks de ogenschijnlijke ontspanning in het land wel te bont voor zijn landgenoten. Hij geeft in Mangaratiba op zijn landgoed een feest voor 500 genodigden en wordt daarvoor genadeloos afgebrand in de media. Hij komt er ook door op de radar van de gemeente Mangaratiba en de milieu-instanties. In juli 2023 krijgt hij een boete van omgerekend 3 miljoen euro vanwege de aanleg van een kunstmatig meer, en de vernietiging van natuur daardoor.

Ondertussen is er grote vooruitgang in Itaocaia Valley: we hebben wifi. Een stel dat garandeerde het huis voor een heel mooi bedrag ruim een maand te gaan huren, als er maar goed internet was omdat ze moesten werken, gaf het laatste zetje. Op de dag dat de kabel werd getrokken en de router geplaatst door de lokale internetprovider moest het stel van de toegezegde reservering afzien, vanwege onvoorziene omstandigheden of zoiets.

Buurman Marcos Robba is bepaald nog niet gewend om visite te ontvangen maar wil mij toch graag zien. De zestiger zit ietwat ontredderd thuis, nu de regering van Bolsonaro zijn onderzoekswerk naar de mogelijkheden van oliewinning onder de zoutlaag van de zee heeft wegbezuinigd. Hij krijgt wel doorbetaald, maar zijn onderzoeksprojecten waar hij zo bevlogen mee bezig was, liggen stil. Geld alleen maakt niet gelukkig.

Hij heeft een hartgrondige hekel aan Bolsonaro, maar eigenlijk aan iedereen die tegen zijn partij, de PT, is. Nog steeds spreekt hij van 'de coup tegen Dilma' en mijmert hij met weemoed over 'hoe goed we het in Brazilië hadden onder de PT'. Zelfs over Dilma Rousseff geen kwaad woord. Op zijn deurmat prijkt een beeltenis van het hoofd van de president, met de tekst: 'Veeg je voeten op Bolsonaro'. Marcos hoort bij het bevolkingsdeel dat de president als 'een moordenaar' ziet die met zijn coronabeleid 'genocide' op zijn eigen volk pleegt. "Het is een manier om het volk uit te roeien", verklaart hij bloedserieus.

Bolsonaro is intussen slechts een marionet van een al bestaande militaire dictatuur, is zijn overtuiging, die richting complotdenken gaat. De samenstelling van de regering is dan overigens wel in lijn met zijn theorie: de militairen hebben steeds meer de overhand.

Al dit jaar – we bevinden ons net in 2021 – zal Bolsonaro volgens Marcos onder druk van de publieke opinie opzij worden geschoven om plaats te maken voor een ander poppetje. En uiteindelijk trekt Amerika aan de touwtjes, weet hij. En daar gaat de komst van Joe Biden niets aan veranderen. Onder Obama was het ook niet beter gesteld met de 'imperialistische verhoudingen'. Hij stond immers aan het roer van de VS toen omkoopschandaal Wasstraat Brazilië in zijn greep had. De hand van Amerika. Ook de val van Dilma Rousseff en de nog veel grotere val van Lula naar de gevangenis, waren het werk van de Verenigde Staten. Marcos kent geen enkele twijfel.

Hij stuurt me even later een appje door met een lijstje van de Wereldbank waaruit blijkt dat Brazilië momenteel het laagste minimumloon (900 real per maand, op dat moment nog geen 150 euro) heeft van heel Latijns-Amerika.

# 11. Het foute feestje

Zelfs Marcos vergeet even het strakke coronaregime dat in zijn gezin wordt gehanteerd en gaat op zijn verzoek gearmd met mij op de foto. Hij is in euforische stemming, ook vanwege de Nederlandse bieren en korenwijn die hij zojuist heeft ontvangen. Zijn vrouw vertoont zich niet, ze is met haar kapsel bezig, maar ik weet: het is de covid-angst die haar drijft.

Waarschijnlijk terecht. Het verlate huwelijksfeest van mijn schoonzus is het sluitstuk van deze losbandige episode. Op 31 december. Het gebeurt buiten, de ongeveer dertig mensen (vrijwel alleen familie) hadden allemaal het verzoek gekregen voorzichtig te zijn, afstand te houden en waar nodig een mondmasker te dragen. Maar de praktijk verloopt anders.

Tijdens de voorbereidingen op de ceremonie liet buurman Jorge zich nog even gelden. Hij maakte grote indruk op onze zoon Johannes en zijn kameraad uit Nederland. Toen de vrachtwagen voorreed om stoelen en tafels uit te laden, was hij er van overtuigd dat het om een overval ging. Want dat gebeurt, weet hij: de boeven houden in de gaten welke huizen leeg staan, komen met een truck aanrijden en laden het huisraad in.

Met getrokken revolver kwam hij zijn metalen vestingpoort uit, klaar om af te rekenen met het gespuis. Wanneer hij me het verhaal vertelt, klinkt nog duidelijk zijn deceptie door toen hij ontdekte dat het loos alarm was. Zijn reactie ter plekke met het getrokken wapen herhalen de jongens nadien nog vaak: “Wat jammer, ik had zo graag mijn baby gebruikt.”

Jorge blijft een mysterie. Dat hij een loopbaan bij de politie heeft gehad, zoals Barata zegt, kan ik wel geloven gezien zijn liefde voor zijn wapen. Ook maakt hij een gestudeerde en op elk gebied kundige indruk. Van alles weet hij het fijne: de politiek, de beveiliging van het huis, *cachaça* (een distillaat van suikerriet) en de juiste houtlak. Alleen, zelf woont hij al jaren in een bende, omgeven door bergen puin en afval.

Gelukkig heeft hij zijn 23 honden teruggebracht tot drie exemplaren en is daarmee de poeplucht vrijwel verdwenen. Maar zijn nieuw gebouwde huisje is nooit geverfd en lijkt al vijf jaar na de bouw een bouwval. Zijn vrouw was al uit beeld geraakt voordat hij dit project aanving. Een project om eskimohonden te fokken, die het leven van autistische kinderen kunnen verlichten.

**Casa Covid**

Direct na de uitgebreide en prachtig aangeklede plechtigheid in onze tuin wordt het bruidspaar een voor een gefeliciteerd, met omhelzingen en zoenen. De goede bedoelingen om de regels in acht te nemen stranden al snel. Een van de gasten trekt de aandacht, als enige met een mondkapje op. Zijn dochters volgen zijn goede voorbeeld kortstondig. Hij blijkt al een coronabesmetting doorgemaakt te hebben en, zo leren wij later, zo'n ervaring beïnvloedt je gedrag.

Na het door evangelische zalving omgeven ritueel komt een feest op gang waarbij wordt gedanst en er ook nog eens ongenode gasten verschijnen. De jongens hadden tijdens hun stapavonden in Niterói 'aardige meisjes' ontmoet. Ze komen stomdronken aanzetten en een ervan schijnt zelfs op het toilet van ons huis nog pillen (xtc of iets dergelijks) geslikt te hebben. De meiden zijn de schrik en de schande van het feest. Met de nodige moeite worden ze na middernacht een taxi huiswaarts ingeduwd. Even later blijken ze op een volgend feest te zijn aangeland.

Veel tijd om na te genieten van de geslaagde huwelijksviering is er niet. Corona overschaduwt alles. De klachten beginnen al snel bij diverse gasten en de PCR-test, die nodig is voor de terugreis naar Nederland, vindt plaats op 4 januari.

In en rond het testlaboratorium van Labor Life in de wijk Botafogo in Rio is het een topdrukte. Mobiele teams lopen in en uit om testen in auto's af te nemen en binnen maken mensen ruzie over wie er aan de beurt is. Ze staan daarbij zo dicht tegen elkaar aan dat de kans reëel is dat ze ter plekke elkaar besmetten.

Op de dag van haar vertrek, 5 januari, leest Claudia op de website van Labor Life haar testuitslag: DETECTADO. Ze moet het ettelijke keren bestuderen voordat ze beseft dat ze positief getest is. Dan is er even wanhoop en verdriet. Het is het tijdperk dat een coronabesmetting nog iets schokkends is.

Een dag later blijkt ook de vriend van onze dochter besmet te zijn en moet ook hij in quarantaine blijven in Brazilië. Sítio do Sol wordt Casa Covid en ik ben druk met limoenen plukken om vervolgens van het sap samen met gember en bladeren van de guapoplant thee te zetten. Een wondermiddel.

De jongen neemt er geen genoegen mee en laat zich in de dagen erna nog tweemaal testen. Hij wil naar huis. Ondertussen eet hij, naast de ladingen verse gember en limoenen, dagelijks een omelet met een bol knoflook erin verwerkt, nadat hij via de lokale tamtam had opgepikt dat dit de genezing bevordert. Hij is wilskrachtig en het wordt driemaal scheepsrecht; hij kan met het negatieve testbewijs terug naar Nederland.

Maar Claudia peinst er niet over om alweer te gaan testen, ze is echt ziek. Koorts, benauwdheid, hoofdpijn, algehele malaise. Van alle kanten komt er direct hulp. De familiedokter en het hoofd van de intensive care in São Gonçalo (via een vriendin, de biologe Vânia uit Curitiba) schrijven aanvankelijk hetzelfde voor: een antibioticakuur, ontstekingsremmers, zink, heel veel drinken en continu het zuurstofgehalte in het hart meten door middel van een apparaatje. Duikt de waarde onder de 90 dan moet direct de ambulance gebeld worden.

Zover komt het niet. Maar veel had het niet gescheeld. Ik was wat te eerlijk in mijn berichtgeving naar de familie, er zaten nu eenmaal mindere dagen bij. 'Het gaat vandaag niet zo goed' werd direct geïnterpreteerd als een alarmsignaal en met moeite kon ik een bezoek aan de eerste hulp – ongeveer een doodvonnis – tegenhouden.

### Het C-woord

Covid-19, een besmettelijke ziekte. De patiënt wordt geïsoleerd en hoort er niet meer bij. Zo werkt het nu eenmaal, de besmettingsangst is in deze periode nog groter dan de sociale behoeftes. Daarmee is ook het taboe te verklaren dat tijdens de pandemie op de ziekte rustte, en dat was vooral in Brazilië te merken.

Hoe besmettelijker, des te groter het taboe, dat wisten we al. Mensen treden niet graag naar buiten met het nieuws dat ze aan tuberculose of aids lijden. En covid wordt ook onder de pet gehouden. Logisch, want als je zegt dat je corona hebt, weet je dat niemand je meer wilt zien, legt Ceiça me uit.

Barata wil er dus ook niets van weten. Hij beweert lange tijd dat er helemaal geen corona is in zijn omgeving. Wij zouden in deze lezing de eersten zijn en de brenger van het virus in de Vallei van Itaocaia. Totdat zijn zoon Angelo me toeroept: "Hé Hans, pas op voor corona hoor, want je kan er verschrikkelijk ziek van worden. Ik ben er doodziek van geweest!"

De aap komt uit de mouw. De besmette Angelo was al ver voor onze komst een dag of tien opgesloten geweest in zijn eigen huisje in aanbouw op het terrein van zijn ouders. Verplichte quarantaine na een positieve test. Een illegale bouw overigens, waarvoor Barata de boete al had ingecalculeerd.

Angelo had koorts, pijn aan zijn longen en geen reuk en smaak meer. Gelukkig was daar zijn vader, die hem naar eigen zeggen 'heeft gered'. Hij dwong zijn zoon onafgebroken kokoswater te drinken, van de vers geplukte vruchten uit zijn tuin.

Marcos Robba noemt de ziekte niet bij naam en draait er in allerlei bewoordingen omheen, zoals 'dat ding'. Hij voelt zich even een paria, zijn vrouw neemt hem de vermeende besmetting kwalijk. Tot zijn verrassing en grote blijdschap is de testuitslag echter negatief. "Ik heb geen covid, het zal wel een griepje geweest zijn", juicht hij.

Het taboe is overal merkbaar. Familieleden van wie je weet dat ze corona hebben gehad, spreken daar niet over. Het C-woord wordt vermeden. De benadering vanuit de top van het land speelt hierin ook mee: corona wordt nooit gecommuniceerd als een belangrijk thema. Zeker niet bij de voetbalmannen. Op een zondag ontvangen ze me met: 'Wat vind jij nu van dat corona? Het is hier helemaal niet, alleen de rijken in de Zona Sul hebben er last van'. Vervolgens wordt er fanatiek gestreden, zes tegen zes, en daarna gebroederlijk bier gedronken en ditmaal, ter afwisseling van de barbecue, erwtensoep gegeten. Het is die dag weliswaar tegen de dertig graden maar wat regenachtig, dus omstandigheden voor een opwarmertje. Later zorgen kippenmaagjes voor nog meer vrolijkheid.

Geen mondkapje te bekennen. Corona is helemaal geen thema voor deze mannen in een landelijk buitengebied. En Bolsonaro is en blijft hun held. Hij is een van hun, de kameraad die niet schroomt voor de camera discutabele grappen te maken, over anderen, en ook een scheldpartij niet schuwt. Dat zijn streken hem ongedeerd laten, geeft deze Brazilianen uit de werkende lagere en middenklasse nog de meeste voldoening. En ook wel leedvermaak richting al die landgenoten die zich doodergeren aan hun president.

Als hij dan ook nog eens een shirt van Flamengo aantrekt en schreeuwt dat 'we allemaal *flamenguistas* zijn', maakt hij zich bij de meerderheid helemaal onsterfelijk. Het filmpje blijft maar terugkeren in de appgroep.

**Klassebepaalde pandemie**

De tweedeling in het land komt ook duidelijk tot uiting in het beeld van de pandemie. In de rijkere stadsdelen en meer welgestelde strandoorden draagt iedereen een mondkapje en zijn veel winkels en horecagelegenheden gesloten. Maar een autorit door de Zona Norte van Rio en langs diverse favela's, op weg naar de makelaar in de wijk Méier, geeft de indruk dat de pandemie voorbij is. Ik toer ontspannen door een van de dichtstbevolkte gebieden ter wereld, in een oude, geleende Volkswagen Fox, Braziliaanse makelij. Schaars geklede mensenmassa's wurmen zich onbeschermd langs elkaar, ook op markten. Bij het afvalbrengpunt van favela Jacarezinho (krokodilletje) is het druk met mannen met grote zakken vuilnis op hun ruggen. Op de stoep zit een man crack te gebruiken uit een plactic bekertje.

Geen corona, ook niet in restaurant Wallace aan de Avenida Itaocaia – tegenover de prachtige maar vervallen historische slavenboerderij Itaocaia, waar bioloog Charles Darwin ooit verbleef om onderzoek te doen in het omliggende regenwoud om zijn evolutietheorie verder te staven. We zijn er even tussenuit, met hond Bonita. Zij is bij ons op bezoek en daarmee terug waar ze als verwaarloosd puppy belandde en overleefde, nadat Catarina haar in een drukke winkelstraat in haar armen kreeg gedrukt.

De jonge ober verklaart dat hij helemaal niemand kent die corona heeft gehad. Onbeschermd dolt hij met zijn gasten in een bijna fysieke samensmelting. Dat hij aan onze tafel twee nog maar net herstelde covidpatiënten voor zijn neus heeft, vertellen we maar niet.

Ook Barata en zijn maat Elias geloven er niet in. Terwijl Claudia de positieve test op zak heeft en haar ziekteverschijnselen opsomt, kijken de twee stoere mannen haar onderzoekend aan en stellen vast: 'Nee, jij hebt geen corona'.

Als er niet wordt getest, is er ook geen corona, zo simpel was het ongeveer. Of vertonen arme mensen die vaker aan parasieten blootgesteld staan minder klachten, en hebben ze daardoor al meer immuniteit? Terug in Nederland hoor ik een dokter op de radio praten over die 'louterende werking', waarmee hij verklaart dat in veel Afrikaanse landen de mensen beduidend minder ziek worden van covid-19.

Onze verplichte PCR-testen om te kunnen reizen brengen een lokale verandering teweeg in het niet-testgedrag. De positieve testresultaten zetten ook andere bruiloftsgasten aan tot testen en de diagnose treft de een na de ander. Het komt allemaal dicht bij het klassieke geval waarover ik in Nederland had gehoord en gelezen: een groep vrienden gaat naar de kroeg en ze worden allemaal besmet.

Schrijven doet me goed, merk ik wanneer daar eindelijk een moment voor is. Mijn vage klachten verdwijnen direct, zwaarte maakt plaats voor een licht en opgeruimd gevoel. Claudia heeft een mindere dag. Ze slaapt alweer, nu in de hangmat. Het vertrouwde geluid van de vogels, krekels, honden en soms de paarden van de buurman – maar ook van de kettingzagen en bouwmachines – ontgaat haar. Aan de andere kant van de zandweg verrijst weer een gebouw dat alle contouren heeft van een nieuwe 'witte olifant', een luchtpaleis van een overmoedige middenklasser dat nooit gerealiseerd zal worden. Zo eentje staat er vijftig meter verderop ook al. Gedrochten in de groene vallei.

**Een verdacht geval**

Terwijl ik twee covidpatiënten bedien van gezond eten en drinken, met mondkapje op binnenshuis, besluit ik op een dag dat ik me wat minder goed voel, ook maar een test te doen. In een testtent van de gemeente Maricá, wat verstopt in een woonwijk achter het nieuwe sub-gemeentehuis in Itaipuaçu, op loopafstand van Ceiça's huis.

Het blijkt er allemaal op en top en zeer professioneel geregeld, deze faciliteit van de gratis openbare gezondheidszorg. Een openbare zorg waarover altijd veel wordt geklaagd, maar hier valt niets te klagen. Het wemelt van het personeel, allemaal in beschermende pakken.

Grote borden met informatie over symptomen bij de ingang. De mensen met zware klachten gaan de rode route in, ik volg groen met mijn lichte symptomen. Die dag ben ik wat moe, heb een beetje hoofdpijn en voel me niet al te vrolijk.

De arts of broeder, dat is me niet duidelijk, begint een uitgebreid gesprek over mijn klachten en omstandigheden. Zijn conclusie: je bent een verdacht geval. Ik moet vervolgens een officieel document ondertekenen dat ik inderdaad een verdacht geval ben en tot 18 januari in quarantaine moet. Daar gaat mijn vrijheid, en ik twijfel of ik dit doodvonnis wel wil tekenen. Zal ik dan maar bekennen dat ik de klachten wat heb overdreven om die test te kunnen doen? Ik besluit mijn handtekening te zetten en later te zien hoe ik deze maatregel ga uitvoeren. Vervolgens schrijft de man in de witte jas een medicijnkuur voor. "Neem je medicijntjes, ja? Ongeacht de testuitslag."

De test verloopt wat anders dan ik in Nederland tweemaal heb ervaren. De mondkap moet tot het moment van de test over de mond blijven. De verpleegster met de mooie donkere ogen geeft haar commando's op militaire wijze. Hoofd naar achteren! Mond bedekt houden! Neus snuiten! De associaties met Cuba en Venezuela dringen zich op.

Dan volgt er een gang in beide neusgaten, na elkaar, met stokken die zeker driemaal zo dik en lang zijn dan die bij de testen in Nederland. Ze lijken het verre achterhoofd aan te tikken waar de verpleegster rustig en langdurig rondjes gaat draaien. Ze beleeft er een bijna sadistisch genoegen aan. Maar ik laat me niet kennen en geef geen kick.

Als de operatie achterwege is, slaak ik wel een zucht van verlichting en biecht op dat dit toch wel iets verschrikkelijks is. Daarop ontspant de verpleegster en geeft mij helemaal gelijk. "Inderdaad, het is verschrikkelijk, ha ha ha." Ze neemt allerhartelijkst afscheid, en wuift me met haar hand zelfs een kus toe. Met een nog natrillend achterhoofd verlaat ik toch met een brede glimlach de testruimte en begeef me naar de apotheek om daar de al klaarliggende medicijnen gratis in ontvangst te nemen.

Wat een uitstekende openbare testfaciliteit met alle deskundige begeleiding in een periode dat de besmettingen weer hard toenemen. En toch, het is er heel erg rustig. Het linkse gemeentebestuur heeft de gratis openbare gezondheidszorg weliswaar goed op orde, maar is vergeten de mogelijkheden naar de bevolking te communiceren. De testfaciliteit ligt verstopt in een woonwijk en wordt nergens aangegeven. Doodzonde.

Als de klachten verergeren ga ik ook maar aan de voorgeschreven vijfdaagse antibioticakuur (azitromycine). De ontstekingsremmers overweeg ik ook, maar zover komt het niet. Het anti-wormenkuurtje (Ivermectine, een geneesmiddel voor dieren en in grote hoeveelheden ook effectief bij mensen) acht ik onschuldig genoeg om wel te nemen. Maanden nadat het in Brazilië gemeengoed is, wordt dit middel ook in Nederland steeds serieuzer bediscussieerd, maar de algehele tendens blijft: de werking is nog niet voldoende wetenschappelijk bewezen.

**De echte kater**

Exact zeven dagen later, zoals was aangekondigd, zie ik tot enige verbazing in de WhatsApp van de gemeente Maricá mijn uitslag: *detectado*. Geen prettig gevoel, ondanks het afwezig zijn van echte ziekteverschijnselen. Niet meer voetballen op zondag, dat moet ik wel even verwerken.

Het is soms wel raadselachtig, de uitslagen. Onze dochter die 24 uur lang aan haar positief geteste vriend zit geplakt, test negatief en kan naar Nederland. Schoonmoeder Ceiça vertoont de klassieke coronasymptomen: koorts, hoofdpijn, hoesten, algehele malaise, verlies van reuk en smaak. Ze test ook negatief.

Het wordt daardoor een nog productievere periode in en rond het huis. Zelfs de zieke Claudia levert haar bijdrage in de uurtjes dat ze een opwelling van energie krijgt, om vervolgens finaal weer in te storten. Ze maakt de verborgen hoekjes in het huis schoon en knipt het gras weg rond de tegels in de tuin.

Ik dacht dat ik geen klachten had, maar later besef ik dat die pijn in mijn benen, dat toch wat benauwde gevoel, de uitputting die 's middags over me kwam, de soms verwarde en besluiteloze toestand (niet weten wat je moet opscheppen in een selfservice restaurant en vervolgens tot de vreemdste combinaties komen) en vooral het niet lekker in je vel zitten, wel degelijk symptomen van covid waren. Ik schoof het opzij en ging in de felle zon de vergroende zwembadrand boenen, tegen het advies van mijn schoonfamilie in. Ik geloof niet dat het me schade heeft gebracht.

Goed en wel terug in Nederland komt de echte kater van het bruilofsfeest in onze tuin. Bibí heeft het niet gered. De dochter van een zwarte vrouw, die kort na de afschaffing van de slavernij nog in de steengroeve werkte in het binnenland, en de overgrootmoeder van onze kinderen overlijdt aan de gevolgen van covid in het ziekenhuis van Maricá. Na liefdevolle verpleging. Maar wel alleen, in een ziekenhuis, zonder familie. Een horrorscenario voor de vrouw die altijd bij de familie wilde zijn, en zich tot het laatst verzette om het huis van dochter Ceiça te verlaten en mee te gaan met de verplegers van de ambulance. Ze wees hen resoluut de deur. Maar bij de laatste poging gaf ze het op, ze voelde zich te slecht om hulp te weigeren.

Op 1 januari 2023 zien we de dood van Bibí na het 'foute' feestje – het was volgens Bolsonaro niet fout – nog iets meer als een gevolg van de politiek van ontkenning van de pandemie, wanneer Lula in zijn inwijdingsspeech als president zijn voorganger van genocide beschuldigt.

### Redder São Paulo

De gouverneur van São Paulo, João Doria, oogst veel lof met zijn wél voortvarende aanpak in de coronacrisis. Qua beperkende maatregelen maar vooral vanwege de vroegtijdige ontwikkeling in het instituut Butantan van een Braziliaans-Chinees vaccin, Coronavac. Waar de federale regering treuzelt en treuzelt, pakt hij direct door nadat Anvisa, het Braziliaanse RIVM, groen licht heeft gegeven. Ondertussen is Bolsonaro tevergeefs in onderhandeling met India over een miljoen vaccins.

Het allereerste prikje wordt gevierd als een historisch moment. Op 17 januari 2021 krijgt de eerste Braziliaan het vaccin toegediend in São Paulo, een Afro-Braziliaanse verpleegster, berichten alle media expliciet. Dankzij São Paulo heeft Brazilië toch een vaccin, is de algemene teneur. Bolsonaro moet diep door het stof door zijn rivaal Doria deze primeur te laten beleven, de aanzet bovendien voor vaccinatie in het hele land.

Een dieptepunt in januari 2021, dat nog lang zou nagalmen, vormt de zuurstofcrisis in de deelstaat Amazonas. In hoofdstad Manaus stikken coronapatiënten letterlijk door het gebrek aan zuurstofflessen, terwijl voor het dreigende tekort al in november was gewaarschuwd. De beelden gaan de wereld over. Er is hier een zeer besmettelijke versie van het virus opgedoken en de angst voor deze 'Braziliaanse variant' zit er daarna goed in, ook in Nederland. We worden bij thuiskomst angstvallig gemeden, zelfs door onze dochter die door haar werkgever en haar schoonfamilie is opgedragen vooral niet bij ons in de buurt te komen.

De zuurstofcrisis valt vooral de deelstaatregering aan te rekenen, maar de reacties van Bolsonaro en zijn minister wekken nieuwe verontwaardiging. Ze verklaren dat de situatie weliswaar verschrikkelijk is, maar als federale regering hadden ze 'hun deel gedaan'. Ze hadden wat flessen gestuurd. Terloops herhalen ze hun standpunt dat de pandemie erg is, maar dat er meer mensen sterven door het sociale isolement en de economische gevolgen van de beperkende maatregelen.

Overigens lees ik op het moment dat ik meedoe met het ridiculiseren van dit standpunt in de column van Sylvain Ephimenco in

*Trouw* (30-01-2021) dat de vooraanstaande, Franse filosoof Michel de Montaigne (1533-1592) eeuwen geleden zeer overeenkomstige denkbeelden had, die door de auteur in 2021 als een verfrissende andere kijk op de benadering van de pandemie worden gepresenteerd. "We verstoren het leven door ons zorgen te maken over de dood", schreef De Montaigne onder meer.

Wellicht zou een wat verfijndere, filosofisch onderbouwde argumentatie Bolsonaro geholpen hebben. En wat meer empathie met de slachtoffers. Nu oogst hij met zijn botte bijl alleen gejuich bij zijn hondstrouwe aanhang. Zo laat hij rond de crisis in Manaus, terwijl landgenoten letterlijk stikken, weer zijn afkeer van het 'stinkende' mondmasker blijken. Ook propageren de president en zijn minister opnieuw het gebruik van antibiotica, antiwormenmiddelen (voor dieren) en koortsverlagers als preventie tegen verergerende klachten.

Als diep vernederend ervaart Bolsonaro de hulp vanuit het 'communistische Venezuela'. President Maduro stuurt namelijk zuurstofflessen naar Manaus. De man heeft daarom 'een groot hart', oordelen veel betrokkenen, en krantenkoppen. Het verleidt Bolsonaro tot het maken van de opmerking: "Maduro is erg dik, hij weegt wel 120 kilo. Logisch dat hij dan ook een groot hart heeft."

**Familiebarbecue**

De steun van rechtse politici voor Bolsonaro is sterk afgebrokkeld. Waar deze partijen hem twee jaar eerder nog aan de macht hielpen, kunnen ze zich nu vinden in het idee van impeachment, juicht de krant *Estadão* op 1 februari 2021 bijna openlijk. Een ander bericht toont een foto van een afgeladen strand. Midden in de pandemie beleeft Rio weer zo'n bruisend weekend.

Maar toch, Arthur Lira, de kandidaat van Bolsonaro, wint de verkiezingen voor een nieuwe voorzitter van het Huis van Afgevaardigden, onze Tweede Kamer. De overwinning wordt gevierd met een feest voor driehonderd mensen. Tegelijkertijd verschijnt in de media het nieuws dat Bolsonaro een boete van miljoenen reais heeft kwijtgescholden aan een houtbedrijf dat zijn boekje te buiten was gegaan in het Amazonegebied. De boete was in 2018 opgelegd door milieudienst Ibama.

Zijn opstelling in de coronacrisis levert hem steeds meer verzet op. Vooral vrouwen en inwoners van het arme noordoosten van het land (traditioneel een PT-bolwerk) hebben het wel gehad met deze president. Het deel van de bevolking dat vierkant achter hem blijft staan, zakt naar 31 procent. Deze groep zou ook niet snel van gedachten veranderen. Het is het vaste deel 'believers', dat volgens wetenschapper Francisco Gaetani altijd zo heeft gedacht en zich nu kan uitspreken. Straks meer hierover.

Tijdens een familiebarbecue, waar vanuit Nederlands oogpunt te veel mensen zijn, blijkt hoe lijnrecht de bevolkingsgroepen tegenover elkaar staan. Waar de een zijn afschuw uitspreekt over de aanpak van de pandemie en de hoge sterfte- en besmettingscijfers en vermoedt dat de cijfers in werkelijkheid nog veel hoger zijn, haalt de ander de schouders op.

De cijfers zijn in werkelijkheid juist veel lager en gemanipuleerd door de deelstaten. Door als deelstaat hogere aantallen door te geven wordt er meer geld vanuit de federale overheid voor de regionale zorg vrijgemaakt. In werkelijkheid is het allemaal zo erg niet. Aldus de rotsvaste overtuiging van het bolsonaristische deel van de familie, de grote meerderheid.

De discussie smoort, want de twee werelden liggen te ver uit elkaar voor een echte discussie. Een aanloop naar het stiltepact.

**De pandemie van het populisme**

Bolsonaro ontwikkelt zich binnen twee jaar tot een kat met negen levens. Schandaal na schandaal, uitschieter na uitschieter, crisis na crisis overleeft hij. De voetbalmannen lachen zich een buil en verklaren alle toekomstige pogingen om hem weg te krijgen vast als kansloos.

Die pogingen blijven wel ondernomen worden. Op 27 januari wordt het 62ste verzoek tot impeachment van Bolsonaro ingediend in het parlement. Ditmaal naar aanleiding van een oproep van religieuze leiders van verschillend allooi. Ze achten Bolsonaro schuldig aan het verwaarlozen van de gezondheid van de Brazilianen. De president reageert op vertrouwde wijze: "Deze religieuze leiders zijn links en vertegenwoordigen niet eens 1 procent van alle gelovigen."

En passant, en om de aandacht af te leiden van de coronaperikelen, maakt hij (wat warrige) toespelingen op een mogelijke terugkeer naar een dictatuur. Maar steeds wanneer de president flirt met de dictatuur, haasten woordvoerders van het leger te benadrukken dat dit een onzinnig idee is.

Met die 62 aanvragen voor impeachment in 25 maanden tijd heeft Bolsonaro al een record op zijn naam staan. Aan het einde van zijn termijn, op 31 december 2022, heeft hij in vier jaar 158 officiele aanvragen om op te stappen geïncasseerd, en ze overleefd. Het aantal is een absoluut record onder presidenten. Hij heeft daarmee Dilma Rousseff, die in augustus 2016 door het parlement werd afgezet, met een royale marge van de top van de ranglijst verdreven. Zij kreeg 68 verzoeken tot aftreden op haar bord in de bijna zes jaar van haar presidentschap. Aan haar gedwongen vertrek gingen massabetogingen van de bevolking vooraf en die blijven ditmaal achterwege. De pannenprotesten nemen weliswaar toe in januari, waarbij opvallend genoeg voorheen rivaliserende bewegingen zij aan zij tegenover Bolsonaro staan. De linkse bewegingen Frente Brasil Popular en Frente Povo Sem Medo (Braziliaans Front Zonder Angst) hebben de handen ineengeslagen met Movimento Brasil Livre en Vem Pra Rua (Kom de Straat Op). De laatste twee groeperingen ijverden in 2016 nog met succes om Rousseff weg te krijgen.

Maar voor het wegsturen van een president is meer nodig, benadrukt Marco Feliciano van de partij Republicanos uit São Paulo in de krant *Estado de São Paulo*, een politicus uit het Bolsonaro-kamp. "Om Dilma weg te krijgen moesten we een miljoen mensen op de

Avenida Paulista hebben, ik zie er nu nog geen vijfduizend. Het gevolg ervan is dat er weinig parlementaire steun is voor dit avontuur."

Ondanks het uitblijven van massale protesten heeft Bolsonaro tijdens zijn presidentstermijn eigenlijk nooit vast in het zadel gezeten. Begin 2021 is volgens onderzoeksbureau Atlas 53 procent van de Braziliaanse bevolking voor het vervroegd aftreden van de president. Rodrigo Maia (van de partij Democratas) spreekt in zijn laatste dagen als voorzitter van het Huis van Afgevaardigden alvast de vurige wens uit voor een machtswisseling in Brasília. Hij omschrijft daarbij het nationaal-populisme in de wereld als 'een tweede virus', dat met het vertrek van Donald Trump een flinke slag is toegebracht.

Maar deze 'pandemie van het rechts-populisme' is dan nog lang niet uitgewoed. Zo blijkt Bolsonaro nog altijd op een meerderheid te kunnen rekenen in het Huis van Afgevaardigden en de senaat. De door hem gesteunde kandidaten winnen. De onderlinge verhoudingen worden er niet beter op onder de politici. Wanneer de president het parlement betreedt tijdens de inauguratie van de nieuwe voorzitters, klinkt vanuit de oppositie: '*genocida!*' en '*fascista!*'. De rechterflank reageert met '*mito*'. Een deel van Brazilië ziet hun president als volkenmoordenaar, voor een ander deel is hij een onaantastbare mythologische figuur.

**Alexandre de Moraes**

De opvolger van Maia, Arthur Lira, is dan nog een bondgenoot van Bolsonaro, maar zou later richting rivaal Lula afbuigen. Twee weken na zijn aantreden wordt Lira geconfronteerd met de gespannen relatie tussen de politieke macht en het Hooggerechtshof, de hoogste rechterlijke macht. Dat STF (Supremo Tribunal Federal) bestaat al sinds 1808, voordat Brazilië onafhankelijk werd. Nieuwe leden worden voorgedragen door de president van het land, de senaat moet de kandidatuur goedkeuren.

Dit hof laat een parlementslid van de PSL (de partij waar Bolsonaro de presidentsverkiezing mee won) arresteren na te groffe beledigingen en bedreigingen op Facebook naar de leden van dit rechtsorgaan. Die zouden geen knip voor de neus waard zijn, heel netjes vertaald.

Lira probeert het hoogste rechtsorgaan nog tevergeefs op andere gedachten te brengen. Maar Alexandre de Moraes en de andere 'ministers' zijn onverbiddelijk.

De Moraes is, hoewel geen voorzitter, al die jaren nadrukkelijk de meest naar buiten tredende rechter van het gezelschap. Hij komt uit São Paulo en is advocaat van huis uit. Hij was gelieerd aan de PSDB van Fernando Henrique Cardoso, een middenpartij. Onder president Michel Temer schoof hij wat op naar rechts en werd minister van Justitie.

Toen er in 2017 een plekje vrijkwam in het Hoogggerechtshof, droeg Temer met succes De Moraes voor. De PT was fel tegen. De Moraes sprak aanvankelijk over 'de corrupte regering Lula, die heel veel geld heeft gestolen'. Het fragment wordt jaren later nog gretig gedeeld door de bolsonaristas. Maar gedurende het mandaat van Bolsonaro ontwikkelt dezelfde De Moraes zich tot grote plaaggeest van extreemrechts, 'ter bescherming van de grondwet'.

**Antidemocratische recidivist**

Naar aanleiding van het nieuws over de arrestatie komt meer informatie naar buiten over de zich misdragende volksvertegenwoordiger, Daniel Silveira uit Rio de Janeiro. De verhalen worden geïllustreerd met een foto waarop hij breedlachend staat naast een zorgelijk kijkende Bolsonaro. Die voelde al nattigheid.

Want Silveira bleek al meerdere keren uit de bocht te zijn gevlogen. Zo werd hij bekend van het vertrappen van een eerbetoon aan Marielle Franco (de in 2018 doodgeschoten linkse zwarte activiste waarvan een zoon van Bolsonaro van betrokkenheid wordt verdacht). Hij poseerde trots met zijn trofee, het vernielde bord. Ook trachtte hij in nepnieuwsberichten het leger en het Hooggerechtshof tegen elkaar op te zetten, en het niveau van zijn publieke scheldpartijen zou zelfs de voetballers van Amigos de Itaipuaçu nog de wenkbrauwen doen fronzen.

Ondermijning van de democratie en haatzaaien, noemen ze in Brazilië al deze stemmingmakerij op sociale media. Ik vraag me af of dit in Nederland genoeg zou zijn voor een arrestatie. Het onderzoek breidt zich uit tijdens zijn gevangenhouding. Zo worden zijn mobiele telefoons onderzocht op contacten met milities in Rio de Janeiro en op zijn relatie met Bolsonaro.

Silveira wordt in april 2022 door het Hooggerechtshof vanwege de haatzaaierij veroordeeld tot acht jaar en negen maanden gevangenisstraf. Bolsonaro steekt daar eigenhandig een stokje voor met zijn presidentiële bevoegdheid. Dankzij zijn decreet hoeft Silveira helemaal niet te zitten. En hoewel hij bij voorbaat onverkiesbaar is, stemmen bij de verkiezingen in 2022 toch 1,5 miljoen mensen in Rio de Janeiro op hem als hun afgevaardigde in de senaat. Inclusief Jair Bolsonaro, die Silveira liefkozend 'het beest' noemt.

Silveira was bij de militaire politie in Rio voordat hij de politiek in ging. Hij zou een recidivist worden wat betreft 'anti-democratische acties'. Begin 2023 wordt duidelijk dat hij een van de drie mensen was die een coup beraamden tegen het Hooggerechtshof. Dat brengt senator Marcos do Val naar buiten. Bolsonaro himself maakte volgens de senator het drietal compleet.

In het plannetje zou Do Val opperrechter Alexandre de Moraes verleiden tot schadelijke uitspraken. De opnames daarvan hadden moeten leiden tot het ontslag van De Moraes en het aanstellen van een rechtse opvolger met de opdracht om Lula uit te sluiten van de presidentsverkiezingen van oktober 2022.

Bolsonaro heeft begin 2021 nóg belangrijker zaken aan zijn hoofd dan de heisa rond Silveira: problemen met Petrobras. Na weken openlijke kritiek op de benzineprijzen ontslaat hij de hoogste baas van het staatsbedrijf, eens de trots van het land voordat de corruptieschandalen dat blazoen zwaar aantastten.

De prijzen aan de pomp doen de bevolking te veel pijn om niet in te grijpen, vindt de president. Hij vervangt Roberto Castello Branco door een gepensioneerd generaal zonder ervaring op het gebied van olie en gas. "Dat kan ik doen, wat is het probleem?" bijt Bolsonaro de pers toe.

Het leidt wel degelijk tot de nodige problemen. Vooral buitenlandse investeerders vinden de staatsinterventie een reden om hun aandelen te verkopen. De beurs krijgt een flinke dreun en de real keldert verder in waarde. Critici wijzen erop dat de president dus alleen in naam een liberaal beleid voert, maar in werkelijkheid probeert een sturende politieke hand in de economie te hebben. Hij ontkent dat niet en kondigt aan verder te gaan interveniëren. Petrobras zet Bolsonaro nog even een hak door de brandstofprijzen toch weer te verhogen tijdens de transitie naar een nieuwe topman. En de uittocht uit de top van het bedrijf is een feit: vier bestuurders willen niet verder vanwege de staatsinmenging.

**Het onderwijs is de klos**

De gevolgen van maandenlang niet ingrijpen in het dagelijks leven en het vrij spel geven aan het coronavirus worden steeds dramatischer. Het virus raast voort als een Ferrari, en de vaccinaties hebben het tempo van een handkar. Eind februari 2021 noteert Brazilië meer dan 1500 doden aan covid per dag, nieuwe records.

Waar winkels en horeca gewoon functioneren, moet het onderwijs achter in de rij aansluiten. Deze sector blijft maar op slot, aanvankelijk bieden alleen de dure particuliere scholen online lessen aan.

Buurjochie Mikael zou bijna twee jaar niet naar zijn basisschool gaan. Hij krijgt les bij een '*explicadora*', vertelt hij me wanneer hij de telefoon opneemt als ik zijn opa bel. Hij is een uitstekende receptionist en krijgt het vak van opzichter met de paplepel ingegoten. De explicadora is letterlijk een uitlegster, en dat is ze ook, zegt oma Geralda. Ze betalen de 150 real per maand voor dat privé-onderwijs zelf en verkiezen het boven het (gedeeltelijke) online-onderwijs dat inmiddels blijkbaar ook, vrijblijvend, wordt aangeboden.

Op de scholen waar tijdens de pandemie voorzichtig werd versoepeld, gebeurde dit met slechts enkele kinderen in een klaslokaal, met mondkapje voor alle leeftijden en heel veel desinfectiemiddelen. Toen de situatie weer verslechterde, werd heropening van scholen in bijvoorbeeld deelstaat São Paulo toch weer uitgesteld, de winkels en de horeca bleven wel open. Curieus, deze verschillen in benadering, als je het vergelijkt met de aanpak in Nederland, waar het (basis)onderwijs juist steeds bovenaan stond wanneer er werd versoepeld, en vooral de horeca vrijwel de gehele pandemie de klos was.

**Flávio's huis van 6 miljoen**

De *Estadão* blijft de familie Bolsonaro op de huid zitten. De krant pakt in de eerste dagen van maart 2021 uit met het nieuws dat oudste zoon Flávio ('Zoon 03') een huis van zes miljoen real in Brasília heeft gekocht. Dat bedrag is ruim drie keer meer dan het totale vermogen dat deze Bolsonaro in 2018 verklaarde te bezitten. Dat vertelde hij aan een commissie voordat hij werd beëdigd als senator. Destijds namens de Republicanos, en al snel partijloos zoals zijn vader.

Het is ook ietsje minder dan het bedrag dat verdween uit de kas van de Assembléia Legislativa (wetgevende macht) in Rio de Janeiro, toen Flávio daar werkte. Hij wordt door het Openbaar Ministerie in Rio de Janeiro als leider van de criminele bende gezien die het geld wegsluisde. Het OM heeft tegen hem en zijn vrouw in november 2020 aangifte gedaan. Datzelfde gebeurt tegen zestien handlangers van Flávio. Inderdaad, het is deze Flávio die ook verwikkeld is in de nasleep van de moord op wethouder en zwarte activiste Marielle Franco.

De helft van de aankoop van zijn paleisje is gefinancierd, reageert een woordvoerder van deze Bolsonaro, en de rest komt uit eigen kapitaal. De financiering is tegen opmerkelijk gunstige voorwaarden gebeurd, had *Estadão* al weer snel boven water gekregen. Wanneer Flávio de gangbare rente zou moeten betalen over de drie miljoen geleende real zouden de maandlasten van circa 24.000 real bijna gelijk zijn aan zijn volledige salaris als senator.

Voor buurman Marcos gaat dit over 'een bende criminelen', die zijn land momenteel bestuurt. Aan de macht geholpen door de evangelische kerken. Hij moet er even doorheen, door deze 'ellendige fase in de geschiedenis van Brazilië'. Flávio kwam er in ieder geval ongeschonden doorheen, ook deze aanklacht leidde tot niets.

**Viruskraamkamer van de wereld**

Geld overmaken naar en van Brazilië met de online dienst van Transfer Wise kan ineens niet meer, vertelt vaste gast Alexandre. De onderwijzer trekt met vrouw en kind weer een dag of tien in ons huis in Itaocaia. De lockdown voor zijn sector duurt immers voort. Transfer Wise heeft – tijdelijk, bleek later – de activiteiten gestopt in Brazilië. Zoals zoveel bedrijven dat dit jaar al deden, en hij somt een rijtje op. Het zijn niet de minste, zo besloot Ford zich ook al terug te trekken uit het 'onzekere land' en sloot het bedrijf al zijn Braziliaanse fabrieken.

Bolsonaro presenteert zich deze dagen als Mark Rutte in het kwadraat: alle ellende lijkt van hem af te glijden. Nieuwe records in de coronapandemie met meer dan tweeduizend doden per dag en een dreigend tekort aan ziekenhuisbedden in het hele land? "De gezondheidzorg in Brazilië heeft altijd wel problemen gekend."

Iedereen lijkt het spoor bijster. Burgemeester Bruno Covas van São Paulo kondigt aan dat chloroquine in het officiële pakket van medicatie voor ziekenhuispatiënten met covid komt, wetenschappelijk bewijs wordt niet afgewacht. Het leidt tot triomfantelijke berichten van de bolsonaristas, met de hashtag 'Bolsonaro had gelijk'.

De deelstaatregering van São Paulo mag dan code rood hebben ingevoerd met avondklokken en lockdowns, lang niet alle burgemeesters respecteren deze maatregel. Zij krijgen in de media de keuze voorgeschoteld: investeer nu in gezondheid of in doodskisten!

De deelstaatgouverneurs smeken weer tevergeefs om een nationale aanpak van de pandemie, maar natuurlijk geeft de president niet thuis. Die aanpak was er niet, is er niet en zou er niet komen. Geen enkele keer sprak hij zijn volk toe met een update, een hart onder de riem of aankondigingen van strenge maatregelen of versoepelingen. Alsof hij niets te maken had met de crisis die zijn land onevenredig hard raakte.

Er heerst in 2021 ook een economische crisis, ondanks het openhouden van winkels en horeca in vrijwel het hele land. Brazilië duikelt uit de top tien van grootste economieën en de munt kent een van de grootste dalingen van valuta ter wereld.

Het land wordt mondiaal steeds meer als een gevaar gezien voor andere landen, die door vaccinaties en beperkende maatregelen de pandemie zien afnemen in ernst, en voorbereidingen treffen voor een terugkeer naar een normaler leven. In Brazilië heeft het virus nog vrij baan en duikt de ene na de andere nieuwe, en steeds schadelijker, virusvariant op. Zo is er begin maart het P1-virus dat excovidpatiënten opnieuw kan besmetten.

Bolsonaro's Brazilië ontpopt zich tot viruskraamkamer van de wereld. Braziliaanse wetenschappers roepen leiders van andere landen op om Bolsonaro onder druk te zetten om nu toch echt de pandemie serieus te nemen.

Een artikel over de Braziliaanse situatie in hoofdlijnen in *Trouw* wordt veel gedeeld op Twitter. In de commentaren wordt Bolsonaro als de ultieme viruswappie neergezet, en als waarschuwing voor sceptici in Nederland: 'Zie je wat er gebeurt als je de pandemie ontkent!'

# 12. Lula is terug, en nu?

Groot nieuws op 8 maart 2021: het Hooggerechtshof besluit Lula niet meer te vervolgen voor zijn eerder vermeende aandeel in de grote Lava Jato omkoopaffaire rond Petrobras. In zijn geval vooral de verbouwing van het luxe appartement aan zee in Guarujá. Het OM gaat tevergeefs in hoger beroep tegen de annulering van de veroordelingen en kan niet meer voorkomen dat Lula zich verkiesbaar stelt bij de presidentsverkiezingen van 2022. In dat jaar wordt in mei overigens ook het bewuste appartement ter waarde van zo'n 600.000 euro verloot, Brazilianen konden er een lot van nog geen 4 euro voor kopen.

Met de kandidatuur van Lula lonkt een ultiem rechts-linksgevecht tussen twee populisten. De beurzen zijn niet blij en evenmin de munt, ze kelderen. Analisten voorspellen dat Bolsonaro het nog meer over de populistische boeg gaat gooien om kans te maken tegen Lula, die volgens de peilingen op meer steun van de bevolking kan rekenen dan de huidige president. De 'verkiezing van de afwijzing' staat in de steigers, met vooral tegenstemmers. Het land in een politieke houtgreep. En steeds rijst de vraag: waarom staat er toch geen frisse, verstandige derde kandidaat op?

Voor Sérgio Moro is de nieuwste episode in de Lula-soap slecht nieuws. Hij heeft hem immers als rechter in Curitiba veroordeeld, en dat was volgens het Hooggerechtshof nu ineens op foutieve gronden. Daarvoor moet oud-rechter en oud-minister Moro, weer een gevallen held van de natie, zich voor de rechter gaan verantwoorden. Ineens zijn de rollen totaal omgedraaid.

Maar wat moeten we nu met Lula? vragen veel Brazilianen, en

in ieder geval de analisten, zich af. Een heel sterke kandidaat, dat is zeker. Maar toch ook bezoedeld door de afgelopen jaren. En de ultieme kandidaat om het kamp-Bolsonaro van munitie te voorzien. Ze zullen elkaar sterker maken en de polarisatie zal nóg verder toenemen, luidt de voorspelling, die uit zou komen.

Lula concludeert dat zijn band met het Braziliaanse volk tijdens zijn gevangenschap 'enorm is verstevigd'. Dat staat opgetekend in de biografie *Lula, volume 1*, van journalist Fernando Morais. En kort na zijn herwonnen vrijheid neemt hij al helemaal de houding aan van een presidentskandidaat. Dat doet hij tijdens een toespraak op voor hem historische grond, het hoofdkwartier van de metaalvakbond in São Bernardo do Campo. De plek in de deelstaat São Paulo waar zijn loopbaan van schoenpoetsende, analfabete migrant uit het noordoosten tot metaalarbeider, vakbondsleider, medeoprichter van de Arbeiderspartij in 1980 en uiteindelijk president echt gestalte kreeg.

Hij verklaart dat er van zijn kant geen haat bestaat, dus dat landgenoten met een andere politieke kleur niet bang voor hem hoeven te zijn. Ook benadrukt hij dat hij al die tijd ten onrechte van corruptie was beschuldigd en bedankt hij nationale en internationale leiders voor hun steun. Hij toont empathie voor de slachtoffers van corona – een steek onder water naar Bolsonaro – en zorg over het verloop van de pandemie.

Niets schokkends allemaal. Maar er is ook ruimte voor een meer expliciete aanval op de regering Bolsonaro. Op diens 'afwezigheid in de pandemie en de wanstaltige situatie van de gezondheidszorg, het onderwijs en werkgelegenheid'. Ook de liberale wapenwetten krijgen ervan langs.

Dat Lula meer dwars zat dan hij toen deed vermoeden en dat hij in feite wel op wraak uit was, blijkt wel uit latere toespraken en vooral uit een interview met het aan de PT gelieerde televisiekanaal *247* in maart 2023. Daarin zegt president Lula dat hij er alles aan zal doen om 'die Moro kapot te maken', letterlijk zegt hij 'te naaien'.

**De occulte waarheid van Lula**

Wanneer zijn kandidatuur eenmaal een feit is, luidt de vraag: gaat Lula zich profileren als *Lulinha de paz e amor* (Lulaatje van vrede en liefde) die als een centrumlinkse kandidaat de gehele bevolking wil aanspreken, of als de linkse tegenpool van Bolsonaro, op wraak belust? Dat eerste was de bedoeling, maar het werd toch vooral een anti-Bolsonaro campagne.

Bolsonaro probeert zich even te verkopen als 'de kampioen van de vaccinaties'. Wel lef met acht miljoen gevaccineerden op een bevolking van 220 miljoen. Helemaal in het licht bezien van mei 2023, als hij door de federale politie wordt verhoord op verdenking van fraude met vaccinatiebewijzen voor hem en zijn familie.

Terug naar de Braziliaanse herfst van maart 2021, als hij bezig is aan een kortstondig charmeoffensief. Zo vertoont hij zich demonstratief met mondkapje. Dat is nieuws in Brazilië. Maar hij valt ook weer regelmatig terug in zijn oude rol, of ware aard, als pandemieontkenner. De lockdowns in deelstaten, omdat de ziekenhuizen intussen weer uitpuilen met covidpatiënten, veroordeelt hij. De mensen zullen gaan plunderen en staken, waarschuwt hij de gouverneurs. De Amigos de Itaipuaçu staan vierkant achter hun president en doen natuurlijk meteen mee met de anti-Lula campagne op sociale media. Het nepnieuws kent daarbij geen grenzen. In een 'interview' verklaart de moeilijk verstaanbare Lula dat hij de leider is van een criminele bende, de PT, en noemt hij zijn toenmalige opvolgster Dilma een idioot, slechterik, leugenaar en viezerik. In zijn huis zou onder zijn matras bij een inval 20 miljard real gevonden zijn, crimineel geld. Lula kondigt aan alvast 'heel veel leugens' te gaan verzinnen voor zijn nieuwe periode als president. De video is getiteld: de occulte waarheid van Lula. En eindigt met: het huis is gevallen, Lula.

De vierde minister van Gezondheid onder Bolsonaro en de derde tijdens de coronapandemie, cardioloog Marcelo Queiroga, is een vriend van de Bolsonaro's, met name van Flávio. Hij verklaart bij zijn aantreden het gebruik van mondkapjes te verdedigen maar ook weer niet Bolsonaro tegen de haren in te willen strijken. Dus geen lockdowns en verdere restricties vanuit de federale overheid. Het beleid blijft: een ieder doet wat hij wil.

En dus is in een deel van de Zona Norte van Rio de Janeiro vrijwel alles gesloten. Ook in de wijk Grajaú, waar de familie zo lang heeft gewoond. Dat is de wat statiger Zona Norte. Maar even verderop, richting meer armoede, wagen de autoriteiten zich niet aan ingrijpende maatregelen. De mensen moeten eten.

**Genocide**

Minister Queiroga begint op een moment dat nieuwe records worden gebroken. Er vallen medio maart bijna 2800 doden in 24 uur, waarvan alleen al in deelstaat São Paulo meer dan 600. De eerste dode vanwege geen plek op de IC is ook hier te betreuren, in de gelijknamige hoofdstad. Op de begraafplaats staan mensen dan in de rij om hun familieleden te begraven. Ze hebben daar enkele minuten de tijd voor.

De nieuwste virusvarianten eisen ook veel slachtoffers onder jongeren. Het is allemaal zo dramatisch dat zelfs het *NOS-journaal* weer eens een plekje heeft ingeruimd voor Brazilië. Correspondent Mark Bessems laat een man die drie familieleden aan covid heeft verloren zeggen dat het natuurlijk door die agressieve virusvarianten komt, maar dat toch vooral de president van het land blaam treft. Door van meet af aan de pandemie niet serieus te hebben genomen.

Het is allemaal nog niet genoeg voor de centrumpartijen in het parlement om Bolsonaro te laten vallen. Terwijl Brazilië toch echt de paria van de wereld begint te worden. De buurlanden klagen steen en been en sluiten de grenzen voor het besmette land, overal in de wereld neemt de walging toe.

Braziliaanse tegenstanders van de president roeren zich op sociale media onder de hashtag 'Bolsonaro genocida'. De foto van de gemetselde graftombes in aanbouw met als bijschrift *Programa Minha Casa Minha Vida no governo Bolsonaro* verduidelijkt het standpunt. Onder de regering Lula startte dit sociale huisvestingsproject, Mijn Huis Mijn Leven. Dat komt zo nog uitvoerig aan bod.

**Het vaccinatiefeestje**

Schoonmoeder is gevaccineerd, met een Chinees vaccin en ook een beetje van eigen bodem, Coronavac. Het was een feestje. Ze had er een mooie jurk voor aangetrokken, de juwelen uit de la gehaald en de lippen gestift. Dagje uit ook voor dochter, kleindochter en schoonzoon. Buiten in de weldadige schaduw van een flamboyant wacht ze geduldig, maar ook een beetje opgewonden op haar beurt. De dienstdoende prikster stelt haar gerust, maakt grapjes en klaart de klus. Er wordt gelachen en dochter Cris slaakt een bescheiden vreugdekreetje wanneer de handeling is voltooid.

Claudia maakte zich nog wel zorgen over de gezondheid van haar moeder. Zou ze wel sterk genoeg zijn voor de gifprik? Haar lichaam zat namelijk al vol met gif. Ze voelde zich een tijdje niet lekker en een dokter presteerde het om haar negen, ja negen, pillen Ibuprofen per dag voor te schrijven. Of schoonmoeder moest het helemaal verkeerd begrepen hebben, maar ze slikte deze dosis wel een aantal dagen. Toen ik ooit een pijnlijke nekhernia had en niet kon liggen heb ik wel eens twee van deze pillen per dag genomen, en ik voelde direct het effect. Maar negen stuks, voor een vrouw van in de zeventig met nog maar één nier? Nou ja, ze heeft ook dit weer overleefd.

Bolsonaro is intussen aan een volgend charmeoffensief begonnen, beseffend dat zijn populariteit dusdanig afneemt dat herverkiezing in 2022 gevaar dreigt te lopen. Lula won immers ook de tweede belangrijke juridische kwestie: het Hooggerechtshof bepaalde dat Sérgio Moro partijdig is geweest in de rechtszaak tegen Lula over het appartement (de 'triplex') waar alles over te doen was en waarom hij in de gevangenis belandde.

In een poging iets aan de sombere peilingen te doen, heeft de president het ineens over een gezamenlijk pact tegen corona, of iets dergelijks. De steden Rio de Janeiro en Niterói wachten niet op dat pact tussen de drie overheden (dat er nooit zou komen) en trekken de stoute schoenen aan. Tegen de wens van de gouverneurs van de deelstaat voeren ze een lockdown van tenminste tien dagen in. Alleen nog essentiële winkels mogen open en bars en restaurants moeten ook dicht.

Dat ging in op een vrijdag, dus op woensdag nam de familie het er nog even van bij de Japanner, om de geslaagde vaccinatie van oma met sushi en veel rauwe zalm te vieren.

**Teatro covid**

De mannen in de voetbalapp zijn in deze fase furieus en posten berichten dat mensen sterven omdat zij niet mogen werken vanwege de lockdown. Jongeren vaccineren, ouderen thuisblijven en volwassenen aan het werk, is hun strategie, geïnspireerd door hun Grote Leider. Er komen ook heuse protesten tegen de maatregelen, zoals barricades van brandende autobanden ter hoogte van favela Caramujo op de RJ 106, de doorgaande weg van Maricá naar Niterói die ik ook altijd pak.

Bolsonaro doet alles goed, volgens deze voetbalmaten. Hij is zelfs, heel slim, in het geheim met 'een eigen Braziliaans vaccin' bezig. Ze zijn trots op hem. De duizelingwekkende sterftecijfers beschouwen ze als onderdeel van 'teatro covid', het covid-theater. Een groot links complot om de macht te grijpen.

De dagelijkse records lopen in maart 2021 almaar op, tot 3800 doden per etmaal. Het westen van Brazilië en deelstaat Rio de Janeiro noteren hoge sterftecijfers, maar in Amazonas – het dunbevolkte gebied met de meeste natuur en een tropisch klimaat – vallen relatief de meeste doden. De klimaattheorie wat betreft covid kan de prullenbak wel in.

Op de stranden van Rio wordt geweldddadig geprotesteerd tegen handhavende politie. De mensen laten zich niet van het strand verdrijven en bekogelen de met knuppels bewapende ordetroepen met van alles en nog wat, vooral strandstoelen. De handhavers blazen de aftocht. Zulk agressief en ook massaal verzet tegen coronamaatregelen had ik elders op de wereld nog niet voorbij zien komen. Later blijkt overigens een van de filmpjes op sociale media nepnieuws te zijn. Het gaat om een stoet opgewonden voetbalsupporters jaren geleden. Dat zoekt *Estadão* uit voor de lezers in de rubriek 'Check', prima service.

Bolsonaro botst eind maart 2021 frontaal met het leger. Nadat hij de minister van Defensie ontslaat, komen de drie legerleiders (marine, landmacht, luchtmacht) publiekelijk in verzet. Ze zijn het niet alleen oneens met het ontslag van de minister, maar ook met het coronabeleid van de president. En ze vinden dat hij zich structureel te veel met het leger bemoeit. Ze nemen gezamenlijk ontslag. Het is een duidelijk signaal dat het krediet van de president in alle lagen van de maatschappij, behalve onder de hardcore fans, een deuk heeft gekregen. Aan de andere kant biedt dit Bolsonaro weer de mogelijkheid nog meer jaknikkers aan te stellen op topposities.

**Steun van de motorrijders**

Eind mei 2021 is de campagne voor de verkiezingen van anderhalf jaar later al begonnen. Bolsonaro deelt cadeautjes uit aan zijn aanhang, zoals de gemeenschap van motorrijders, de *motoqueiros*. En dat zijn er veel in Brazilië. Ze vormen een ietwat atypische niche in de Braziliaanse samenleving, en blijken dus overwegend (extreem) rechts qua politieke voorkeur.

Een parade bikers wordt in de Zona Sul van Rio door Bolsonaro-fans met nationale vlaggen binnengehaald. Het is een grote pro-Bolsonaro manifestatie over 60 kilometer door de stad. De roep om militaire interventie en leuzen tegen het Hooggerechtshof zijn weer prominent hoorbaar en zichtbaar. Tegengeluiden zijn er ook, vanuit veel ramen en balkons klinkt het pannengerammel, hét protestgeluid tegen Bolsonaro. Het is een mensenmassa, dicht op elkaar en zonder mondkapjes, zoals de president het graag ziet. Uitdrukkelijk tegen de coronaregels van het stadsbestuur ook.

Zelf landt hij met een helikopter en begeeft zich daarna onder de mensen. Hij berijdt zijn stokpaardjes: weg met de lockdowns en 'de pandemie is bijna op zijn eind', al is op dat moment 84 procent van de IC-bedden bezet.

Claudia heeft wat filmpjes van haar tante doorgekregen. Het valt haar op hoe moeilijk de president uit zijn woorden komt en hoe gebrekkig zijn Portugees is. En steeds weer koketteren met de hoogste macht, alsof God alleen een pact heeft met het Brazilië van Bolsonaro.

Brazilië viert ondertussen de teugels. De gevaccineerde Ceiça rijdt op haar driewielfiets, verjaardagscadeau, met hond Bonita in het mandje achterop naar de winkel om boodschappen te doen en er worden weer dingen samen gevierd in restaurants. En toch, dagelijks vallen er 2000 coronadoden, slechtere cijfers dan een half jaar eerder toen we als familie vrijwel allemaal werden besmet.

De bolsonaristas delen lijstjes waaruit moet blijken dat in Brazilië veel meer mensen zijn gevaccineerd dan in veel Europese landen. Brazilianen hebben daarom alle recht om trots op hun land te zijn. Ze vergeten even de bevolkingsaantallen. Maar slecht doet het land het wereldwijd dan zeker niet, met zo'n 20 procent van de bevolking gevaccineerd.

In Nederlandse media werd Brazilië nog wel eens in een rijtje genoemd met Afrika en andere ontwikkelingsgebieden waar de vaccinatiegraad nog niet 1 procent was. Brazilië werd ook ongeveer symbool van hoe het niet moest, waar alles slecht ging in de aanpak van de pandemie. Op die momenten voelde ik me geroepen te wijzen op de relativiteit van de cijfers.

Met de teller op 450.000 coronadoden is oud-minister van Gezondheid, Eduardo Pazuello, onderwerp van onderzoek vanwege zijn optreden in de zuurstofcrisis in Manaus. Hij wordt beschuldigd van nalatigheid, ofwel jokken om de president te dekken. Ook het gehele coronabeleid van Bolsonaro wordt onderzocht door een onafhankelijk team.

Tijdens de manifestatie van de motorrijders in Rio is Pazuello ook aanwezig. Daar wordt hem openlijk een hart onder de riem gestoken door Bolsonaro. Later besluit het leger (want hij is ook generaal) hem niet te vervolgen voor zijn wanbeleid.

**Ministeriële milieumisdaden**

De opmerkelijke zaken en schandalen stapelen zich op tijdens de presidentstermijn. Vaak is het geen nieuws meer. Maar eentje treft mij wel. De minister van Milieu, de vaak in opspraak zijnde Ricardo Salles – een steunpilaar van Bolsonaro – wordt beschuldigd van clandestiene houthandel. Het is niet de eerste beschuldiging aan zijn adres. Vlak voor zijn aantreden als minister werd hij veroordeeld voor het bevoordelen van bedrijven bij activiteiten in beschermde natuurgebieden.

Onder zijn ministersbewind werden controleurs al wegbezuinigd en houtwetten versoepeld. Nu heeft hij als milieuminister ook nog lekker verdiend aan illegale kap van het regenwoud, als de beschuldigingen kloppen. Hij trekt zelf snel zijn conclusies en legt zijn functie neer.

Het ging om export naar Amerika en de Amerikanen werkten samen met de Braziliaanse federale politie aan deze zaak. Op een moment dat Brazilië juist probeerde af te komen van het stempel van milieuschurk van de wereld; Bolsonaro zocht toenadering tot Joe Biden door hem te beloven de Amazone te beschermen.

En dan dit. Het is voor het eerst in de Braziliaanse geschiedenis dat een milieuminister door de politie wordt verdacht van milieumisdaden. Al speurende naar dit onderwerp kom ik andere onheilspellende informatie tegen: de ontbossing in de Amazone in de maand april was het omvangrijkst in zes jaar.

Salles ziet ruim een jaar later met genoegen dat het onderzoek totaal geen vorderingen maakt en het er alle schijn van heeft dat het een stille dood zal sterven. Hij probeert een zetel in het Huis van Afgevaardigden voor deelstaat São Paulo te veroveren tijdens de verkiezingen van 2022.

In de aanloop daarvan geeft hij sinds lange tijd een interview. Daarin haalt hij hard uit naar zijn 'slappe' voorganger, milieu-activiste en sociaal wetenschapper Marina Silva. Immers: onder haar is de armoede in de Amazone pas echt toegenomen, en zitten miljoenen mensen nog steeds zonder riool en schoon water. Bovendien kreeg hij tijdens zijn bezoeken als minister aan het gebied te horen van de lokale bewoners dat ze het geleuter van Silva helemaal beu waren. Ze willen niet meer als jagers en verzamelaars leven, maar vragen om plek voor hun vee en willen kweekvijvers met vis. Ze willen vooruitgang. Aldus Salles.

Hij wordt met het indrukwekkende aantal van 640.000 stemmen gekozen. Zijn kiezers komen uit de rijke en lommerrijke wijken van de stad São Paulo. Dat gaf hem de kans om in Brasília het politieke leven van Marina Silva zuur te maken, want zij zou de nieuwe minister van Milieu worden in de regering Lula III.

**Arme Yanomami**

Mooie foto in de Nederlandse kranten op zaterdag 29 mei 2021. Bolsonaro met een indianentooi op, luisterend naar het Braziliaanse volkslied naast een stamhoofd van de Yanomami, dat wel een mondkapje draagt. De president was bij deze ooit als oorlogszuchtig (maar daar gaat een langlopend antropologisch debat over) bekend staande inheemse bewoners op bezoek om de problemen van oprukkende mijnbouw in het leefgebied van de Yanomami, in deelstaat Rondônia aan de grens met Venezuela, te bespreken. Een direct gevolg van zijn eigen beleid, het toestaan van mijnbouw in inheemse gebieden.

Nadat Bolsonaro het veld had geruimd als president en een veilig heenkomen vond in Florida, werden de effecten van dit beleid pas echt duidelijk. De tragedie onder de Yanomami is een van de belangrijkste nieuwsitems in januari 2023. Ondervoeding, hoge sterftecijfers, vergiftigde rivieren en een alom wegkwijnend volk in een gebied dat door illegale goudzoekers maar ook legale mijnbouw voor hun onleefbaar is gemaakt. Opnieuw valt het woord 'genocide', en ditmaal heeft dat niets met corona te maken.

Sinds 1980 zoeken, vooral arme, Brazilianen naar goud in het gebied. En tussen 2016 en 2020 nam die illegale activiteit drastisch toe. Bolsonaro trad aan op 1 januari 2019.

En toen kwam in februari 2020 ook nog die wet van Bolsonaro, met groen licht voor mijnbouw en andere ontginning (waterkrachtcentrales) op territoria van inheemse volken. Hoewel daarin staat dat de inheemse bewoners in principe moeten instemmen met de mijnbouw (maar de regering heeft wel een veto), ging er een signaalwerking uit van het besluit. Daardoor zijn er bijna drie jaar later naar schatting 25.000 illegale goudzoekers op 30.000 indianen in het gebied. En mochten ze al oorlogszuchtig zijn, dan zijn de Yanomami inmiddels te verzwakt om de indringers te verjagen.

Een nieuwe nabrander komt in mei 2023. De 'voedselhulp' van de regering Bolsonaro blijkt vooral anderen te hebben geholpen, financieel wijzer te hebben gemaakt. Voor 4,4 miljoen real (bijna een miljoen euro) werden sardines in blik en varkensworsten gekocht voor de Yanomami. Voedingsmiddelen die zij niet eten, en niet bij hun dieet passen. Een groot deel kwam bovendien nooit aan. Kippennekken werden ook aangeschaft, voor 260 real de kilo, 24 keer de normale prijs. Een net gestart bedrijf in de regio streek de riante betalingen op, en wie weet waar het vervolgens heen is gesluisd. Ook 19 ton biefstuk werd gekocht, maar nooit geleverd. Weer een onderzoek naar de handel en wandel van de oud-president.

**De persduivels**

Twee jaar eerder moest in ieder geval een deel van de mannen van de voetbalgroep niets van vaccinaties hebben. Eigenlijk was het een (prettige) Braziliaanse wappiegroep.

Een 'nieuwsbericht' gaat rond in deze groep van een viroloog en Nobelprijswinnaar die verklaart dat iedereen die is gevaccineerd binnen twee jaar zal sterven. Er komt geen enkel commentaar op het bericht. Vier dagen nadat ik het lees, staat mijn vaccinatie geprogrammeerd. Ik overleef het, en die twee jaar zijn inmiddels ook verstreken.

Schoonmoeder Ceiça behoort niet tot de antivaxers, maar steunt wel de president. Ik vermijd het onderwerp. Maar nadat zij vertelt dat Bolsonaro heeft verordonneerd dat iedereen moet gaan werken op een nationale vrije dag, ter compensatie van lockdowndagen toen mensen niet mochten werken, volgt toch weer een korte verhitte discussie.

Schoonmoeder verklaart: "Hij is de beste van allemaal die we hebben gehad." Wat hij werkelijk doet en niet doet aan beleid, boeit haar niet. En wat over hem wordt gezegd, dat is volgens haar simpelweg gebaseerd op leugens van de pers, van *Globo*, noemt ze met naam. Ik voel me toch wel een beetje aangesproken. "Ik ben ook de pers! En aanhangers van Bolsonaro hebben al journalisten aangevallen."

Nee, nee, het was meer een geintje, reageert ze. Toch niet helemaal, weet ik. Want de president voerde een constante lastercampagne tegen de pers en met name tegen *Grupo Globo*, toch ooit als een behoorlijk rechts bekend staand medium. Door links ook gezien als grote drijvende kracht achter de val van Dilma en de opkomst van Bolsonaro. Totdat Bolsonaro zijn pijlen op de pers ging richten, en campagnegeld liever aan de evangelische kerken dan aan *Globo* ging besteden.

Sindsdien zijn het gezworen vijanden: de president en de gehele mainstream media. De demonisering werd direct opgepikt en bestendigd door zijn aanhangers. *Globo* werd '*Globo Lixo*' (Globo Afval).

Ook tijdens de Copa América botst hij met de pers. Midden in de pandemie neemt hij de organisatie van dit voetbalkampioenschap voor landenteams van Zuid-Amerika op zich, nadat Colombia en Argentinië ervan afzagen, vanwege die pandemie. De speciale gastlanden Qatar en Australië durven ook niet te komen.

Maar voor Bolsonaro is zo'n toernooi hetzelfde als een kwalificatiewedstrijd of een wedstrijd om de Copa Libertadores. Even vergetende dat dit laatste om losstaande wedstrijden gaat en niet om een toernooi met meerdere landen en meerdere speelsteden. Veel meer mensen en vliegbewegingen.

Een kritisch commentaar daarover in *O Globo* leidt direct tot een keiharde aanval van Bolsonaro op dit medium. Je kunt je toch niet voorstellen dat Mark Rutte *De Telegraaf* publiekelijk verbaal gaat schofferen na een kritisch stukje over zijn beleid?

De Copa América in Rio kent geen gelikte openingsshow zoals bij Euro 2020 (dat in 2021 wordt afgewerkt) maar een man in een witte doktersjas met mondkapje op die de beker het stadion in brengt, en een beetje siervuurwerk. Nadat ik met Catarina een verrassend mooie avond beleef in de Johan Cruijff Arena met 16.000 anderen bij Nederland tegen Oekraïne (3-2), verslaat Brazilië met groot gemak Venezuela (3-0) in een leeg Maracanã. Op dezelfde dag wordt overigens gewoon een speelronde van de Braziliaanse profcompetitie afgewerkt.

De familie in Rio leeft mee met Oranje, en daarna met Brazilië. Het Facetime-telefoontje kap ik af wanneer de aftrap is geweest en de wedstrijd losbarst. Johannes is er ook bij aan de andere kant van de oceaan. Hij woont dan al een maand bij zijn oma en studeert online voor zijn master in sustainable international business aan Fundação Getúlio Vargas in Botafogo. Zijn hbo in Utrecht had hij maar net binnengesleept. Het niveau van deze Braziliaanse master is veel hoger merkt hij, maar hij is nu wel gemotiveerd, studeert harder en haalt prachtige cijfers.

**De gunfactor**
Meer dan een jaar voor de verkiezingen vertoont Bolsonaro allerlei uitingen van angst om te verliezen. Daar heeft hij ook wel reden toe, want de polls wijzen Lula aan als grote favoriet met meer dan 40 procent van de stemmen, Bolsonaro blijft steken tussen de 20 en 30 procent. Lula gaat zelfs richting 50 procent in de peilingen maar moet een terugslagje verwerken tijdens de protesten in Cuba tegen het marxistische bewind, waarmee de socialistische Braziliaanse voorman altijd warme banden heeft onderhouden.

Uit wanhoop klopt Bolsonaro aan bij partijen die hij tijdens zijn vorige campagne nog resoluut uitsloot. Het zijn de naar rechts hangende centrumpartijen, *Centrão* genoemd. Partijen die zich steeds zwabberender zouden gaan opstellen, meewaaiende met de winnende wind. Zijn commentaar: “Dingen veranderen, en hoe!”

Hij blijft uit de bocht vliegen en krijgt steeds zijn groeiende groep tegenstanders op de kast. Een rechter van het Hooggerechtshof noemt hij ‘*filho da puta*’, dat behoeft geen vertaling. En hij dreigt continu met ‘tanks in de straten’. Een columnist van *Estadão* concludeert dat ‘de samenleving toont dat er geen dialoog mogelijk is met iemand die de democratie wil vernietigen’.

Nu vinden de bolsonaristas dat laatste niet zo’n punt. “Van mij mag de dictatuur terugkeren”, verklaart schoonmoeder Ceiça aan het einde van een verhit telefoongesprek tijdens onze hondenvakantie in Bourgondië. Dat is een provocatie, weet Claudia, die het me kwalijk neemt dat ik haar moeder zo opgewonden had laten worden.

Ze heeft een punt, zeker gezien de broze gezondheid van de zeventiger. Weer een stapje dichter bij nooit meer over politiek praten, bij het stiltepact dat er zou komen. Het ligt gewoon te gevoelig. Toch levert het gesprek me wel een waardevol inzicht op. Want de vraag waarom mensen zoals mijn lieve schoonmoeder op een man als Bolsonaro stemmen, ondanks alle schandalen rond hem, blijft mij bezighouden. Het is ‘persoonlijk’, legt ze uit. Een gevoel. Ze mag Bolsonaro, hij heeft de gunfactor en houdt die, en zeker wanneer Lula zijn opponent is. “Ik heb een hekel aan de figuur Lula. Hij praat te veel, schept te veel op. En het interesseert me niet dat Brazilië misschien beter af zou zijn onder Lula, ik mag hem gewoon niet. Als er een derde goede kandidaat zou zijn, zou ik daar wel op stemmen.”

Dat laatste is hét dilemma, er staat maar geen geschikt alternatief op voor de twee, een kansrijke derde weg ontbreekt dan nog, en dat zou zo blijven. Je moet ook wel van heel goede huize komen om de traditionele tweestrijd (PT tegen een (centrum)rechtse kandidaat) te kunnen doorbreken, want kiezers besluiten al in een vroeg stadium dat het geen zin heeft om op een derde kandidaat te stemmen, dat zou een weggegooide stem zijn.

Het meerpartijensysteem wordt onklaar gemaakt door de finale van de twee kandidaten. Het is de kiezers al in een vroeg stadium duidelijk wie dat worden, de rest is vervolgens kansloos. En dat geldt helemaal wanneer het deze twee sterke kandidaten betreft. Het zijn niet voor niets de enige twee democratisch gekozen Braziliaanse presidenten wier namen aan een politieke stroming zijn gegeven: lulisme en bolsonarisme.

Claudia zou het wel een prachtig verhaal vinden: metaalarbeider Lula die zich opwerkt tot een succesvolle en populaire president, in de gevangenis belandt wegens vermeende corruptie, verguisd wordt, onschuldig blijkt, zich terugknokt en opnieuw president wordt. Op zo’n man zou ze wel stemmen.

Haar vergeten oom met wie ze sinds kort contact heeft – wat My Heritage al niet kan doen – probeert haar van dat idee af te brengen. Een door en door bolsonarista en oud-militair. Zijn filmpjes met complottheorieën blijken echter nep te zijn, Claudia zoekt het uit en moet hem dat op een gegeven moment toch vertellen. Over voetbal, religie en politiek kunnen we beter niet discussiëren, eindigt deze appwisseling. Een stiltepact.

De Olympische Spelen in Tokyo zijn dan in volle gang en de medaille-oogst voor het grote Brazilië valt tegen. Er wordt nauwelijks geïnvesteerd in de sporters, die het vooral zelf moeten zien te rooien. Bolsonaro-stijl. Nederland is een tegenovergesteld geval: forse investeringen leveren een recordaantal medailles op.

# 13. Oefenen voor de coup

Medio 2021 heeft de helft van de Braziliaanse bevolking minstens één prik gehad, dat is mondiaal gezien een goede statistiek. Het betreft echter wel veel vaccinaties met een lage effectiviteit. Zoals de nationale trots Coronavac, 50 procent effectief. Veel lager dan eerder was verklaard. Ceiça waant zich niettemin veilig.

Covid slaat nog steeds om zich heen, ook binnen en rond de familie. En toch gaan de feestjes door, voor circa vijftig mensen. Verjaardagen moeten goed gevierd blijven. Alleen de positief geteste familieleden blijven dan weg van de feestvierders. De sterfgevallen komen dichtbij. In de steeg waar een tante woont in Rio overlijden meerdere buren door het virus.

En Patrick en later ook Cris raken besmet ondanks een dubbele Pfizerprik. Als bewoners van hetzelfde huis zijn er natuurlijk zorgen om de gezondheid van Ceiça, want die is al broos. Ze vertoont ook alle symptomen van covid, maar test steeds negatief. Onze dochter Catarina heeft het niet van een vreemde. In een periode dat zo'n beetje al haar vriendinnen besmet blijken, na het tijdelijk totaal losgooien van de horeca en alle gevolgen van dien (we konden 'dansen met Janssen' volgens minister Hugo de Jonge), kijgt corona Catarina niet te pakken. Honderden tests moest ze doen, ook dagelijks op haar stage en werk in de televisiewereld.

Ceiça blijkt geen covid te hebben, maar wel een totaal ontstoken kaak. Ze moet acuut geopereerd worden en de kliniek in Itaipuaçu gooit daar speciaal op zaterdag de deur voor open.

Verzekerd daarvoor is ze niet, dus we doen als familie een *vacinha*, een koetje. We lappen. En als het geld voor de operatie snel binnen is, krijgen we ook nog een fikse korting van de chirurg. Het verloopt goed. Ceiça vindt het alleen erg jammer dat haar dochter niet de gehele operatie van dichtbij heeft gefilmd. Nu is er alleen een foto van haar vlak voor de operatie, helemaal ingepakt, behalve haar ronde, lachende gezicht.

In Brazilië doen ze daar helemaal niet moeilijk over, fotograferen en filmen tijdens medische handelingen. De vaccinatie is ook zo'n populair moment om vast te leggen en direct wereldkundig te maken op sociale media. In Nederland verboden, nadat de volgelingen van Willem Engel het met hun mobieltjes op de medewerkers van de GGD gemunt hadden. De wappieproblemen in Brazilië kennen een andere dimensie, die hebben hun broedplaats in het presidentiële paleis.

Bolsonaro's poging om de stemcomputer uit te bannen via een grondwetswijziging, en zo de door hem voorspelde fraude bij de komende verkiezingen te voorkomen, haalt het niet. Ook parlementsleden die gewoonlijk aan zijn zijde staan, stemmen tegen. Er is weliswaar een meerderheid voor het plan, maar de vereiste 60 procent meerderheid wordt niet gehaald.

Hij moet deze dinsdag 10 augustus 2021 meerdere nederlagen slikken. Ook een vergaande veiligheidswet wordt verworpen, ditmaal in de senaat. Tot opluchting van de voorzitter van deze Eerste Kamer, Rodrigo Pacheco. Hij wordt dezer dagen naar voren geschoven als 'derde weg', een kandidaat die in oktober 2022 de strijd aan zou kunnen met Lula en Bolsonaro. Sérgio Moro wordt door sommigen ook als kandidaat voor die derde weg gezien. Maar anderen, zoals Marcelo Freixo, parlementslid en kandidaat namens de PT voor het gouverneurschap van de deelstaat Rio de Janeiro in 2022, betogen dat Moro die derde weg juist zou gaan belemmeren. Met Moro wordt het 'bolsonarisme zonder Bolsonaro', voorspelt Freixo. Hij beargumenteert dat Moro als rechter partijdig was en Bolsonaro door de veroordelingen van Lula en het cynisme dat door het vermeende corruptieschandaal rond de PT ontstond, in het zadel is geholpen. Freixo zou het in de strijd om het gouverneurschap overigens ruim afleggen tegen zijn rechtse concurrent Claudio Castro.

Het defilé in de aanloop naar de belangrijke stemmingen over Bolsonaro's wetsvoorstellen, die het dus niet halen, is geen succes. Tanks en andere geblindeerde voertuigen van de marine paraderen langs het presidentieel paleis in Brasília, met Bolsonaro bewonderend op het bordes. Officieel is het een presentatie voorafgaand aan een grote militaire oefening in de nabijgelegen deelstaat Goiás, maar veel Brazilianen zien er een nieuw dreigement in, zo van: jullie kunnen maar beter voor mijn plannen stemmen anders gaat de straat er zo uitzien. Het heeft niet gewerkt, al waren de dreigementen via WhatsApp en sociale media aan parlementsleden vanuit de fanatieke Bolsonaro-aanhang weer talrijk.

**Getúlio Vargas**

Zoon Johannes heeft helemaal zijn draai gevonden, als Braziliaans student in Rio. Inmiddels woont hij in een eenkamerappartement in de wijk Flamengo en volgt daar via internet de lessen aan het gerenommeerde opleidingsinstituut Fundação Getulio Vargas (missie: 'Het stimuleren van de sociaal-economische ontwikkeling van Brazilië'). Genoemd naar waarschijnlijk Brazilië's bekendste president. Ook een militair van huis uit, nationalist en populist en de vergelijking met Bolsonaro is vooral vanuit de familie Bolsonaro vaak gemaakt.

Tijdens zijn presidentschap haalt Bolsonaro zelf graag een uitspraak aan van Vargas die hij maakte in zijn nadagen als president, voordat hij zelf uit het leven stapte: "De olie is van ons." Vooral in zijn beginperiode probeerde Vargas de arbeidersklasse voor zich te winnen met staatsinterventies en grote werkgelegenheidsprojecten. Hij was ook de bedenker en uitvoerder van de Estado Novo, de nieuwe grondwet in 1934.

Naar Vargas werden een gemeente en een beroemde diamant vernoemd, zo ver moet Bolsonaro het nog maar zien te schoppen.

En een nog grotere uitdaging: Vargas was achttien jaar lang president van het land, van 1930 tot 1945 en van 1951 tot 1954. En waar Bolsonaro tevergeefs flirtte met een dictatuur, werd Vargas na een revolutie tegen een oligarchisch bewind juist door de militairen in het zadel geholpen, maar weerstond hij in 1932 een militaire coup en werd hij in 1933 door het volk democratisch gekozen tot president.

In 1945 werd hij bij een militaire staatsgreep afgezet, nadat hij een terugkeer naar de democratie had beloofd. Maar in 1951 kwam hij terug als kandidaat van de Arbeiderspartij. Drie jaar later schoot hij zichzelf een kogel door het hoofd, een dag nadat het leger zijn aftreden had geëist. Mogelijke overeenkomst met Bolsonaro: in 1937 pleegde Vargas zelf een staatsgreep en trok alle macht naar zich toe.

De revolver waarmee hij een einde aan zijn leven maakte, ligt in een vitrine in zijn slaapkamer van destijds. Toen het presidentieel paleis, nu het barokke Museu da República in de levendige en nog enigszins statige volkswijk Catete, een woonblok verwijderd van het appartement in Flamengo. Ook zijn pyjama is er te zien, in de slaapkamer die nog precies zo is ingericht als ten tijde van de zelfmoord. In een andere vitrine ligt zijn afscheidsbrief aan het volk.

De lessen van onze 23-jarige zoon zouden op een kwartiertje wandelen in Botafogo plaatsvinden, maar het komt nooit tot een fysieke les. Het wordt een online master, in tijden van covid. Serieus verliefd is hij ook, op een vijf jaar oudere vrouw uit Uberaba, Minas Gerais. Hij is al bij haar ouders op bezoek geweest, als 'amigo' en nog niet als geliefde (*namorado*). Daar zijn ze in Brazilië voorzichtig mee, 'uit respect voor de ouders'.

Gezien de foto's van (de inrichting van) het huis, de tuin en het zwembad is het een familie uit de bevoorrechte toplaag, het gezelschap dat met een paar procent van de bevolking de meerderheid van het kapitaal in het land bezit.

**Soldaten van het volk**

Nog een kandidaat voor de derde weg kondigt zichzelf aan. En João Doria, gouverneur van São Paulo, krijgt direct de steun van partijgenoot Fernando Henrique Cardoso. Ze poseren er samen voor op een selfie. Zo lijkt de centrumdemocratische PSDB (de Toekans) eindelijk weer een serieuze kandidaat te hebben om in de voetsporen van Cardoso te treden. Na het echec van Geraldo Alckmin in 2018 (4 procent van de stemmen).

Doria voorspelt dat deze verkiezingen niet voor goedzakken zijn en doet zelf een duit in het zakje door Bolsonaro 'ziek' te noemen, rijp voor een grondig psychiatrisch onderzoek. Hij ontslaat eind augustus 2021 kolonel Aleksander Lacerda van de militaire politie uit zijn deelstaat omdat deze op sociale media het Hooggerechtshof bekritiseerde, een manifestatie van pro-Bolsonaro militairen steunde en Doria een '*cepa indiana*' noemde, verwijzend naar de dan meest besmettelijke uit India overgewaaide covid-variant in Brazilië.

Een andere kolonel van de militaire politie, reservist Glauco Carvalho, analyseert uitgebreid de steun van veel collega's aan Bolsonaro. Het bolsonarisme heeft wortel kunnen schieten in het apparaat, door jarenlange onderwaardering van voorgaande, linkse, regeringen, legt hij uit in *Estadão*. Toen kwam er een man die hen vertelde dat ze belangrijk zijn en er echt toe doen in de maatschappij.

Carvalho begrijpt daarom de politieke voorkeur en noemt de onvrede legitiem, maar trekt een strakke lijn bij de wetten en regels in het land. En die worden overschreden wanneer actieve hoge militairen (reservisten is een ander verhaal) oproepen tot antidemocratische, gewapende manifestaties en mogelijk erger. Een ding wordt duidelijk uit zijn relaas: ook de militairen zijn sterk verdeeld in hun opvatting over Bolsonaro.

De aanloop naar Onafhankelijkheidsdag brengt al veel beroering. De deelstaatgouverneurs willen een onderhoud met Bolsonaro om de gemoederen te kalmeren en geweld op deze dag te voorkomen. Ze vrezen gewapende militairen op straat, en wie weet wat daar van komt. De actie is opgezet door leden van de militaire politie. Ook Claudia's oom staat er vierkant achter. Hij laat weten 'zeer bezorgd te zijn over de politieke situatie in het land'. "De antagonisten willen onze president afzetten."

Sergeant Da Silva deelt zijn enthousiasme over de manifestatie met zijn 162.000 volgers op Facebook: "Soldaten van het volk, strijders van nature, 7 september wordt de grote dag." Met veel uitroeptekens. Natuurlijk krijgen ze hulp van boven: "Miljoenen goede burgers uit alle deelstaten zijn dan met de Heer!" Die andere hoeksteen wordt ook nog even genoemd: hij wenst iedereen een geweldige zondag met de familie. Het bericht gaat vergezeld van een foto van de sergeant samen met de president.

Via vrienden en familie komt er geen nieuws over de politieke onrust in het land. Ceiça verklaart helemaal niets meer met politiek te maken te willen hebben, 'want geen enkele politicus deugt'. Bolsonaro blijkt toch niet de Messias en dat geeft ruimte voor het vertrouwde defaitisme.

Barata en Geralda hebben wel wat belangrijkers dan politieke twisten aan hun hoofd. Jongste zoon Angelo gaat trouwen. Hij heeft een prachtig betoog voorbereid voor zijn Patricia en spreekt tijdens een protestantse kerkdienst (dat moet van haar kant komen) de woorden vanuit zijn hart tot zijn verbouwereerde bruid. Ze is dusdanig onder de indruk dat ze daarna zelf weinig meer kan uitbrengen. Het feestje vindt plaats in de tuin van Sítio do Sol. Ons huwelijkscadeautje, een weekend geen betalende gasten.

De pandemie domineert dan nog steeds het leven. In Nederland wordt ineens een streng handhavingsbeleid gevoerd voor reizigers uit Brazilië. Een vriend die koud terug is, krijgt in Lage Vuursche drie keer binnen een paar dagen bezoek van een boa die komt controleren of hij met zijn gezin wel echt in quarantaine is.

**Bekeerde zakenman**

De mannen in de voetbalapp houden de moed erin. Ze delen een televisie-interview met zakenman en miljardair Luciano Hang, medeoprichter van de warenhuisketen Havan, waarvan hij bijna alles bezit. Hij staat bekend als een vrije markt-evangelist en was een gepassioneerd aanjager van Bolsonaro in het bedrijfsleven. Hij trok ook ruimhartig de buidel voor de campagne van Bolsonaro, en bleef hem ook tijdens zijn presidentschap met woord en daad steunen.

De interviewster vertrouwt hij toe dat als links aan de macht was gekomen, hij was vertrokken uit het land. "Want ze haten ondernemers en pakken alles af. Ze houden zo van de armen dat ze iedereen arm maken." De PT vergelijkt hij één op één met de linkse dictatuur in Venezuela waar hij bevriende ondernemers heeft die 'alles is ontnomen'.

Het kan verkeren want op 13 januari 2023, twee weken na de inauguratie van Lula tot president, spreekt dezelfde Hang zijn steun uit aan de nieuwe regering en distantieert hij zich van de bolsonaristas die de verkiezingsuitslag blijven aanvechten. Hij zit 'in hetzelfde vliegtuig' als president Lula en zijn regering en wenst Brazilië vrede, harmonie, geluk en werkgelegenheid toe. "Ik doe mee, laten we stoppen met de haatzaaierij, mensen." De onderzoeken naar de rol van Hang bij oproepen tot staatsgrepen lopen dan overigens nog, daar kan zijn bekering geen verandering in brengen.

Curieus: de videoboodschap is op 1 november al ingesproken, daags nadat het stembusverlies van Bolsonaro duidelijk werd. De invasies in Brasília op 8 januari zullen hem het laatste zetje hebben gegeven om het filmpje te lanceren.

**De milde mars**

7 september 2021, Onafhankelijkheidsdag in Brazilië. Op die dag in 1822 klonk de Grito de Ipiranga, de schreeuw bij het riviertje de Ipiranga ('rode rivier' in de inheemse taal Tupí) in een gebied dat nu de metropool São Paulo is. Prins en regent Dom Pedro kreeg vanuit Lissabon te horen dat zijn macht door de Portugese regering

werd beknot en schreeuwde daarop: "De onafhankelijkheid of de dood!" Het werd de onafhankelijkheid en Dom Pedro liet zich op 1 december dat jaar kronen tot keizer van Brazilië, Pedro I.

Bolsonaro grijpt 199 jaar later de dag aan om op te roepen om de straat op te gaan en steun te betuigen aan de president en tegelijkertijd te demonstreren tegen het Hooggerechtshof, dat hem het leven zo zuur maakt.

Enkele vrienden van de voetbalgroep zijn al vroeg per bus op weg naar São Paulo, waar de manifestatie plaatsvindt. Dat is veel dichter bij Rio dan Brasília, waar de andere mars staat te gebeuren. Vriend Geovane – een nog geen 50-jarige, gepensioneerde commando – ziet er opgewonden uit, met geel T-shirt en beeltenis van Bolsonaro en de Braziliaanse vlag voorop. Deze fanatiekste bolsonaristas uit de groep krijgen veel bijval, maar voorzitter Toninho laat nog wel even weten dat hij hoopt dat alles vredig verloopt.

Want er zijn zorgen in het land. Zo wordt er gevreesd voor een bestorming van het Hooggerechtshof in Brasília, à la de bestorming van het Capitool in Washington door Trump-aanhangers op 6 januari datzelfde jaar.

Bolsonaro hoopt dat beelden van massale steun voor hem een katalyserend effect hebben, in de race naar het volgende presidentschap. Daarnaast is het de bekende afleidingsmanoeuvre van alle problemen waarin hij is verwikkeld.

Er is veel volk in het geel, groen en blauw op de been in alle grote steden van het land. De tegendemonstraties van links steken er schril bij af. Het zegt echter niet zoveel over de verhoudingen. Alleen radicale tegenstanders gaan de straat op, de verstandige meerderheid wil zich niet branden aan confrontaties, zeker niet met gewapende bolsonaristas.

Het loopt allemaal met een sisser af. Het wordt een milde mars, een bescheiden oefening voor het echte werk dat anderhalf jaar later zou plaatsvinden. Wel zijn er opruiende toespraken van Bolsonaro, waarin hij onder meer verklaart alle uitspraken van het Hooggerechtshof naast zich neer te zullen leggen. Hij maakt de geesten steeds rijper voor de geweldsuitbarsting en aanval op de democratie die op 8 januari 2023 werkelijk zou plaatsvinden. De coup.

**Handel in staatscadeaus**

Als enige niet-gevaccineerde regeringsleider (daar gaat iedereen althans van uit) op een vergadering van de Verenigde Naties in New York trekt Bolsonaro weer flink de aandacht. Premier Boris Johnson van het Verenigd Koninkrijk en burgemeester Bill de Blasio van New York spreken hem vermanend toe en manifestanten staan de Braziliaanse president op te wachten. Die ontloopt hij natuurlijk niet maar provoceert ze juist, en neemt die provocaties ook nog op een filmpje op, voor de socials. Echt Bolsonaro.

Hij gelooft nog steeds niet in het vaccin tegen corona. Zo verbiedt hij vaccinatie bij pubers, hoewel wetenschappelijke onderzoeken net hebben aangetoond dat dit prima kan met Pfizer. Anvisa drong tevergeefs aan op wel vaccineren van deze groep.

In zijn speech voor de internationale gemeenschap toont Bolsonaro zijn ware gezicht. Tegen sociaal isolement, voor de 'preventieve' geneesmiddelen tegen covid die door de WHO waren afgekeurd en een waarschuwende vinger voor de gevaren van het socialisme.

Intussen glijdt Brazilië steeds dieper het moeras van inflatie in. In de eerste negen maanden van 2021 zien de *cariocas* (inwoners van Rio) de prijs van zwarte bonen, met rijst het basisvoedsel, ongeveer verdubbeld. Hun salarissen zeker niet.

Middenklassers worden armen en oudere Brazilianen zien het schrikbeeld opdoemen van voor 1994, de tijden van hyperinflatie. Toen moesten dagelijks de prijzen in de supermarkten meermalen worden verhoogd, dat heb ik zelf ook nog meegemaakt.

Terwijl massa's Brazilianen dagelijks trachten te overleven, probeert de minister van Mijnbouw en Energie diamanten sieraden ter waarde van 3 miljoen euro Brazilië binnen te smokkelen, na een bezoek aan Saudi-Arabië. Dit komt pas naar buiten in maart 2023, als deze minister, Bento Albuquerque, zijn verhaal vertelt aan *Estadão*. Zijn assistent had op 26 oktober 2021 de sieraden in zijn handbagage en nam op vliegveld Guarulhos de uitgang 'niets aan te geven'. Dat liep mis. Hij werd gecontroleerd en de sieraden werden in beslag genomen.

Bolsonaro beweegt in de maanden daarna hemel en aarde binnen het overheidsapparaat om de juwelen vrij te krijgen, tevergeefs. De douane in São Paulo houdt zijn poot stijf, president of niet. Alleen als hij de fikse belastingsom betaalt, komen de diamanten vrij. En dat weigert hij. Later is die optie er zelfs niet meer, het is dan een politiezaak geworden. Voor Bolsonaro een reden om nog wat langer in zijn schuilplaats in Florida te blijven, onder de vleugels van Donald Trump. Voor de partij PL aanleiding om zijn vrouw Michelle toch maar niet als boegbeeld naar voren te schuiven op Internationale Vrouwendag, 8 maart 2023.

De halsketting, oorbellen, ring en horloge waren een cadeau van de staat Saudi-Arabië aan de Bolsonaro's, of aan de staat Brazilië. Dat blijft onduidelijk, tot de rechter beslist dat de juwelen niet Bolsonaro maar Brazilië toebehoren. Er blijkt nog een tweede setje te bestaan, wel in het persoonlijke bezit van de president. Hij krijgt van de rechter vijf dagen de tijd dit in te leveren.

Dankzij *Estadão* krijgt ook dit een vervolg. De krant ontdekt een schema van geldtransacties via Amerika. Een kolonel, Mauro Cid, deed samen met zijn vader Mauro Lourena Cid – een generaal en vriend van Jair Bolsonaro sinds hun gezamenlijke militaire opleiding – de verkoop van de juwelen. Het eindstation van de transacties bleek echter Bolsonaro te zijn. Dat komt allemaal aan het licht in augustus 2023, en wordt bevestigd door de federale politie. Het blijkt systematisch te zijn uitgevoerd: de verkoop aan buitenlandse kopers van juwelen en andere staatscadeaus, via een tussenstation. Gevangenisstraf wordt dan steeds realistischer voor de oud-president.

**Nul covidpatiënten**

Goed nieuws begin december 2021. Voor het eerst sinds heel lang geen enkele dode door covid in 24 uur in São Paulo. Het leidt tot een euforische stemming. Net zo hard als in Nederland wordt in de valkuil getrapt dat het wel zo'n beetje voorbij is met die pandemie, en de remmen weer los kunnen. Al snel wordt gesproken over het 'grootste carnaval ooit' dat in aantocht is. Hotels en appartementen in Rio zijn volgeboekt, inclusief Sítio do Sol in Itaocaia Valley.

Nog geen twee weken later staat de teller weer op meer dan 700 doden in een etmaal in São Paulo. Maar de voorbereidingen voor het carnaval gaan nog even door. Net zoals die van de presidentsverkiezingen. Bolsonaro kondigt aan zich aan te sluiten bij de PL, de Partido Liberal, maar even later krijgt hij toch zijn bedenkingen. Hij betrapt de partij op linksachtige standpunten. In de peilingen staat hij er beroerd voor, zo'n kwart van de stemmen tegen 43 procent voor Lula. De op papier geduchte andere tegenstanders, zoals João Doria, Sérgio Moro en toch ook weer Ciro Gomes zijn al veroordeeld tot een achterhoedegevecht.

Maar het is pas aan het einde van de race gedaan, ongeacht de peilingen en de uitslag in de eerste ronde. In een tweede ronde – het man-tegen-mangevecht – kan elke uitglijder fataal zijn, en ongeluk kan leiden tot geluk. Zie de aanslag op Bolsonaro in de aanloop naar de vorige verkiezingen en zijn vlucht omhoog daarna. Bovendien worden Braziliaanse verkiezingen historisch gezien pas in de slotfase beslist, merkt mijn zoon op. Dat had hij opgepikt tijdens een college van een oud-viceminister.

Johannes is even in Nederland rond de dood van onze Django, de hond die hij kreeg voor zijn zevende verjaardag. Bijna zeventien jaar later is Django echt op, na vele wederopstandingen. In onze armen krijgt hij een injectie van de dierenarts, hij reageert er gelukkig niet eens meer op. Het hakt er ontzettend in, een familielid gaat heen.

Johannes' (toenmalige) Braziliaanse vriendin is ook meegekomen. Haar werk gaat gewoon door, niet aan een locatie gebonden. Ze is een *digital nomad*. Minstens acht uur per dag kijkt ze onophoudelijk naar het scherm van haar laptop. Ze doet iets als zelfstandige in de cryptowereld voor een Amerikaans bedrijf en krijgt in dollars uitbetaald. Deze nieuwe generatie goed opgeleide Brazilianen peinst er niet over om voor een Braziliaans bedrijf te werken voor een relatief laag salaris.

Aan tafel brengt Claudia zo maar het gevoelige onderwerp ter sprake: "Ben je voor of tegen Bolsonaro?" Zelf heb ik eigenlijk het lef niet voor die vraag. Ze blijkt fel tegen te zijn en haar hele familie ook. Wel heeft ze veel vriendinnen en bevriende families die de president steunen, want het gaat hen heel goed onder hem. Ze zitten in de agribusiness, de grootschalige landbouw, een sector die op zijn wenken wordt bediend door de regering Bolsonaro. Het is een tijd van ongekende bloei voor de grote boeren.

Ik zie dat ook tijdens een vertaalklus voor *Zembla*. Ditmaal gaat het over de sojaproductie, en vooral de ontbossing ten gunste van de sojaproductie. Nu de ogen van de wereld op de Amazone zijn gericht, gaat de Cerrado er in rap tempo aan. Tenminste in ieder geval in het westen van deelstaat Bahia, waar de reportage is opgenomen. Het beeld van kale vlaktes waar kort daarvoor de jaguar nog rondliep door dichte bebossing, op weg naar de kronkelende rivier, doet pijn. Ook de Braziliaanse media luiden inmiddels de alarmbel over dit stille drama.

Bovendien blijkt dat de 'duurzaam geproduceerde soja' die Nederlandse retailers en voedingsbedrijven zeggen te gebruiken, gemengd is met de foute soja die ontbossing met zich meebrengt. Alles belandt uiteindelijk op een grote hoop in een silo, in dit geval van de Amerikaanse multinational Bunge.

Eenzelfde soort truc wordt gebruikt bij de veeteelt, blijkt later uit onderzoeksjournalistiek van *NRC Handelsblad*. De runderen grazen eerst op ontbost gebied, om ze daarna even naar legaal terrein te verplaatsen, vet te mesten, te slachten en als ontbossingsvrij vlees op de, ook Nederlandse, markt te brengen.

**Aids door vaccinatie**
Bolsonaro haalt andermaal met een opmerkelijke theorie het wereldnieuws. Zijn lokale fans van de Amigos de Itaipuaçu maken er overigens geen woord aan vuil. De president verkondigt zonder blikken of blozen dat Britten die zich twee keer hebben gevaccineerd meer kans hebben om aids op te lopen. Zoon Flávio haast zich daarna te melden dat zijn vader dit ook maar uit 'wetenschappelijke publicaties' heeft opgedoken. Kletskoek, tonen journalisten daarna aan, het ging om verspreiders van nepnieuws.

De president kan wel even een lange neus trekken naar Europa, wat de pandemie betreft. Ineens helemaal verdwenen uit Brazilië. In Rio zijn er op 20 november nul covidpatiënten in de ziekenhuizen. Johannes meldt het triomfantelijk. In Nederland zitten we dan weer flink in de rats met een halve lockdown en een hele in het verschiet; 24.000 besmettingen per dag en een 'zwart scenario' op komst als het zo doorgaat in de ziekenhuizen.

Omikron beheerst de wereld rond de jaarwisseling. In de eerste week van 2022 lijkt Brazilië ook wakker te worden. De traditionele oudejaarsviering in Copacabana gaat nog in beperkte mate door, na verschillende annuleringen en weer intrekkingen daarvan, maar het carnaval wordt door burgemeester Eduardo Paes uiteindelijk toch afgezegd. Ook in Maricá gebeurt dat.

Terwijl ik in Nederland in een best harde lockdown zit, waarbij de horeca en de (non-food) winkels helemaal gesloten zijn, kachelt de rest van de wereld door met deze omikron-variant. Want veel minder ziekmakend, was al snel bekend vanuit Zuid-Afrika. Maar de meest pessimistische doorrekeningen van het Outbreak Management Team in Nederland brengen Rutte en zijn equipe er toch toe om de lockdown in te voeren.

In Brazilië lacht mijn schoonmoeder de laatste ontwikkelingen weg: die omikron is zwakjes, doet helemaal niets, in die trant. Zo gaat het leven daar vrolijk door, net zoals in de Verenigde Staten en Groot-Brittannië overigens. Twee weken later wordt schoonmoedertje behoorlijk ziek van dezelfde omikron, of is het toch nog delta?

In Brazilië wordt pas getest bij ernstige ziekteverschijnselen. En dus loopt een steeds groter deel van de bevolking met omikron rond. Dat vrijwel elke Braziliaanse voetballer met een covidbesmetting terugkeert naar Europa, illustreert dat ook.

Bolsonaro wil natuurlijk geen maatregelen en al helemaal geen herinvoering van de vaccinatiebewijzen. Ook niet voor bezoekende buitenlanders. Brazilië duikt ook in de media op als 'het paradijs voor de ongevaccineerden'. Zijn grootste vijand, het Hooggerechtshof, passeert hem met de uitspraak op 12 december dat binnenkomende reizigers zowel getest als gevaccineerd moeten zijn.

Daarnaast ligt de president in de clinch met Anvisa over het plan om kinderen van 5 tot 11 jaar te gaan vaccineren. Een gruwel voor Bolsonaro. Hij dreigt de namen te openbaren van de wetenschappers die met de ontwikkeling van het vaccin bezig zijn, zodat die het doelwit kunnen worden van bedreigingen en andere agressie. Dit gebeurde al eerder.

Hij kan briesen wat hij wil, effect blijft uit. De beperkte macht van een president in Brazilië wordt steeds weer duidelijk, de democratie blijft toch redelijk functioneren, zelfs onder Bolsonaro. Deelstaatgouverneurs, het Hooggerechtshof en de gezondheidsdiensten gaan gewoon door op de door hun ingeslagen wegen.

Ondanks de onophoudelijke en persoonlijke campagne van de president tegen vaccineren is in januari 2022 bijna 68 procent van de Braziliaanse bevolking volledig gevaccineerd tegen covid. Ook aanhangers van de president nemen toch maar het zekere voor het onzekere tegen 'die griep'. Bolsonaro blijft maar beweren dat hij niet gevaccineerd is. De antivaxer. Iets dat door veel Brazilianen altijd is betwijfeld. Hij probeert de kwestie – en zijn gehele gezondheidsdossier – honderd jaar geheim te houden, door daar zelf een decreet voor uit te vaardigen.

# 14. God bestuurt het land

Wanneer ik op 7 januari landt op luchthaven Galeão op het Ilha do Governador in Rio de Janeiro ligt Bolsonaro in het ziekenhuis met een darmprobleem. Oorzaak: het eten van garnalen zonder te kauwen.

De verkiezingen houden in ieder geval de mainstream pers en Marcos Robba flink bezig. Mijn buurman is actief aan het campagne voeren om Lula terug aan het roer te krijgen. Hij zit ook in een groep van voornamelijk docenten uit de regio die vergaderen en plannen maken hoe de bevolking te behoeden voor het absorberen van het nepnieuws vanuit het Bolsonaro-kamp, dat steeds intensiever en agressiever over de sociale media golft.

Gedirigeerd door Carlos Bolsonaro, de tweede zoon en daarom ook wel als '02' aangeduid. Sinds 2001 is hij gemeenteraadslid in Rio de Janeiro voor verschillende rechtspopulistische partijen. Hij is ook het brein en de uitvoerder van de marketing die zijn vader naar de winst in 2018 leidde, en dat kunstje wil hij ook nu weer flikken.

Destijds werd het grote contingent evangelische kiezers veroverd. Zo'n 40 miljoen mensen die door de PT toch wat over het hoofd zijn gezien. Breng familiewaarden terug in de verkiezingscampagne, adviseert een antropoloog dan ook de PT, in een interview in de krant *O Globo*.

Docent en politicus Francisco Gaetani spreek ik later over dit onderwerp op het strand van Leblon. Hij wijst erop dat Bolsonaro pas echt de religie binnen de politiek heeft gebracht. "Natuurlijk refereerde Lula in zijn toespraken ook wel eens aan God, maar Bolsonaro verklaart nu doodleuk dat Brazilië door God wordt bestuurd."

Zijn verkiezing was deels te danken aan de steun van de evangelische bewegingen. Daarvoor bekeerde hij zichzelf – alleen voor de vorm wordt door zijn tegenstanders aangenomen en daar is ook Gaetani van overtuigd. "Hij is geen evangelisch gelovige! Geen enkele president had dit gedaan, het was heel opportunistisch."

Ook de hoogbejaarde buurtgenoten in Itaocaia Valley hadden op Bolsonaro gestemd, 'omdat de dominee ons daartoe opriep'. "Maar we zijn belazerd", stellen ze drieënhalf jaar later vast. Almir en Dona Penha zijn niet de enige gepensioneerden die dat zo voelen. Ze hebben het financieel zwaar sinds Bolsonaro de pensioenen heeft bevroren. De waarde stijgt niet meer mee met de lonen en de inflatie zet gestaag door. Ze kunnen dus steeds minder boodschappen doen voor het vaststaande bedrag bij de buurtsuper aan de Avenida Itaocaia.

Volgens Barata leidde de economische crisis ook tot een ongekend familiedrama in een ander nabij deel van de buurt. Nog in ons woonblok. Hier stond ooit een alcoholfabriek maar die moest sluiten vanwege milieuregels. De (volgens Barata Duitse) familie liet pand en grondstuk vervolgens verwaarlozen. Nu woont er nog een vrouwelijk familielid alleen. Haar man heeft zijn eigen keel doorgesneden uit financiële wanhoop – Barata demonstreert in detail hoe hij dat heeft uitgevoerd – en vervolgens hebben twee familieleden ook de hand aan zichzelf geslagen.

Nu zal er wel wat meer aan de hand zijn geweest en kunnen we deze golf van zelfdodingen niet geheel op het conto van Bolsonaro schrijven. Maar dat er sociale drama's plaatsvinden vanwege het korten en bevriezen van pensioenen is wel duidelijk, de kranten staan er vol van.

**Ik vertrek**

Het had zo weer een scène uit een aflevering van 'Ik vertrek' kunnen zijn. Ditmaal ging het om een klus vanwege een openliggend elektriciteitspunt buiten. Er kwam water in en dat had al tot kortsluitingen en elektrische schokken bij het douchen geleid. Dat wil je je gasten toch niet aandoen.

De hoog aangeschreven Sílvio lost het mooi op. Punt verhoogd en beschermd met cement en een stevige tegel er bovenop. Rondom is het bouwafval blijven slingeren, heel gebruikelijk. Na de ochtendplons valt me ineens een lege, kale plek op in het tegelpad. De tegel voor de klus is dus gewoon uit het pad gerukt! Relax, je bent in Brazilië, sterker: je bent in Rio.

En gelukkig heeft Barata direct een oplossing paraat: hij rukt een lap gras uit het voetbalveldje en maakt daarmee het tegelpad korter. Wanneer ik vervolgens verzucht 'Brasil..', reageert hij ogenblikkelijk met: "Ja, failliet!" Vervolgens verklaart hij juist daarom niet meer op Bolsonaro ('die filho da puta') te stemmen. Hij overweegt een blanco stem, om een boete te voorkomen.

Van de oude Brastemp (nationaal merk en lang onaantastbaar qua kwaliteit voor de Brazilianen maar nu tanende) ijskast van schoonmoeder hebben we afscheid genomen, na het zoveelste mankement. Ik hoef er niets voor te hebben en Barata heeft een goede bestemming.

De zwarte oude man komt het apparaat ophalen met zijn steekkar. Hij gaat de motor verkopen en krijgt daar 150 real voor. Barata ziet ditmaal af van bemiddelingskosten want de stakker heeft nog vier kleine kinderen groot te brengen op zijn oude dag. "Kinderen allemaal van deze kleur", wijst Barata op zijn gitzwarte hoed. De man sjouwt het zware geval in kromme houding over de hobbelige zandweg. Zijn bangige hond achter hem aan. Wees lief voor je hond, geef ik hem mee. Hij kijkt me verbijsterd aan en lacht om die belachelijke opmerking.

Tegelijkertijd wacht Johannes in het appartement in Flamengo al twee uur op de glaszetter, die zou 's ochtends om half negen ons als eerste klant van de dag komen bedienen. Komt goed, probeert de beste man mij gerust te stellen. Zijn zaak bevindt zich aan de overkant van de straat, op tien meter van waar hij de klus moet doen. Zijn collega was nog wat materiaal aan het ophalen, etcetera, 'maar we komen er al aan'.

Een paar dagen later heb ik met een elektriciën afgesproken, om drie uur 's middags, passend in mijn relatief strakke planning. Ik moet er anderhalf uur voor rijden dus herbevestig de afspraak tweemaal. En toch komt hij niet opdagen. Hij was op het moment van onze afspraak doodleuk met een andere klus bezig en redde het niet meer.

Voor afspraken moet je in Rio gewoon een dagdeel reserveren, een afgesproken tijdstip is kansloos. Nog beter is het om 'het gebeurt vandaag' ook niet te geloven, dan kan het nog meevallen.

**Informatieve Uberrit**

Francisco Gaetani kan erover meepraten. De man uit Minas Gerais verblijft veel in Rio en heeft een haat-liefdeverhouding met de stad. Je wilt er graag tijd doorbrengen, maar er leven gaat wat ver. Of je moet de knop echt omzetten.

Hij was viceminister onder zowel Lula (planning) als Dilma Rousseff (milieu) maar blijft zeer bescheiden – zoals het een *mineiro* betaamt – en omschrijft zijn rol als 'een hoge functionaris' tijdens die bewinden.

Hij beziet de situatie in Brazilië begin 2022 met grote zorgen en ook wel enige berusting. Dat komt voort uit de derde verklaring die hij heeft voor het feit dat een type Bolsonaro aan de macht kon komen. Een verklaring die na lang peinzen volgt op mijn vraag of het tijdperk Bolsonaro ook iets positiefs oplevert. "Blijkbaar is er altijd een deel van de bevolking geweest dat uiterst rechts denkt en zich nu heeft kunnen uiten", bespiegelt hij.

Daarnaast past de verkiezing en het bolsonarisme dat volgde in mondiale bewegingen: rechts-populisme en met name Donald Trump. Als eerste van de drie redenen waarom Bolsonaro kon floreren noemt hij het door de corruptieschandalen versterkte anti-PT sentiment en het gebrek aan een volwaardige tegenkandidaat nadat

Lula zijn kandidatuur moest intrekken. En dan waren er natuurlijk nog impulsen zoals de aanslag (martelaarsrol) en de succesvolle sociale media campagnes die hem in het zadel hebben geholpen.

Bij gebrek aan koffie in de strandtent nemen we iets veel gezonders: een verse kokosnoot. Al slurpende met een rietje van het ijskoude vruchtwater kijken we uit over de Atlantische Oceaan aan het strand van Leblon, de wijk die de hoogste trede vormt op de sociale ladder in de levendige Zona Sul van Rio. Heel luxe wonen in hoge appartementencomplexen kan ook nog in het verder buiten de stad gelegen Barra da Tijuca, maar dat is een stuk ongezelliger. In de Zona Sul is de statusvolgorde ongeveer: Flamengo/Botafogo, Copacabana, Ipanema, Leblon.

De vriendelijke 'Chico' Gaetani spreek ik dankzij mijn zoon. Hij kijgt dan les van hem, en is ook zijn coördinator van de masteropleiding.

De situatie in Rio omschrijft Gaetani als een angstwekkende verstrengeling van milities, officieel gezag en de politiek. "En alles ligt stil hè, de gouverneur zit in de gevangenis." Toevallig komt deze Wilson Witzel een dezer dagen weer op vrije voeten en roept van de daken dat hij er politiek is ingeluisd, met Bolsonaro als dirigent.

Later legt een taxichauffeur (pardon Uberchauffeur, ze hebben de taxi's goeddeels verdreven) en student aan de opleiding voor militaire politie me uit dat zijn opvolger (vicegouverneur Claudio Castro) flink in de politie heeft geïnvesteerd en het daarom veiliger op straat is geworden. Ook de milities dragen aan die veiligheid bij, zegt hij. Die manifesteren zich weliswaar als een maffia, een maffia die geld verdient aan illegale zaken als afpersing en handel in gasflessen, maar onthouden zich volgens de chauffeur van drugshandel. En ze waken over de veiligheid van de bewoners.

En dus liggen er geen crackverslaafden voor de favela's waar een militie de baas is. In sommige gebieden is het zelfs verboden een joint op straat te roken, zoals in voorstad Sepetiba. En speelt

Bolsonaro hierbij nog een rol? Dat durft de man niet te zeggen, hij weet wel dat daarover wordt gesproken.

Drugskartel Amigos dos Amigos is helemaal van het toneel verdwenen en opgegaan in het Terceiro Comando Puro. Dat strijdt met het gevestigde Comando Vermelho (het Rode Commando) – ooit uit idealistische, linkse motieven opgericht in de politieke gevangenis op Ilha Grande – en de milities om de macht in de sloppenwijken. De pacificatiepolitie van de deelstaat is alleen nog aanwezig in favela's waar toerisme een rol speelt, favela's als Vidigal en Dona Marta in de Zona Sul. Het was een informatieve Uberrit.

**De macht van de milities**

Francisco Gaetani is wat uitgesprokener over de vermeende banden van de president met milities en refereert daarbij aan de moord op Marielle Franco. "Daar waren de milities zeker bij betrokken, waaronder een buurman van de president. Bolsonaro zal niet zo dom geweest zijn dat hij zelf de opdracht heeft gegeven om haar te doden, maar..." Ten tijde van dit interview zijn inmiddels drie verdachten geliquideerd en zit een vierde vast. Deze militieman houdt zijn kaken stijf op elkaar.

Later hoor ik van Vanessa Campagnac een lezing over het functioneren van de milities, gespeend van elke vorm van romantiek die ik bij de taxichauffeur nog wel een beetje proefde. Ik spreek haar via Teams, zij in Niterói, ik in Flamengo. Ze werkt dan als onderzoekster voor een ngo, Republica.org. Een organisatie die zich hard maakt voor de medewerkers in de publieke sector in Brazilië.

Die sector kreeg harde klappen na het aantreden van Bolsonaro, ook in deelstaat Rio de Janeiro. Zonder beleid, en zonder kritisch toezicht op de politie, lag het 'institutionele politiegeweld' weer op de loer, vertelt ze. "Er was daar een stilzwijgende autorisatie voor." De deuren voor de milities werden geopend, en ze legt daarbij een verband met de president. "Bolsonaro heeft zijn hele geschiedenis Rio de Janeiro als basis gehad. De moord op Marielle is ook hier gebeurd. Er zijn geen bewijzen dat hij de milities steunt, maar hij spreekt wel een taal van autorisatie." Dat laatste illustreert ze door een van zijn bekende uitspraken aan te halen: een goede bandiet is een dode bandiet.

De milities zijn veranderd, weet de onderzoekster. Waar deze groepen van bijklussende of (oud-)politiemensen zich rond 2006 bezighielden met gokspelen en de handel in gas en elektra, doen nu ook gewone burgers mee en verdienen ze heel veel meer geld aan allerlei legale en vooral illegale praktijken, waaronder prostitutie en drugshandel. "Dat laatste kan ik bevestigen", antwoordt ze wanneer ik daarom vraag. Want ik vang dus ook andere geluiden op. "Dat de milities er zijn om de gemeenschappen te beschermen, is een mythe. Dat klopt niet. Ze houden zich nu bezig met criminele activiteiten. En ze voelen daarbij indirect de steun van Bolsonaro."

Voor de politie zijn de milities welkome hulptroepen in de voorheen gevaarlijke gebieden. Bolsonaro houdt dit pact in stand, om zo zijn populariteit te behouden onder een deel van de bange middenklassers. Hij verhoogt begin 2022, de periode rond het interview, ook het salaris van politiemensen in Rio de Janeiro met 150 procent. Vanessa: "De middenklasse is blij want ze denken dat alleen de politie hun kan redden."

Om veel verder terug te gaan: "De milities zijn voortgekomen uit bewakingsbedrijven die zijn geïnfiltreerd in de politie en in de favela's, een ontwikkeling die al tijdens de militaire dictatuur onder generaal De Medici in gang is gezet." Dit historisch inzicht komt van Henrique Pizzolato, de PT'er die werd veroordeeld wegens corruptie en mij uitgebreide geschiedenislessen zou geven.

Hij heeft een toevoeging op alle genoemde activiteiten van de milities: scherp geprijsde verzekeringen. Dat viel hem op bij een bezoek aan Sepetiba, zelfs in de mainstream pers omschreven als militiegebied.

Er heerst daardoor wel een zekere orde, observeerde hij ter plekke in de arme wijk. De bewoners kunnen naar hun werk zonder gevaar voor schietpartijen tussen drugsbendes of verwarde verslaafden. En de middenstanders weten ook waar ze aan toe zijn: ze betalen netjes aan de militie en kunnen daarmee veilig hun handel blijven drijven. "Er is zeker sympathie van de gewone burgers voor de milities", beaamt Pizzolato. "Want voor hun zijn de milities heel goed."

Daardoor worden deze illegale en veelal criminele groepen steeds rijker, machtiger en als parallelle autoriteit geaccepteerder.

**De val van een onderzoekster**

Veertien jaar lang was Vanessa Campagnac ambtenaar, onderzoekster op het gebied van openbare veiligheid voor de deelstaat Rio de Janeiro, totdat de hele onderzoeksafdeling werd opgedoekt door Bolsonaro. Ze heeft echt andere tijden meegemaakt. Het raakt haar emotioneel wanneer ze erover vertelt. Vanaf 2008 werkte ze samen met de politie en dat ging almaar beter. "Op een moment waren we zo ver dat de politie echt open voor kritiek was."

Al in 2017, in de verre aanloop naar de verkiezingen, zag ze de werksfeer veranderen. "De politie ging zich anders opstellen. Ze voelden dat ze met Bolsonaro een stem hadden die hun zou verdedigen." Ze kreeg ineens vragen van de politie die ze voorheen niet voor mogelijk had gehouden. Zoals: waarom houd je je bezig met mensenrechten? "Er groeide een nieuwe cultuur met ideeën die na de inauguratie van de nieuwe president daadwerkelijk werden uitgevoerd."

De politie kwam rechtstreeks onder de gouverneur te vallen. Het werd ieder voor zich. "Sinds 2019 is er geen enkel beleid meer wat betreft openbare veiligheid", treurt Vanessa. Er viel een bestuurslaag weg. Het instituut voor openbare veiligheid waarvoor zij werkte, werd steeds meer onder censuur gesteld, waarop in 2021 veertien medewerkers, onder wie zijzelf, vertrokken.

Dat het politiegeweld geen forse toename kent sinds het beleid van Bolsonaro, stelt haar wel voor een raadsel. "Het is stabiel gebleven, terwijl ik had gedacht dat het zou exploderen want er is institutioneel niets gebeurd."

De misdaadcijfers daalden in zijn algemeenheid zelfs iets onder Bolsonaro, en dit sterkte zijn aanhang in een belangrijk motief om op hem te stemmen. De cijfers zijn betrouwbaar, verklaart de felle tegenstander van de president, en zijn gebaseerd op moordcijfers en autodiefstallen. Dat zijn immers delicten waarvan vrijwel altijd aangifte wordt gedaan. Nog steeds zijn de meeste slachtoffers jonge, zwarte mannen.

Ze is dan dus actief voor Republica.org, opgericht in 2017 uit idealistisch oogpunt door Guilherme Coelho, zoon van een politicus. Om het slechte imago van ambtenaren op te krikken. Want het zijn mensen die hun best doen voor het land, is het uitgangspunt. En geen 'parasieten', zoals minister van Economie Paulo Guedes voor de camera's liet optekenen uit zijn mond.

"Door dat soort uitspraken denkt de gemiddelde Braziliaan dat onze openbare ziekenhuizen en gezondheidsposten niets voorstellen." Terwijl je als Braziliaan volgens Vanessa Campagnac trots zou moeten zijn op het systeem van gratis gezondheidszorg door goedwillende professionals, al is dat verre van perfect. Het statistisch bureau van de overheid, IBGE, noemt ze geweldig en wat te denken van de stemcomputers. Allemaal werk van ambtenaren. "We moeten deze mensen juist waarderen."

Ze wil zich niet uitspreken of er sprake is van een rechts complot om links klein te krijgen, met als belangrijkste ingrediënten de corruptieschandalen. Dit is het verhaal van de Arbeiderspartij. Ze weet het niet. "Maar er is wel iets gaande, dit is niet allemaal toeval. En dat hele conservatieve discours waarbij de ander bij voorbaat is veroordeeld en straf verdient voordat er recht is gesproken, klinkt na onder de bevolking. Want als een gouverneur of president iets zegt, wordt dat als legitiem opgevat. Dat is een heel vruchtbaar veld in Brazilië."

Het land is sterk gepolariseerd begin 2022, maar niet zo sterk als aan het begin van het bewind van Bolsonaro, stelt Vanessa Campagnac ook vast. "Want hij heeft veel fouten gemaakt, de munt is sterk gedevalueerd en veel mensen zijn hun werk verloren. Ze zijn heel teleurgesteld en migreren daardoor naar een andere presidentskandidaat."

Wat haar betreft is de periode Bolsonaro in ieder geval desastreus uitgepakt. "Ik ben nu veertig jaar en heb al veel regeringen meegemaakt. Het ging steeds iets beter met Brazilië. Nu zijn we heel diep gevallen. Er is vooral veel verwoest. We zijn nog een jonge democratie en waren in ontwikkeling. Bolsonaro heeft veel twijfel over de waarde van democratie gezaaid. Daardoor zijn problemen waarvan we dachten dat we ze te boven waren, weer terug."

Daarmee bedoelt ze onder meer kleindenken, censuur en vooral intolerantie. "Het bolsonarisme is een wereldbeeld. Het gaat uit van een cultuur van confrontatie waarbij de tegenstander straf verdient. Bolsonaro heeft ook vervreemding gebracht, want zijn aanhangers gebruiken zijn discours. Er valt niet meer mee te praten. Ik moet nu uitleggen aan leerlingen van de politieschool waarom ik mensenrechten verdedig. We zitten nog midden in deze orkaan."

**Straatbewoners en solidariteit**

Terug naar de Uberrit met de militie-deskundige chauffeur. De jongeman brengt me veilig naar het appartementje in Flamengo. Op vijftig meter van de bruisende Rua do Catete. Een straat vol geroezemoes, winkels, restaurants, straatverkoop en daklozen. Dat laatste valt op dit jaar. Ze zijn er overal waar we komen in grotere aantallen dan in alle jaren daarvoor. Op de radio hoor ik dat in São Paulo het aantal straatbewoners in twee jaar tijd met 30 procent is gestegen. Zo'n percentage zal in Rio ook van toepassing zijn, lijkt me, gezien het straatbeeld.

De groep miserabelen, de bodem van het Braziliaanse kastenstelsel, groeit en groeit. Het is een divers bevolkingsdeel van veelal gewone mensen en weinig verslaafden. Moeders met kinderen die nog wat proberen te verkopen, gehandicapten, maar ook gezond uitziende jongemannen die om geld of eten staan te vragen.

Ik geef soms geld, soms mijn zelfgemaakte sandwich of de helft van de tros bananen die ik net heb gekocht. Een meisje van een jaar of tien dat ons in een sappenbar aanspreekt met het verzoek om een stuk caramelpudding, heeft ook beet. Ze woont in de verre voorstad Duque de Caxias en is hier met haar moeder, die snoepjes verkoopt. Zo komt ze de schoolvakantie wel door.

De winkeliers en het winkelend publiek zijn opvallend solidair, beseffende dat het land een barre transitiefase doormaakt. De bedelaars en straatbewoners worden niet weggejaagd en liggen languit voor de ingangen van ook luxueuze winkels. Ze horen erbij. Zelfs in de hal van een bankkantoor heeft zich een bedelende man genesteld. De mensen stappen voorzichtig over hem heen.

**Absoluut dieptepunt**

Deze toestanden geven deels een antwoord op mijn vraag aan Francisco Gaetani. Wat doet het bewind van Bolsonaro nu echt met het land, wil ik graag van hem weten. Hij beziet de kwestie meer op macroniveau. "De impact is heel groot, het beleid is heel verstorend", antwoordt hij. Hij heeft het over 'een totale terugval'. Niet alleen zichtbaar in het straatbeeld. "Er is veel kapot gemaakt, zoals onderzoeksinstituten en buitenlandse betrekkingen."

Met weemoed kijkt hij terug op de acht jaren onder de sociaalliberale Cardoso en de acht jaar onder Lula, die het economische beleid van zijn voorganger voortzette en dat steeds meer lardeerde met een sociaal sausje. Die zestien jaar was de beste periode in de Braziliaanse geschiedenis, concludeert hij. Onder de warrige Dilma ging het al bergafwaarts. En nu, nu zijn we 'op een absoluut dieptepunt' gekomen.

"We werden in de wereld gezien als een sympathiek land zonder vijanden. Bolsonaro heeft Brazilië aan Trump gelieerd, aan extreemrechts Amerika. Met zeer primaire morele waarden. Dat heeft ons imago erg veranderd. Maar wat moet je doen tegen een partij die de democratie wil bevechten? Wat mij betreft meedoen aan het spel en op democratische wijze winnen."

Hij heeft ongetwijfeld op 30 oktober 2022 een vreugdekreetje geslaakt.

Het milieubeleid van Bolsonaro heeft een grote rol gespeeld in het imagoverlies van het land. De milieucijfers van zijn regering zijn ronduit belabberd, zoals de sterkste ontbossing in de laatste tien jaar. Maar ook onder andere presidenten ging het kappen van regenwoud, en Cerrado, door.

Bolsonaro heeft alles stilgelegd qua milieubescherming, weet Gaetani. "Hij heeft de ontbossing gemotiveerd, door de agribedrijven te steunen. En hij heeft honderden giftige bestrijdingsmiddelen vrijgegeven. We zijn daardoor verdwenen van de mondiale agenda op milieugebied, terwijl we een van de voortrekkers waren. Er zijn nu nog vijftig controleurs in de hele deelstaat Pará. Dat stelt niets voor!"

En dus kunnen grote sojabedrijven en veeboeren hun gang blijven gaan en natuurgebieden platbranden en helemaal leegtrekken met van die grote machines die daar speciaal voor zijn gemaakt, en eenvoudig te koop zijn in de landelijke steden en dorpen.

Juist in deze gebieden kan Bolsonaro op veel steun rekenen, merkt Gaetani op. Dat had ik ook al vastgesteld rond de aanleg van havens in het Amazonegebied. De mensen willen geld, progressie. Bezorgdheid over de natuur is vooral iets van het rijke westen, van links en van wat lokale traditionele gemeenschappen.

Economisch kenmerkt het beleid van deze president in de woorden van de professor zich door 'hoe minder staat hoe beter'. "Hij verkoopt staatsbedrijven tegen elke prijs."

's Avonds drinken en eten we wat met de familie in een trendy horecaketen. We betalen voor een plekje op het dak van de vestiging van Belmonte, aan de strandboulevard van Ipanema. Maar eenmaal neergestreken weten we niet hoe snel we er weg moeten komen. Als mieren opeengepakt tussen vooral witte dertigers en veertigers met een hels lawaai van een deejay dat een conversatie onmogelijk maakt. Uitzicht is er niet en zelfs de hemel wordt door een overkapping aan het zicht onttrokken. Deze bovenlaag van de Braziliaanse samenleving ziet zichzelf blijkbaar ook niet in een pandemie, want de mondkapjes zijn hier zeldzaam.

Beneden blijkt het veel aangenamer, en de gebakken inktvis en het tapbiertje voltooien de ontspanning.

**Een kwestie van geloof**

Onderweg naar kustoord Rio das Ostras in het noorden van deelstaat Rio de Janeiro wordt de automobilist geconfronteerd met de verkiezingsleus waar het kamp Bolsonaro vrijwel alle hoop op heeft gevestigd: 'Drie jaar zonder corruptie'. Daarboven: Brazilië wordt herboren! Met het hoofd van de president erbij.

Ze mikken op het anti-PT gevoel dat bij een groot deel van het volk leeft en altijd zal blijven leven. Al in 1989, bij de eerste volledig democratische verkiezingen na de militaire dictatuur, stemde mijn latere schoonfamilie op de rechts-liberale Collor de Mello en was Lula eenvoudigweg geen optie. Toch was het toen al close. In de finale kreeg Lula 47 procent van de stemmen.

Het was de eerste van zes presidentsverkiezingen waaraan de oud-vakbondsleider zou meedoen. De aanhouder wint, want na drie verloren pogingen volgden drie overwinningen.

De afkeer onder het rechtse contingent luwde tijdens zijn bewind tussen 2002 en 2010, goede jaren voor Brazilië waarin niet veel te klagen viel. Onder Dilma Rousseff veranderde dat, de stemming sloeg om, de corruptiezaken uit het verleden – waar zij niet bij betrokken was – stapelden zich op, de economie belandde in een crisis en de PT kreeg van alles de schuld.

De corruptie binnen Petrobras en het gedoe over het appartement van Lula versterkten de haat. En daarmee de polarisatie. "30 procent accepteert niet wat er met Lula is gebeurd, en 30 procent accepteert niet wat Lula heeft gedaan", vat Gaetani de vlijmscherpe tegenstelling samen.

Wat betreft het geval Lula voel ik mij lange tijd zoals het zwevende deel van de bevolking: zijn tegenstanders zeggen dat hij schuldig is, Lula zegt dat hij onschuldig is, de zaak sleept zich maar voort met allerlei nieuwe aantijgingen en ontkenningen en voor het neutrale volk is het inmiddels een onbegrijpelijke brij geworden. Dat zijn veroordeling werd geannuleerd, maar hij niet werd vrijgesproken, versterkte de verwarring.

Het wordt een kwestie van geloof in schuld of onschuld. Voor Marcos Robba is het overduidelijk: Lula is totaal onschuldig en er simpelweg ingeluisd. Het appartement dat hij op corrupte wijze zou hebben verkregen staat immers niet eens op zijn naam! Daarnaast woonde hij zelf heel bescheiden met zijn vrouw in een klein appartement en gaf wat hij bezat vooral weg aan de armen, aldus Robba.

Gaetani is minder uitgesproken. Hij zit weliswaar ook in het kamp Lula ('hij domineert al dertig jaar de Braziliaanse politiek') maar noemt het gedrag van hem wel 'onethisch', want hij zou wel degelijk zijn positie hebben aangewend om persoonlijke zaken voor elkaar te krijgen. Anderzijds: zulk gedrag, van *jeitinhos* en gunsten, zit diepgeworteld in de cultuur van het land. "Er is een klimaat tegen Lula gecreëerd. De moralistische middenklasse heeft dat opgepikt en dat heeft het land gebroken."

Insider Gaetani benadrukt dat Lula niet verantwoordelijk is te houden voor de corruptie die naar buiten kwam bij staatsbedrijven, zoals Petrobras. Dat was immers altijd al zo, een stilzwijgend geaccepteerd systeem. De afzetting van de door Lula gelanceerde Dilma noemt hij 'een staatsgreep met kleine letters', het staatsgreepje verliep immers wel volgens de wet.

De rol van mediaconcern *Globo* was groot bij de afzetting van Dilma in 2016. Televisie was toen nog het belangrijkste medium in de opinievorming. In de aanloop naar de verkiezingen van 2018 hebben de sociale media die positie overgenomen. En op die ontwikkeling heeft de familie Bolsonaro uitstekend geanticipeerd. Vooral de ontevreden middenklasse raakte door de onophoudelijke stroom berichten overtuigd van de boodschap van 'de door en door corrupte PT'.

*Globo* was in de eindfase van de campagne om, steunde PT-kandidaat Fernando Haddad en keerde zich tegen Bolsonaro, een houding die alleen maar zou verscherpen. Gaetani vertelt dat de opstelling van *Globo* omsloeg nadat Bolsonaro besloot zijn geld in de evangelische kerken te steken in plaats van in de mainstream media. Op weg naar oktober 2022 is het spel echt veranderd: het campagnegeld gaat nu vooral naar Facebook en Google.

**Hang naar Europa**

Het wordt Lula of Bolsonaro, dat is tien maanden voor de verkiezingen wel duidelijk. Politieke dinosaurus Ciro Gomes mag dan de meest lovende kritieken krijgen van alle kandidaten, met 10 procent van de stemmen gaat hij geen andere kiezers over de streep trekken. Het is een zichzelf waarmakende voorspelling: ik stem niet op hem want hij maakt toch geen kans, en daardoor maakt hij ook nooit een kans.

Andere kanditaten voor 'de derde weg' worden al net zo kansloos geacht. Onder Moro wordt het een beleid van Bolsonaro zonder Bolsonaro, zegt Gaetani in navolging van Marcelo Freixo. Moro is de kandidaat 'die de corruptie heeft aangepakt'. Als rechter, maar in zijn anderhalf jaar als minister van Justitie ontdekte hij zijn beperkingen in een andere rol.

João Doria dan? Politicus, journalist en zakenman. Kandidaat namens de PSDB, de partij die onder Fernando Henrique Cardoso een sociaal-liberaal stempel had, beetje links van het midden. De PSDB is intussen flink verrechtst. Doria ontbeert volgens Gaetani vooral charisma, wat zowel Lula als Bolsonaro wel bezitten. Bovendien is hij te sterk gelieerd aan grootstad São Paulo. En er bestaat volgens Gaetani nogal een aversie in de rest van het land tegen het machtige en economisch dominante São Paulo. "Dat mag niet onderschat worden." Doria is de man achter de komst van coronavaccins in Brazilië, ondanks de president. Een op het oog sterk verkiezingsmotief dat hij ook ten volle zou inzetten, zonder resultaat.

Gaandeweg ontboezemt Gaetani dat ongeveer zijn gehele familie in 2018 op Bolsonaro heeft gestemd, we kunnen elkaar de hand schudden. Hij stelt ook vast dat een discussie over politiek er niet in zit met hen. “Wie Bolsonaro verdedigt, wordt direct heel emotioneel, een rationeel gesprek is niet mogelijk.” Maar eigenlijk wil hij het niet te veel meer over de man hebben: “Al die aandacht verdient hij niet, er is meer te doen.”

We zullen een transitiefase ingaan, met een veranderde Lula, beschaafder dan voorheen, voorziet Gaetani. De gemoederen moeten bedaren en de ogen zullen weer meer op Europa worden gericht. Onder aanvoering van Bolsonaro is ‘Europa verruild voor de USA’. Die stelling wordt door Marcos Robba onderschreven met het voorbeeld van de auto-industrie: “Kijk maar eens om je heen, bijna geen Euopese auto’s meer.” Dat is overigens zwaar overdreven, bewijst een snelle blik op de dagelijkse files in Rio.

De hang naar Europa van Brazilianen is evident. En de gemengde gevoelens ten opzichte van Amerika ook. Zelden hoor je dat iemand een mooie reis naar de Verenigde Staten gaat maken – al maken ze die wel degelijk, vooral om luxegoederen in te kopen. De Europese bieren, wijnen en spijzen zijn het best en vrijwel iedereen heeft wel Europese genen.

**Van ontbosser tot natuurbeschermer**

De president blijft zich verzetten tegen vaccinaties. Wanneer het vaccin voor kinderen is goedgekeurd roept hij in het rond: “Hier moet iets achter zitten. Welke viezerik zit er achter de vaccinatie van kinderen?” Weer een rel met Anvisa.

Met veel kinderen gaat het niet goed onder het bewind van Bolsonaro. Dat is af te leiden uit een verontrustende statistiek van de jaren 2020 en 2021: het aantal zes- en zevenjarigen dat nog niet kan lezen en schrijven stijgt met 66 procent. Geen wonder ook, want tijdens de twee pandemiejaren zijn de meeste kinderen nauwelijks naar school geweest (en daar kon Bolsonaro weinig aan doen). Zo ook Mikael, die energieke en leergierige kleinzoon van Barata en Geralda.

Hij slijt zijn dagen bij opa en oma in Itaocaia Valley. Hier gaat de ontwikkeling voort: stukken grond worden kaalgekapt voor complexen met zoveel mogelijk woningen per vierkante meter. 'Kom in het groen, in de gezonde lucht van de ongerepte natuur wonen!' prijzen makelaars en projectontwikkelaars aan. Hun tactiek is als volgt: het groen kappen, kaalkappen, te veel woningen bouwen dan toegestaan op een grondstuk, de boete van de gemeente en de tijdelijke bouwstop accepteren en na verloop van tijd weer geleidelijk aan opstarten en de bouw fasegewijs voltooien. Een soort brutale salamitactiek.

De speculanten in onroerend goed die Niterói hebben verpest, zijn naar deze regio opgerukt, weet buurman Marcos. En het is lastig er iets aan te doen. Melden bij de gemeente? Dat doen Brazilianen niet zo snel. Zelfs als ze het hele weekend wakker worden gehouden door feesten in een evenementencentrum dat ineens midden in de buurt actief is, slikken ze liever, kijken weg en hopen dat het lawaai een keer ophoudt. Een voorbeeld uit de praktijk overigens.

Toch, de aanstondse bouw van een wooncomplex op een kaalgeschoren perceel is door de gemeente stilgelegd. Alleen het kwaad is reeds geschied, de bomen zijn er niet meer. Barata trekt er een sip gezicht bij. Nog maar enkele jaren geleden een nietsontziend ontbosser, is hij inmiddels meer een natuurbeschermer geworden. Hij weigerde in te gaan op een verzoek van een nieuwe grondbezitter, zo'n 'speculant', om het hele perceel te 'schonen'. Wat struiken prima, maar niet de grote bomen.

De man kon dat moeilijk accepteren. Barata schakelde zijn zoon, de brandweerman, in om foto's van het grondstuk te maken, toen er nog bomen stonden. Later sneed deze eigenaar zich lelijk in de vingers door zijn bergen afval (van de bomenkap maar ook huisvuil) te dumpen in de tuin van de overburen. Hij wist niet dat hier een aanklager van het Openbaar Ministerie in Rio de Janeiro woont. Hij kreeg een proces aan zijn broek van iemand die wel heel dicht bij het vuur zit.

Terloops legt Barata kraakhelder uit hoe je het beste een hond kunt uitschakelen, met het oog op het toenemend aantal gevallen van loslopende pitbulls die vooral kinderen aanvallen. Maar ook de hond van Marcos werd slachtoffer, en de buurman raakte vervolgens in een gevecht op leven en dood met het sterke beest. Totdat de pitbull ineens besloot dat het welletjes was en losliet. Rammen op het hoofd bleek geen zin te hebben. "Je moet een hond keihard met een stok op zijn ruggenwervel slaan om hem uit te schakelen", aldus Barata. Dat deed hij nadat hij zelf was gebeten. Hij kocht het dier vervolgens van de eigenaar om hem te kunnen elimineren.

Wijsheid komt met de jaren. Barata is nu meer begaan met dieren, met name met wilde dieren. De hoop rottende bananenbladeren moet ik laten liggen, daar woont een varaan. En jammer dat ik het bij die andere boom al heb opgeruimd, want dat was de schuilplaats van een ander dier, een *cuíca*. Dat harige, ratachtige nachtdiertje had ik zien lopen. Het bleef even stilstaan en keek me wat verwijtend aan, nu snap ik waarom.

**Oudejaarsnacht op de rots**

Abraão komt de bomen snoeien. Hij vervangt Miguel, die ziek van covid thuis zit. Het wordt een flinke klus want er zijn nogal wat rotte stammen die om dreigen te vallen. En na wat uitdunnen kunnen we de Rots van Itaocaia ook weer beter zien. De rots van bijna 400 meter hoog, waar begin negentiende eeuw een radeloze slavin van afsprong nadat ze een kind had gebaard van de eigenaar van de koffie- en suikerrietplantage Fazenda Itaocaia. Charles Darwin was getuige van het drama, waar een aantal versies van bestaan.

Abraão beklom de rots niet om zelfmoord te plegen maar om er zijn oudjaarsnacht door te brengen, in zijn uppie in een natgeregend tentje. Toch had hij er van genoten, dat moment daar, alleen met de elementen.

Hij blijkt verstand van zaken te hebben, gaat zijn eigen gang met het snoeien en negeert regelmatig een commando van Barata. Tussen zijn klimpartijen, gehak en gezaag door vertelt hij Claudia honderduit over zijn leven. Over zijn familie uit het noorden van Minas Gerais en de heimwee naar zijn nog levende moeder en zijn kinderen. Hier past hij op vier huizen en landgoederen, en heeft daardoor een inkomen. Toch ziet hij een terugkeer naar zijn thuisgrond naderen.

Het gaat niet goed met de natuur, stelt hij vast. Niet hier en ook niet in Minas Gerais. Door alle ontbossing wordt de grond zo arm en glad dat het regenwater met bakken van de hellingen stroomt en daardoor al die rampen veroorzaakt, doceert hij. Ook deze weken zijn er weer losgeraakte berghellingen en rotsen, met dodelijke gevolgen.

Als een aap klimt hij naar de top van de jambolan om net die ene tak die het zicht op de rots belemmert, weg te hakken. Waarom heeft hij geen vrouw? wil Claudia nadien van Barata weten. Die heeft uiteraard zijn repliek al voor op de tong: "Omdat hij heel erg lelijk is. En hij weet niet hoe hij met vrouwen moet praten."

Abraão hoort bij het miljoenenleger van informelen in Brazilië. Hij woont gratis op het terrein van zijn bazen, krijgt natuurlijk zwart betaald en heeft geen eigen bankrekening. Alles cash of overmaken naar de rekening van zijn zus. Zo opereren ook alle straatverkopers. Maar er zijn ook genoeg winkeltjes en barretjes die gewoon openen en zich nergens melden, weet de jonge eigenaresse van de minimarkt aan de Avenida Itaocaia. "Regels in Brazilië gelden alleen voor wie de regels netjes volgt", vertelt ze met enige walging vanachter de enige kassa van de winkel die ze met haar vader en moeder bestiert. "Wie zijn inkomsten opgeeft aan de belastingdienst wordt gecontroleerd, wie niets opgeeft hoort ook niets. Er wordt helemaal niet gehandhaafd." Zo te horen valt ze zelf in de eerste categorie.

**Traumatische jeugd**

Mieren, mieren, mieren. Ze zijn er in alle soorten en maten in onze tuin. Mijn handen en enkels zijn weer lekgeprikt bij een beetje grasrandjes knippen. Minuscule beestjes maar met het venijn van flinke wespen. Het hoort erbij in de Vallei van Itaocaia.

De buurmannen weten er alles van. Ze vertellen bij een alledaags praatje over hun achtergrond, waar ware trauma's achter schuilgaan. Jorge groeide op in de kazerne, in een militaire familie. Zijn opa maakte deel uit van de bewakingsgarde van president Getúlio Vargas, de held van de arbeiders. "Mijn opa was ook een echte *trabalhista*", verklaart Jorge trots. "En ik ook. Maar ik ben niet gepolariseerd, niet links en niet rechts." Zijn opvoeding heeft van hem wel een man van discipline gemaakt, stelt hij vast. En dat levert hem nog wel eens problemen op.

De andere buurman, Marcos, is de zoon van een Oostenrijkse immigrant, eigenlijk was zijn vader een vluchteling. Na de verloren slag bij Stalingrad aan de zijde van de Duitsers, koos hij het hazenpad naar Brazilië. Als berooide vluchteling en dakloze sliep hij onder de brug in uitgaanswijk Lapa in Rio de Janeiro. Daar werd hij opgepakt en vervolgens gezien als oorlogsvijand. Hij belandde in de politieke gevangenis van Ilha Grande. Inderdaad, die plek waar het Comando Vermelho werd opgericht, het latere drugskartel.

Eenmaal het leven wat genormaliseerd, werd hij pas op zijn 58ste jaar vader van Marcos. Die beleefde weinig plezier aan de korte periode dat hij zijn vader kende. De kinderen werden in de middenklassewijk Ilha do Governador erg strak gehouden.

### Rio das Ostras

Rio das Ostras is niet zo'n mooie plaats als de naam doet vermoeden, de stranden zijn wél aangenaam in 'de rivier van de oesters'. Hier woont sinds kort familie van Claudia, weggetrokken uit de stad Rio. Oom en tante zijn allebei al jaren gepensioneerd maar werken gewoon door als medisch specialist in ziekenhuizen. Al snel na het hartelijke weerzien volgt er er een monoloog over de politieke situatie in het land. Dochter, een journalist, is *lulista* en daar snapt moeder niets van. "Ze is gehersenspoeld, het is onbegrijpelijk dat ze niet inziet dat

Lula in zijn tweede termijn heel veel heeft gestolen."

Maar Bolsonaro krijgt net zo goed vegen uit de pan. "Hij hoort bij de milities." Een bewering die ik uit veel monden hoor, verdekt uit die van een voormalig viceminister en heel expliciet stelt Barata dat ook. De tante herinnert er fijntjes aan dat Bolsonaro het leger uit is geknikkerd, en pas daarna zijn bevordering tot kapitein heeft afgedwongen, en in 28 jaar parlementslid nog nooit iets noemenswaardigs voor elkaar heeft gekregen. "Hij heeft geen opleiding en kan niet praten."

En toch kan het maar zo dat ze op hem gaat stemmen, laat ze doorschemeren. Ook iemand die teveel anti-PT is om op die enige andere serieuze kandidaat te stemmen. Het is de laatste keer dat ze verplicht is te stemmen, voordat ze de leeftijd van zeventig jaar bereikt.

De *rachadinhas* van de familie Bolsonaro komen in deze periode steeds pregnanter in het nieuws. Vooral zoon Flávio zou zich schuldig hebben gemaakt aan het toedelen van baantjes om vervolgens een deel van het salaris zelf op te strijken. Dat heeft verdacht veel weg van 'corruptie', door rechts exclusief voorbehouden aan de PT.

Maar op 21 januari 2022 beheerst vooral de dood van Elza Soares het nieuws, de koningin van de samba uit Rio de Janeiro.

**Plassen op straat**

Een zaterdag in Itaipuaçu. Wat een drukte. Het lokale winkelcentrum, op tien minuten gaten en hobbels rijden van Itaocaia Valley, bruist tegenwoordig. Alles is er te koop en er zijn zelfs verkeersregelaars die het winkelend publiek begeleiden bij het veilig oversteken van een zebrapad. Ook zwervers en bedelaars hebben de plek ontdekt. Het is dus toch gebeurd, na een hele lange aanloop: het slaperige kustoord is niet meer, de grote sprong voorwaarts heeft plaatsgevonden. Het officiële inwonertal staat op 38.000.

Het heeft een heuse strandboulevard, met een tweebaansweg, parkeerstrook, een strook voor fietsers en een voor hardlopers, en een breed trottoir voor wandelaars. De leenfietsen in de rode gemeentekleur staan netjes opgelijnd, mét gel om de handen te reinigen.

De kers op deze taart vormt de kilometerslange rij hoge palmbomen. Alleen, die zijn allemaal dood, tot verdriet van de bewoners. Verkeerde soort gekozen, of een te grote boom geplant. In het weekend zijn de stranden en strandbarretjes drukbevolkt en er vinden allerlei activiteiten plaats, van fitnesslessen tot boven de kustlijn vliegen met een gemotoriseerd gevaarte dat nogal lawaai maakt. De omwonenden klagen, want dit feest begint al om zes uur 's ochtends. Of daar een vergunning voor is weet niemand. Zulke dingen worden meestal gewoon maar begonnen, en dan maar zien hoelang het goed gaat.

Het is ongewoon wanneer een bar of restaurant geen livemuziek heeft en her en der is het prima lokale tapbier uit Maricá verkrijgbaar. Dit alles leidt ook tot uitwassen, naast het gebruikelijke afval op het strand, waarvoor gemeentelijke werkers op zondag in actie komen om het op te ruimen. Zo fiets ik op de drukke boulevard een op het trottoir plassende vrouw voorbij. Zonder blikken of blozen zit ze daar ineens gehurkt. Even later wordt de verkeersstroom opgehouden door een auto midden op de rijbaan met knipperend alarmlicht. Zoenalarm, want de twee inzittenden, man en vrouw, zijn intens met elkaar verstrengeld.

Na een uitje naar een strandtent treffen we een auto op zijn kop met druk gebarende vrouwen in witte gewaden rondom het eenzijdige ongeval. Ze troosten ook het slachtoffer, althans daar ziet het naar uit. De vrouwen hebben hun spiritistische Afro-Braziliaanse dienst (van Umbanda) er voor onderbroken. Mijn schoonmoeder heeft net zoveel gezien als wij maar komt direct met een sluitende verklaring. De bestuurder heeft een geest ontvangen, is zijn controle over het stuur kwijtgeraakt en heeft zo het ongeluk veroorzaakt. De priesteressen, *mães de santo*, zijn nu de kwade geest uit hem aan het verdrijven. Oké...

Op een van de heilige voetbalzondagen wordt duidelijk dat de mannen van de Amigos de Itaipuaçu zich wel degelijk laten vaccineren, al zijn het overwegend verstokte bolsonaristas. Voorafgaand aan het gebed op de vroege zondagochtend op het voetbalveld, verklaren twee prominente leden hun afwezigheid in de week daarvoor in detail en op theatrale wijze. Zo'n zondag zonder voetbal was heel erg moeilijk, een dramatische ervaring in feite. De een heeft het over 'een enorme leegte'. Maar het kon niet anders, ook ter bescherming van de voetbalkameraden. Ze moesten in quarantaine met een covidbesmetting. Dat woord valt niet eenmaal. "Maar gelukkig, dankzij de drie doses die ik al heb genomen, waren de klachten niet zo erg, alleen wat koorts en pijn in het lichaam", vertelt de ander. Zo kon het als 'een griep' voorbijgaan. Het is een periode, begin 2022, dat het milde omikronvariantje gemiddeld 700 mensen dagelijks de dood injaagt.

De voetbalsessie verloopt weer rimpelloos. Met een pan hot dogs als ontbijt voorafgaand aan de partijtjes, en stoofpotten met vis en vlees, respectievelijk *muqueca de peixe* en *angú baiano*, na afloop voor bij het bier. Heineken bier tegenwoordig, want dit Nederlandse merk heeft de Braziliaanse harten dan toch veroverd. Jaren geleden wilden de mensen hier nog niet aan dat bittere spul. Nu klinkt het: 'puur malt en nooit hoofdpijn de volgende dag'. Ja, ja.

Maar goed, een indrukwekkend staaltje marketing, en vergeleken bij de gesuikerde Braziliaanse bieren is het succes goed te verklaren.

**Minha Casa Minha Vida**

Enkele kilometers verderop is de wijk Minha Casa Minha Vida verworden tot een plek om te mijden. Onder het bewind van Lula verrezen deze fantasieloze woonblokken, om het met een gunstige hypotheek voor armen mogelijk te maken een eigen huis te hebben.

Vooral vanuit de middenklasse en rijker is er altijd veel kritiek op geweest omdat deze sociale huisvesting nieuwe favela's, inclusief drugscriminaliteit, zou creëren. In Itaipuaçu is dat inderdaad het geval. De groene landerijen werden volgebouwd met flatblokken en de armen uit de stad werden daar in de *middle of nowhere* gedropt. Het duurde niet lang of de eerste berichten van drugsverkoop en criminaliteit deden de ronde. Een paar jaar na de oplevering is het een door drugscriminelen bestuurde no-go area voor buitenstaanders.

Barata's kleinzoon Mikael woont daarom permanent bij opa en oma. Zijn moeder kan niet meer voor hem zorgen want is verzeild geraakt in het bendeleven van Minha Casa Minha Vida, en zelf drugsverslaafd geraakt. Het kind wordt dus consequent op afstand gehouden van zijn moederlijke woning in die slechte buurt.

Zwager Patrick mag er met zijn Uber niet meer in om mensen te brengen en te halen. De drugsbazen dulden geen pottenkijkers en hebben verordonneerd dat taxi's de passagiers buiten de wijk moeten droppen en oppikken. Wie wel de buurt inrijdt, zoals de bewoners, moet met zijn licht knipperen, als signaal naar de uitkijkposten van het kartel dat het om goed volk gaat.

Het is exemplarisch voor hoe het is verlopen met dit goedbedoelde volkshuisvestingsproject. Dat blijkt ook uit de kennismaking met Henrique Pizzolato. De PT heeft ook heel veel verkeerd gedaan, zijn de eerste woorden van deze oud-marketingdirecteur van Banco do Brasil, vakbondsman en zelf 'militant *petista*'. Hij is die dag bij een bijeenkomst van de bewoners van favela Vila Cruzeiro geweest. Een tijdens het Lula-bewind met veel machtsvertoon door de politie op drugskartel Comando Vermelho ingenomen favela in de stad Rio. Een hoogtepunt in het pacificatieproject. Terug bij af nu.

Pizzolato hoorde tijdens de door de PT georganiseerde bijeenkomst dat de Minha Casa Minha Vida's veel problemen opleveren. De nieuwe wijk is gebouwd, arme mensen trekken er met een goedkope lening in en worden vervolgens aan hun lot overgelaten. Geen begeleiding door de overheid, geen bewonersorganisatie. Drugskartels en milities springen in het vacuüm en nemen het bestuur van de wijk over. De bewoners en ondernemers betalen beschermingsgeld. Precies zoals dat in Itaipuaçu is gebeurd, en de plaatselijke bevolking bij de bouw al had voorspeld.

**Geschiedenisles in Pizzolato's penthouse**

Henrique Pizzolato (1952) is de vriendelijkheid en gastvrijheid zelve. Toch is de voormalige bankdirecteur voor altijd gekoppeld aan het corruptieschandaal Mensalão, onder het bewind van president Lula.

Pizzolato is gelieerd aan de Arbeiderspartij, was zelfs in 1980 oprichter van de afdeling van die partij in deelstaat Rio Grande do Sul, en deed namens de PT tevergeefs mee aan diverse verkiezingen, onder meer voor burgemeester en in 1990 voor gouverneur, in deelstaat Paraná. Als directeur marketing van de nationale bank Banco do Brasil werd hem passieve corruptie en witwassen van geld (destijds circa 20 miljoen euro) ten laste gelegd, wat hem in 2012 een veroordeling van twaalf jaar en zeven maanden gevangenisstraf opleverde.

Hij vluchtte in 2013 naar Italië – het land van zijn ouders – kwam op de lijst van Interpol en werd opgepakt wegens valse identiteitspapieren. Hij bleek het paspoort van zijn overleden broer gebruikt te hebben. Vervolgens zat hij in het Italiaanse Maranello een deel van zijn in Brazilië opgelegde gevangenisstraf uit, van februari 2014 tot september 2015, tot hij werd overgeplaatst naar een gevangenis in Brasília. Vanwege goed gedrag en omdat hij een derde van zijn straf had uitgezeten is hij sinds december 2017 voorwaardelijk op vrije voeten en wacht in zijn penthouse – smaakvol ingericht met veel hout – in de wijk Copacabana in Rio de Janeiro op de naar eigen zeggen 'tientallen vervolgprocessen'. Hij moet ook maandelijks een aflossing doen om zijn boete van rond de vier ton (in euro's) te betalen.

Het is volgens hem allemaal een kwestie van *lawfare*. Pizzolato laait op in zijn werkkamer wanneer hij zijn onschuld betoogt. Hij stond in de internationale arena van vakbonden, ngo's en samenwerkingsprojecten voor een socialere en duurzamere wereld. Een ecologische bank was hij aan het opzetten. Alles weg, kapot. Hij weet het zeker: hij is slachtoffer van een groot rechts complot tegen links.

Een complot dat te vergelijken is met Operatie Condor uit de jaren zeventig en begin jaren tachtig van de vorige eeuw. Een campagne van moorden en het bestrijden van verzet tegen de dictatuur, gezamenlijk uitgevoerd door de inlichtingendiensten van de toenmalige junta's in Argentinië, Chili, Bolivia, Brazilië, Paraguay en Uruguay, met steun uit de Verenigde Staten. Er zijn waarschijnlijk duizenden linkse dissidenten om het leven gekomen, ze werden onder meer vanuit vliegtuigen in de Atlantische Oceaan gegooid.

De operatie bleef lang geheim, maar onder het presidentschap van Jimmy Carter publiceerde de CIA documenten over de betrokkenheid van de VS. In 1992 werden in een politiebureau in de Paraguayaanse hoofdstad Asunción bij toeval diverse archieven van Condor gevonden. Er volgden rechtszaken en veroordelingen. In 2019 veroordeelde een Italiaans gerechtshof in hoger beroep nog 24 Zuid-Amerikanen tot levenslange gevangenisstraf vanwege hun aandeel in Operatie Condor.

Pizzolato stelt dat in Brazilië militairen, het justitieel apparaat en de pers de pijlers waren van die operatie, aangestuurd door de Verenigde Staten. Ik hoor die theorie niet voor het eerst. Hij serveert een espresso en gaat er eens goed voor zitten. Wil ik weten hoe het allemaal zover gekomen is, de huidige toestand van Brazilië en eigenlijk geheel Latijns-Amerika? Wat volgt is een twee uur durende geschiedenisles.

**Begin van de ontbossingen**

Tijdens de Tweede Wereldoorlog sloot president Getúlio Vargas een deal met de Amerikaanse president Franklin Roosevelt: de Amerikanen kregen luchtmachtbases op het natuurparadijselijke eiland Fernando de Noronha (dat president Bolsonaro ten tijde van dit interview wil omvormen tot een tweede Acapulco om Brazilië uit de crisis te helpen) en in de stad Natal. Ook voerde Brazilië in het Amazonegebied de productie van rubber en andere grondstoffen op, voor de Amerikaanse oorlogsindustrie. In ruil daarvoor kreeg Vargas technologie voor de eigen ontwikkeling van Brazilië.

Pizzolato: "Daarmee werd de keten van koffie en melk doorbroken, Brazilië begon van alles te produceren. Grondstoffen werden geëxploiteerd en het staatsoliebedrijf Petrobras zag het licht. Vargas was een echte nationalist, hij is Brazilië ook nooit uit geweest."

De VS produceerden na de oorlog de tractoren en andere landbouwvoertuigen voor Latijns-Amerika als alternatief voor de ingestorte oorlogsindustrie. Het was het begin van de agribusiness en de grootschalige ontbossingen. Brazilië had toen het grootste reservaat ter wereld van *araucárias* (apenbomen), memoreert Pizzolato. "Alles werd verbrand voor soja en dat proces is nu nog gaande."

Het bewind van president Dwight Eisenhower in de jaren vijftig en zestig tijdens de Koude Oorlog was volgens Pizzolato de basis van de latere klopjachten tegen links. De Amerikanen intervenieerden direct in Latijns-Amerika op drie fronten: de pers, grote ondernemingen en het leger. Want Eisenhower ging ervan uit dat als één land in Zuid-Amerika communistisch zou worden, de rest snel zou volgen. Bij de wortel uitroeien, was de strategie.

Sociaal-democraat Juscelino Kubitschek (1956-1961) voerde als president niettemin zijn plan 'vijftig jaar vooruitgang in vijf jaar' uit, met steun van de communistische partij. Hij legde het binnenland open voor ontwikkeling, en liet de nieuwe hoofdstad Brasília aanleggen. Dat konden de Amerikanen niet beletten.

**Achtertuin van de VS**

João Goulart (1961-1964) introduceerde het minimumloon, pensioenen en andere arbeidsrechten en begon met landhervormingen. De linkse president creëerde een arbeidersklasse om producten als auto's en koelkasten van nationale makelij aan te laten schaffen en de ontwikkeling van het land te versnellen. "Dat is niet gelukt", concludeert Pizzolato.

President John F. Kennedy (1961-1963) stoorde zich aan het linkse, nationalistische beleid van Goulart en zag liever dat Latijns-Amerika de achtertuin van de Verenigde Staten bleef. De alliantie van door de VS in Panama getrainde militairen, rechtse ondernemers en de pers 'als megafoon' deed zijn werk en veranderde Brazilië weer in een agrarisch land. In 1964 kwam de militaire dictatuur aan de macht waarin werd afgerekend met 'de linkse terroristen'. Pizzolato: "Brazilië werd het land van voetbal, carnaval en telenovelas."

De presidenten (en militairen) Ernesto Geisel en João Figueiredo leidden de politieke *abertura*, de 'opening' vanuit de dictatuur naar de terugkeer van de democratie. Dat proces vond plaats tussen 1964 en 1988.

Tancredo Neves (opgeleid door Getúlio Vargas) werd tijdens deze overgang naar volledig vrije verkiezingen door een kiescollege gekozen tot president. Hij werd echter in 1985, een dag voor zijn aantreden, in Brasília getroffen door een hersenbloeding, die hem een jaar later fataal werd. Vicepresident José Sarney nam het over. De nieuwe democratische machthebbers besloten tot algehele amnestie, zowel voor de linkse 'terroristen' als voor hun rechtse martelaren. Fernando Collor de Mello won in december 1989 de verkiezingen en werd daarmee de eerste echt vrij gekozen president na de dictatuur. Deze valse herstart van de democratie duurde tweeënhalf jaar.

Pizzolato trekt een wat afkeurend gezicht bij de naam Fernando Henrique Cardoso, maar erkent wel dat deze president in de jaren negentig het land weer op de rit kreeg. Toch werden onder zijn opvolger Lula da Silva pas echt sprongen gemaakt, benadrukt hij. "We verdwenen van de hongerkaart en er kwam een zekere vrijheid en onafhankelijkheid van de Verenigde Staten."

Hij roemt Lula om het niet ondertekenen van het vrijhandelsakkoord NAFTA, dat president Bill Clinton en Cardoso hadden voorbereid. Nee, Lula besloot de regionale Mercosul te versterken, een douane-unie tussen Brazilië, Argentinië, Uruguay, Paraguay en Venezuela. Datzelfde is overigens een van zijn speerpunten na zijn aantreden als president in januari 2023.

Pizzolato noemt het een nationalistisch beleid, 'zoals Vargas dat ook voerde'. Brazilië sloot tijdens Lula's eerste twee termijnen ook bilaterale verdragen met Duitsland, China en andere grootmachten en haalde zowel het WK voetbal (2014) als de Olympische Spelen (2016) binnen.

**De creatie van het monster**

Pizzolato was in die jaren de voorman van Latijns-Amerika's grootste pensioenfonds en ijverde, naar eigen zeggen, met succes voor arbeidsrechten en verduurzaming van grote bedrijven als Petrobras en mijnbouwconcern Rio do Vale Doce. Vliegtuigfabrikant Embraer kreeg grote opdrachten uit onder meer Nederland, Braziliaanse bedrijven bouwden wegen in Portugal. "En met banktechnologie waren we heel ver. Brazilië bruiste, Brazilië was een voortrekker in de wereld". Pizzolato wordt er weemoedig van.

Onder president Barack Obama (2009-2017) ging het weer de verkeerde kant op, vervolgt hij zijn geschiedenisles. De VS waren gebroken door de Golfoorlog en Obama moest veel geld uitgeven om de economie en de gezondheidszorg weer op orde te krijgen. Dat ging samen met hernieuwde interesse in Latijns-Amerika. Pizzolato typeert de Amerikaanse economie als 'een economie van roof met Latijns-Amerika als voornaamste slachtoffer'.

Er werd een nieuwe Operatie Condor op poten gezet, waarin pers, militairen, ondernemers en het justitiële apparaat werden klaargestoomd voor de val van links in Brazilië. Ik frons even de wenkbrauwen. Want dit is lastig te begrijpen, juist in de periode van de sociale, linkse Obama. Anderzijds vonden de val van Dilma Rousseff in 2016 en de vermeende grote corruptieschandalen binnen de PT wel plaats tijdens de regeerperiode van Obama. Pizzolato geeft uitsluitsel: "Van de Democraten in Amerika is 20 procent echt sociaal, 80 procent is imperialistisch."

Tussenpaus Michel Temer (2016-2019), die vicepresident was onder Rousseff, verkocht, aangezet door het Hooggerechtshof, de Braziliaanse olie aan buitenlandse multinationals. Dit om Petrobras als monopolist, en daarmee kwetsbaar voor corruptie, te ontmantelen. De grote inkomsten uit de olie die het onderwijs, de gezondheidszorg en de sociale voorzieningen ten goede kwamen, droogden ineens op. Petrobras was tot dan verantwoordelijk voor 10 procent van alle investeringen in Brazilië.

De uitstekende petroleum op twee kilometer diepte, onder de zoutlaag, werd voor een habbekrats de Amerikanen in de schoot geworpen, na jarenlang kostbaar Braziliaans onderzoek. Onderzoek waar buurman Marcos Robba aan meewerkte.

De tijd van het oogsten van de rijkdom was net begonnen en is nu alweer voorbij. "Corruptie bij Petrobras is er altijd geweest, sinds de tijd van Vargas", weet Pizzolato. "Maar de grootste corruptie is het weggeven van Petrobras. Van dat roofspel zijn een heleboel mensen persoonlijk rijk geworden." Wie dan, wil ik weten. "Nou president Temer, rechter Sérgio Moro, de rechters van het Hooggerechtshof en de eigenaren van *Globo*."

De voedingsbodem voor een rechts-nationalistische populist groeide, met name onder de middenklasse. Het mediaconcern stookte het vuurtje op en lanceerde Jair Bolsonaro. "*Globo* heeft het monster gecreëerd waardoor het nu wordt opgegeten", aldus Pizzolato.

Toch was Bolsonaro aanvankelijk niet de kandidaat die voor de verkiezingen van 2018 op de steun van de VS kon rekenen. Dat was Geraldo Alckmin van de PSDB (Braziliaanse Sociaal Democratische Partij). Maar 'deze zwakkeling' bleek zo kansloos dat de VS – onder Donald Trump – toch maar inzetten op die onberekenbare tropische versie van Trump.

Kort na het interview met Pizzolato trad Alckmin, de centrumpoliticus, toe tot de linkse partij PSB (Braziliaanse Socialistische Partij). Daarmee was de weg vrij om running mate te worden van Lula en later vicepresident. Een ontwikkeling die analisten voor onmogelijk hadden gehouden. Alckmin ging ondernemers over de streep trekken om Lula te steunen.

**Middeleeuwen**

Over Bolsonaro haalt Pizzolato zijn schouders op. "Hij weet überhaupt niet wat hij aan het doen is." Hij vergelijkt hem zelfs met

Adolf Hitler die door Goebbels werd aangestuurd. Tijdens de coronapandemie vertolkte Olavo de Carvalho die rol voor Bolsonaro. Deze Braziliaanse onderwijshervormer, conservatief filosoof en schrijver emigreerde in 2005 met zijn gezin naar de VS. Tijdens zijn laatste levensjaren gold hij als een belangrijk inspirator voor Bolsonaro met veel invloed op diens beleid. Vooral de atypische aanpak van de coronapandemie zou door hem zijn voorgekauwd: tegen lockdowns en afstand houden, geen mondkapjes en vooral je niet laten vaccineren. De Carvalho overleed op 25 januari 2022 op 74-jarige leeftijd aan…covid-19.

Pizzolato merkt in zijn internationale netwerk dat Brazilië er niet goed meer op staat. Wat gebeurt er met je land? hoort hij steeds. Waar-de-loos, noemt hij het regeringsbeleid van de afgelopen jaren. "We leven in de middeleeuwen. De armen hebben niets te eten en dan komen rechts en de kerken op." Het zijn de geschikte omstandigheden voor cliëntelisme, een lange politieke traditie in Latijns-Amerika. Bind desperate kiezers aan je met beloften en gunsten, geld of een barbecue.

Ook Lula maakt er overigens gebruik van, hij belooft in de aanloop naar de verkiezingen van 2022 dat iedereen picanha zal kunnen eten onder zijn bewind. Het beste vlees voor de barbecue. De uitspraak wordt snel een bron van cynische grappen voor zijn tegenstanders, waar Lula weer goed mee omgaat zodra hij president is. Wanneer de picanha goedkoper is geworden, twittert hij dat direct triomfantelijk.

Links heeft het duidelijk laten liggen bij zo'n 30 procent van de bevolking, de aanhangers van evangelische kerken, stelt Pizzolato vast. "Links heeft moeite de dominee te begrijpen. Want diens preken zijn vaak radicaal, maar de wanhopige mensen kunnen daar wel terecht. Ik denk dat Lula dit wel begrijpt, maar de PT-machine niet."

Pizzolato voorspelt dat Lula 'zeker' de verkiezingen in 2022 gaat winnen, maar hij voorziet ook de teleurstelling die daarna zal komen. "Ik ben bang dat hij niet kan brengen wat de bevolking wil. Als de PT geen goed gesprek met het volk voert, zie ik zelfs een nieuwe coup aankomen." Dat het Hooggerechtshof constant in de clinch ligt met Bolsonaro verbaast hem niet. "Het Hooggerechtshof heeft vier jaar lang de uitspraak van rechter Sérgio Moro gesteund dat Lula schuldig is. En nu ineens niet meer. Want Bolsonaro moet eruit. Die achten ze nu dreigender dan Lula."

**Betalen met Pix**

Toch ziet hij een enkel pluspunt in het regeringsbeleid. "Het enige goede dat ze bedacht hebben is het betalen met Pix." En inderdaad, wat is het gemakkelijk in Brazilië om geld over te maken naar iemand met Pix. Een telefoonnummer of burgerservicenummer is daarvoor voldoende. Bankgegevens of een betaalpas zijn niet meer nodig. Maar...blijkt later, dit was geen creatie van de regering Bolsonaro, maar van zijn voorganger Michel Temer. En Bolsonaro probeert die eer op te strijken. Duidelijk een gevalletje van een makkelijk verifieerbare leugen, waar Trump en Bolsonaro patent op hebben.

Pix is heel handig, merken wij ook. Zo kan de analfabete vrouw die zakken sinaasappels verkoopt langs de weg in Jerônimo Monteiro in deelstaat Espírito Santo toch met ons afrekenen. Ze heeft geen pinapparaat maar wel Pix. We zijn in januari 2023 op de terugweg van een tweede bezoek aan bergdorp Patrimônio da Penha en rijden door een betoverend gebied met rotsachtige bergketens en fruitplantages in de dalen. De vergane glorie van het historische stadje Muqui is ook ontroerend mooi.

**Leven als een gegijzelde**

Pizzolato voelt zich dus het slachtoffer van lawfare, een oneerlijke oorlogsvoering tegen politieke tegenstanders met behulp van het justitieel apparaat, actief gesteund door de pers. Ze verzinnen iets wat je misdaan zou hebben en spannen een berg processen tegen je aan, beschrijft Marcos Robba het fenomeen.

"Ik ben afgebrand door *Globo*. Allemaal nepprocessen waren het, vol leugens", verklaart Pizzolato. Hij plaatst zichzelf in het rijtje Lula en diens stafchef José Dirceu (diens 27 jaar celstraf werd in april 2022 nogmaals bekrachtigd).

Zijn leven staat in het teken van de strijd om eerherstel en gerechtelijke genoegdoening. De 'slachtoffers' en hun medestanders hebben zich georganiseerd en proberen via boeken, projecten, nieuwsbrieven en een website ook op het internationale podium aandacht voor hun zaak te krijgen. Daar zijn Pizzolato en zijn vrouw Andreia druk mee.

Zijn schoonvader, een advocaat, heeft zelfs een boek geschreven om de onschuld van schoonzoon aan te tonen. De afgedrukte bonnetjes moeten het bewijzen: Pizzolato heeft nooit gerommeld en zeker niet met publiek geld. Intussen voelt de man zich een gegijzelde. "Wat er is gebeurd, is een holocaust. Ze hebben mijn bewijzen van onschuld verstopt of genegeerd. We moeten hangen, hoe dan ook. Ik zie de rechters van het Hooggerechtshof daarom als huurmoordenaars. En mijn grootste frustratie is dat ons leven is verwoest en niemand erbij heeft gewonnen."

Gelukkig heeft hij ook een mooie hobby voor wat verstrooiing in deze zorgelijke tijden. Hij produceert zelf limoncello, trouw aan zijn Italiaanse wortels. Zijn vrieskist ligt vol flessen. Ik moet echt even proeven, knik goedkeurend en krijg dan snel een ijskoud exemplaar in mijn handen gedrukt. De mannenversie, niet zo zoet. "En let op, wel in het vriesvak bewaren!"

Na drie weken zorgvuldig de diepe gaten in het wegdek op de Avenida Itaocaia omzeild te hebben, treft mij in de late uren na dit interview toch een moment van onoplettendheid, van zwakte, nagenietend van een perfect verlopen dag. De stortregens getrotseerd om naar de stad te rijden en een interressante ontmoeting achter de rug, knal ik terug in cowboyland vol in zo'n krater en loop flinke schade op aan de voorzijde van de geleende Fox.

### Het roofverhaal als leitmotiv

Terug op Schiphol help ik een oudere Braziliaanse vrouw om haar weg naar de bagageband te vinden. Ze heeft recht op assistentie maar wil daar niet op wachten. Elizabete is architect en ingenieur en gaat haar zoon in Amsterdam bezoeken. Ze werkte veel voor waterkrachtcentrales en runt haar bedrijf samen met haar man, maar ze hebben al een tijdje geen opdrachten meer. Heel slecht gaat het nu in Brazilië, verzucht ze met een vertrokken gezicht.

Een klaagzang over de regering volgt, vermoed ik. Maar nee. "Ik hoop maar dat Bolsonaro blijft", zegt ze er direct achteraan. "En dat we niet teruggaan naar die dievenbende van links." Bolsonaro moet de tijd hebben om de schade die de Arbeiderspartij met de jaren heeft veroorzaakt, te herstellen, legt ze uit. "En gelukkig heeft hij daar een goede equipe voor." Voordat ze haar zoon in de armen valt, krijg ik nog een knuffel van haar.

Deze sympathieke dame ziet dus geen enkele invloed van Bolsonaro op de huidige crisis en haar eigen situatie. Links heeft het gedaan, terwijl de laatste linkse president (Dilma) op 31 augustus 2016 werd afgezet. Het roofverhaal blijft het leitmotiv voor de bolsonaristas, ook na vier slechte jaren. Inmiddels is het meer een reddingsboei geworden.

# 15. Worsteling met de oorlog

Bolsonaro is in Rusland vlak voor het moment dat de Russen Oekraïne gaan binnenvallen, of zich juist gaan terugtrekken. Dat was de inzet van de informatieoorlog tussen Amerika en Rusland. De Amerikanen waarschuwden voor het eerste scenario en blijken het naderhand juist te hebben ingeschat.

Poetin had al een afspraak met de Duitse bondskanselier en door alle drukte geen tijd om Bolsonaro te verwelkomen, maar later zouden de twee elkaar wel ontmoeten en verklaarde de Braziliaanse president zich in vele opzichten, waaronder veiligheid, 'solidair' met Rusland. Op een moment dat de spanning over het uitbreken van een Derde Wereldoorlog op weg was naar een climax.

Bolsonaro wordt op het Kremlin veel hartelijker ontvangen dan de Franse president Macron, en dat willen ze weten in de app van de voetbalgroep. Hun held legt bloemen bij het monument voor gevallen Russische militairen in de Tweede Wereldoorlog en vergelijkt zichzelf in een tweet met keizer Dom Pedro II. In 1876 was deze Pedro het eerste Braziliaanse staatshoofd dat Rusland bezocht. 146 jaar later, in het jaar dat Brazilië tweehonderd jaar onafhankelijkheid viert, treedt Bolsonaro 'met voldoening' in zijn voetsporen. "Ons Brazilië heeft de roeping om met alle naties vrienden te zijn", besluit de president zijn post.

In Nederland, het enige land met een lockdown tegen omikron, gaan ineens alle remmen los. Op 25 februari 2022 zijn vrijwel alle beperkende maatregelen tegen corona verleden tijd. Ook de mondkapjes in binnenruimtes en zelfs de anderhalve meter. De coronatoegangspas kan van de telefoon worden gewist, of toch maar niet voor wie nog naar het buitenland wil.

De pandemie dooft eindelijk uit. De besmettingen zijn nog massaal, maar dat leidt niet meer tot een stijging van ziekenhuisopnames, en over doden wordt al helemaal niet meer gesproken. Datzelfde omikronvirus veroorzaakt op dat moment in Brazilië rond de duizend sterfgevallen per dag. En dat terwijl zo'n 70 procent van de Braziliaanse bevolking is gevaccineerd. Zou dit verschil in de kwaliteit, de bescherming, van het gebruikte vaccin zitten? Coronavac versus Pfizer?

De coronapandemie wordt als afgelopen verklaard door de meeste westerse landen, Nederland voorop. Het gewone leven moet weer worden opgepakt, zo is besloten vanwege grote maatschappelijke druk en een milde virusvariant. En om het dossier in dit boek af te sluiten: op 28 maart 2023 wordt coronadode nummer 700.000 in Brazilië geregistreerd.

**Neutraal land**

Even op adem komen is er in februari 2022 niet bij, want intussen is de wereld alweer in een nieuwe crisissituatie beland, die al wordt omschreven als het ergste militaire conflict sinds de Tweede Wereldoorlog. Rusland valt op 24 februari daadwerkelijk Oekraïne aan, en niet alleen de Poetin-gezinde deelrepublieken in het oosten. De wereld staat op zijn kop en staatshoofden buitelen over elkaar heen met veroordelende verklaringen aan het adres van Rusland. In Brazilië blijft het oorverdovend stil.

Wellicht was Bolsonaro al goed op de hoogte van wat zou gebeuren en had hij dat uit de eerste hand vernomen tijdens zijn bezoek aan Poetin, ruim een week voor de inval. Daarbij had hij bij zijn Russische ambtgenoot overigens wel, zij het zéér diplomatiek, aangedrongen op een vreedzame oplossing. Tussen de onderhandelingen over de aankoop van Russische kernreactoren door.

Brazilië is ook daags na de inval officieel 'neutraal' maar de regering neigt de zijde van Oekraïne te kiezen. "Maar dat hangt af van Bolsonaro", aldus vicepresident en generaal Hamilton Mourão. Door zijn sympathie te betuigen aan Oekraïne heeft hij voor zijn beurt gesproken en dan ook nog de verkeerde boodschap afgegeven, vindt een geagiteerde Bolsonaro. "Want er is maar één iemand die hierover gaat en dat ben ik."

Na dagen radiostilte blijkt Brazilië een neutraal en diplomatiek standpunt in te nemen en geen veroordeling jegens de Russen uit te spreken. In die opstelling heeft het land gezelschap van China en India. Maar ook van de rechterflank van de Republikeinen in Amerika en van Forum voor Democratie en de PVV in Nederland. Deze stroming geeft de NAVO en president Volodymyr Zelensky van Oekraïne de schuld van alle ellende. Het flirten over lidmaatschap van de NAVO heeft Poetin zo boos gemaakt dat hij de oorlog is begonnen.

De sociale mediacampagne met deze verklaring is alweer snel in elkaar gedraaid. In de appgroep van de Braziliaanse voetballers gaan TikTok filmpjes rond waarin wordt uitgelegd hoe het zit, op een toon van vanzelfsprekendheid.

De grote Oekraïense gemeenschap in het zuiden van Brazilië gaat de straat op om te protesteren tegen de oorlog. En de Bolsonaro-stemmers in mijn schoonfamilie lijken net zo mee te leven met het Oekraïense volk als wij dat doen in Europa.

Maar toch, ze kiezen geen partij maar communiceren in vage, mysterieuze termen. Ze bidden voor de vrede op aarde, dat soort dingen. Maar niet voor de terugtrekking van de Russen of voor de victorie van Oekraïne. De naam Poetin valt niet. Het wordt al snel weer een gevalletje van 'over sommige zaken discussieer je niet'. Terwijl het hier in Nederland zo open op straat ligt en de eenheid relatief groot is.

**Anti-Amerikanisme**

Ook een groep aan de extreemlinkse zijde neemt geen stelling tegen Poetin. Dat is in ieder geval wel het geval in Brazilië. Als ik buurman Marcos in die hoek mag plaatsen. Met hem bots ik over dit onderwerp, zonder onze vriendschap op het spel te zetten. Hij ziet vooral de sturende hand van Amerika richting oorlog en vindt dat Poetin louter zijn gestolen bezittingen terugneemt. Europa is de speelbal van de VS dat met de wapenverkoop lekker aan deze oorlog verdient.

Maar Amerika zal inbinden, want we gaan nu een nieuwe wereldorde tegemoet waarin Rusland en China de scepter zwaaien, dat weet hij zeker. Europa moet de keuze maken tussen Amerika of het blok China/Rusland. Bolsonaro is geen knip voor de neus waard, maar wat Oekraïne betreft heeft hij het goed gezien en het juiste (neutrale) standpunt ingenomen. Aldus Marcos.

Weer een slechte nacht na dit appverkeer en het komt de sfeer thuis ook niet ten goede. Nog eenmaal heb ik een uitwisseling van opinies met Marcos en dan vraag ik hem vriendelijk om dit onderwerp af te sluiten, we zullen er niet uitkomen. Een stiltepact. De kwestie had zo in het spotje van Sire gekund, besef ik later, tijdens de campagne tegen polarisatie in Nederland. 'Deze discussie ga je nooit winnen, maar een vriendschap kun je wel verliezen', of iets dergelijks.

De radio krijgt ook rust na de eerste hectische oorlogsweken, zodat ikzelf ook niet alleen maar met die oorlog bezig blijf. Later lees ik dat Brazilië wel degelijk schoorvoetend heeft ingestemd, na grote druk van Amerika, met het veroordelen van de Russische invasie in de Veiligheidsraad van de Verenigde Naties. Even een moetje, want het land zou, ook onder de nieuwe president Lula, een neutraal standpunt in blijven nemen.

Even hoogleraar Gaetani gepolst. Hij noemt de houding van landgenoten die Rusland niet veroordelen en neutraal blijven een houding van mensen die 'verloren' zijn, geen idee hebben van wat er aan de hand is in deze regio, in het verre oosten van Europa.

Hij refereert impliciet aan bolsonaristas. Maar wanneer ik later met de linkse Pizzolato over het thema spreek, hoor ik een identiek standpunt: het zijn juist de Oekraïners die niet te vertrouwen zijn, president Zelensky voorop. En veel later, in januari 2023 ben ik toevallig toehoorder van een gesprek tussen Marcos Robba en de voorvrouw van de linkse actiegroep, die Marcos probeert te overtuigen om actief te blijven, ook nu Lula heeft gewonnen. We zitten dan ontspannen te borrelen op een zwoele zomeravond in onze tuin, bepaald geen moment om zo'n telefoontje op te nemen.

Er zijn alweer vergaande plannen om Lula weg te krijgen, deelt de vrouw hem mede. Als Marcos zegt moe te zijn van alle politieke twisten en vooral verdrietig is om de oorlog in Oekraïne waarbij 'Slavische volken elkaar afmaken', antwoordt deze vrouw: "Maak je daar geen zorgen om, laat de Russen gewoon afrekenen met die nazi's in Oekraïne". Marcos lijkt dan wat oncomfortabel te worden met mijn meeluisterend oor.

Het confronteert mij opnieuw met het relatieve van onze rotsvaste overtuiging, ons eenvoudige en hermetisch gesloten verklaringsmodel dat enkel en alleen de Russen fout zijn, schuldig aan al deze ellende. In die vele uren na de inval dat ik de deskundigen en analytici voorbij hoorde komen op radio en televisie was er wekenlang geen enkele toespeling gemaakt op een mogelijk kwalijke rol van Amerika. Totdat ik in *Trouw* een opiniestuk van Jolle Demmers, hoogleraar conflictstudies bij Universiteit Utrecht, lees. De Biden-regering heeft haar eigen belangen bij de oorlog in Oekraïne en Europa moet zich niet naïef door de VS laten meeslepen, betoogt zij in een milde versie van het verhaal van Marcos.

Dezelfde Demmers wordt ruim een jaar later verketterd in (een deel van) de Nederlandse pers en ook haar eigen universiteit verwijdert haar opiniestuk van hun website, nadat zij op een lezing voor het Vlaams Vredesinstituut haar standpunten herhaalde. 'In Oekraïne wordt niet één conflict uitgevochten, maar vijf tegelijkertijd', was de titel van haar lezing. "Een kritische blik op de eigen stellingname, dat is misschien wel de zwaarste opgave in oorlogstijd", reageerde zij op de commotie. "Vaak is het niet zozeer 'de waarheid' die als eerste sneuvelt in een oorlog, maar vooral het vermogen tot zelfreflectie en kritiek."

In ieder geval is het anti-Amerikanisme nog springlevend in Brazilië – hier vinden links en rechts elkaar – en zo goed als afwezig in Nederland.

*Johannes en Francisco Gaetani tijdens het interview in Leblon.*

*Gelegenheidsbolsonarista Boguinha is de vaste bbq'er op zondag.*

*Rechter Alexandre de Moraes, levend uitgebeeld als duivelse gevangene.*

*Honderdduizenden op 7 september 2022 in het groen-geel in Copacabana.*

*Bolsonaro schreeuwde de menigte toe, maar was moeilijk verstaanbaar.*

*Bolsonaristas kwamen ook in militaire voertuigen naar Copacabana.*

*'Impeachment van senaatsvoorzitter Pacheco en rechter De Moraes.'*

*Banners toonden 'de echte journalisten', die Bolsonaro hadden gesteund.*

*De PT voerde ook campagne op de nieuwe boulevard van Itaipuaçu.*

*Op straat in Rio werden fanartikelen van beide kampen verkocht.*

*Ricardo Netuno tijdens de wethoudersvergadering in Maricá.*

*Rafaela Albergaria met haar moeder.*

*De inwijding van president Lula op 1 januari 2023, door 'het volk'.*

*De invasie van de bolsonaristas op 8 januari live op televisie.*

# 16. De strijd tussen het goed en het kwaad

Rechter Alexandre de Moraes laat op 17 maart berichtenservice Telegram blokkeren. Telegram wilde consequent niet meewerken aan een onderzoek naar het verspreiden van nepnieuws onder gebruikers en De Moraes was dat dusdanig zat dat hij tot deze maatregel besloot. Het Hooggerechtshof was vooral bezorgd omdat Telegram groepen van 200.000 mensen toestaat, waarin dus op grote schaal de verspreiding van nepnieuws over bijvoorbeeld de verkiezingsprocedure rondgaat.

Een dictatoriale maatregel, 'pure censuur', vinden Bolsonaro cum suis. Telegram is immers het platform waarop deze hoek zich groepeert, net zoals Trump dat met zijn aanhang doet.

Er gaan direct oproepen rond om een afzettingsprocedure te starten tegen De Moraes. Het is het zoveelste conflict tussen dit hoogste gerechtshof en deze regering. Telegram kiest snel eieren voor zijn geld, belooft beterschap en kondigt nieuwe maatregelen aan tegen nepnieuws. Twee dagen later kunnen de berichten op 53 procent van alle telefoons in Brazilië weer worden verspreid.

Lula blijft in de officiële peilingen van de landelijke gerenommeerde onderzoeksbureaus ruim aan de leiding, met 43 tegen 28 procent van de stemmen. Maar we hebben ook de parallelle peilingen die rondgaan op onder meer Facebook, op basis van 350.000 kiezers volgens de donkere, mannelijke en serieuze stem, de stem van een politiek commentator. In deze graadmeter staat Bolsonaro op 35 en Lula op 23 procent. In de quasi-serieuze reacties valt vooral te lezen: dit klopt, eindelijk een goede peiling!

De president moet alweer een volgend schandaal zien te overleven. Zijn minister van Onderwijs, Milton Ribeiro, ruimt snel het veld om de campagne van Bolsonaro niet te zeer te schaden. De minister – eveneens evangelisch voorganger – ligt onder vuur vanwege beschuldigingen van corruptie. Hij zou evangelische scholen hebben bevoorrecht bij de toekenning van gelden. De belastende getuigenissen stapelen zich op.

Bolsonaro countert de tegenslagen met een bevestiging van zijn leitmotiv en geeft de polarisatie nog maar eens een extra impuls: "Deze verkiezing is een strijd tussen het goed en het kwaad." Daartussen wordt het steeds leger. Ciro Gomes houdt dapper stand en probeert zich als alternatief voor de twee kemphanen te profileren. Maar een andere kandidaat van de derde weg geeft er op 31 maart al de brui aan, een geïsoleerde João Doria. Zijn partij (de PSDB) laat hem vallen.

Sérgio Moro zal de volgende afhaker zijn, voorspellen analisten. Ze hadden het goed. Als voorbode daarvan verruilt hij de partij Podemos (Wij kunnen het) voor União Brasil, een fusiepartij. En hij was nog maar net bij Podemos, maar het ontbrak deze partij aan de financiële middelen die Moro nodig achtte voor zijn campagne. Het wordt geen warm afscheid. "Hij wil een partij met financiële structuur en dat hebben wij niet. Maar Podemos heeft wel iets beters dan dat, geloofwaardigheid", zegt een senator. União Brasil wil Moro wel opnemen maar dan als kandidaat-parlementslid, niet als presidentskandidaat. De partij kiest Soraya Thronicke, een sympathieke 49-jarige senator en advocaat, en daarmee een rol in de marge.

Dit illustreert ook hoe persoonlijk politieke verkiezingen in Brazilië verlopen. Maar heel weinig kandidaten voelen zich verbonden aan een partij, per verkiezing kiezen ze het beste vehikel op dat moment. Bolsonaro is daar ook een sprekend voorbeeld van. Ciro Gomes heeft evenmin een partijbasis en switcht van de ene naar de andere partij in zijn politieke leven, waarin hij nu voor de vierde keer een gooi doet naar het presidentschap. Ciro is kandidaat voor Ciro, net zoals Bolsonaro kandidaat is voor Bolsonaro. Uitzonderingen zijn er ook, zoals de meeste kopstukken van de PT (Lula, Dilma, Haddad, etcetera), en Cardoso blijft de PSDB trouw.

Op 9 juli – wanneer de Brazilianen lijden onder een voor hun begrippen koude winter – vindt een voorlopig dieptepunt plaats in gepolariseerd Brazilië in de aanloop naar de presidentsverkiezingen. Een campagnemedewerker van Bolsonaro schiet in Foz do Iguaçu (de plek van de beroemde watervallen op de grens met Argentinië) een aanhanger van de PT dood, die zijn vijftigste verjaardag aan het vieren is. De schutter schreeuwt daarbij: 'Hier is Bolsonaro!'

De volgende dag viert zoon Eduardo Bolsonaro ('nummer 03') zijn 38ste verjaardag met een taart waarop een revolver kaliber 38 staat afgebeeld. Vader Jair reageert op de politieke moord met: "Wat heeft dat met mij te maken?" Columnist Eliane Castanhede concludeert in *Estadão* dat Brazilië oogst wat Bolsonaro plant: haat, adoratie voor wapens en een oproep tot een staatsgreep.

Intussen woekert de crisis voort, ook na corona. Een derde van de Brazilianen verklaart het eerste half jaar van 2022 in inkomsten achteruit te zijn gegaan of helemaal zonder inkomen te zijn geraakt. En Bolsonaro schakelt het leger vast in om tijdens de verkiezingen te gaan controleren op de door hem voorspelde fraude. De temperatuur stijgt, nog zeven weken te gaan tot de verkiezingen.

**Bolsonaro, de straatrover**

Claudia's oom wil eigenlijk geen interview, daarvoor beschouwt hij zichzelf als 'een te fanatieke bolsonarista'. Wel stelt hij Claudia voor om haar in de appgroep van zijn geestverwanten op te nemen. Zo beland ik in 'We houden van Brazilië' (Amamos o Brasil) en is Claudia direct weer weg.

Het verschaft een goed inkijkje in deze wereld, een wereld van nationalisme, traditionalisme en haat tegen andersdenkenden. 'De oorlog' wordt voorspeld wanneer Lula de verkiezingen 'frauduleus' wint. Die fraude is dan al aangetoond. Ook voorziet deze bubbel een 'nieuwe moordpoging' op Bolsonaro in de aanloop naar de verkiezingen.

Het gaat me te ver deze nieuwtjes allemaal te zien of te beluisteren. Wel neem ik een van de 'dringende mededelingen' tot me. Een volgende complottheorie. Binnen vijf jaar wordt Brazilië aangevallen door een vijandelijke mogendheid. En alleen Bolsonaro kan dit voorkomen, vooral dankzij zijn vriendschap met Poetin. Ook bekijk ik een filmpje waarin boeren de naam van de president in hun onafzienbare landbouwgronden hebben gemaaid. Een donkere vrouw met indiaanse trekken vertelt hoe een geweldig eerbetoon dit is voor een Braziliaanse president.

Radicalisering van de bolsonaristas op de sociale media is een nationaal thema medio augustus. Hun held kan zich niet beheersen wanneer hij een gevangenis bezoekt. Een van de omstanders provoceert hem ('loopjongen van de centrumpartijen!') en filmt tegelijkertijd met zijn telefoon. Wanneer Bolsonaro uit de auto stapt, probeert hij de telefoon van de man af te pakken en grijpt hem daarbij stevig bij zijn pols. De man, in een voetbalshirt van São Paulo, rent schreeuwend weg.

Het Lula-kamp pakt groot uit hierover, te meer omdat Bolsonaro eerder pleitte voor harde aanpak van straatroof, met name van telefoons. Nu wordt hij zelf als straatrover neergezet.

Het was overigens een van de resultaten waar Bolsonaro zich aan vastklampte tijdens de campagne: de daling van de criminaliteit onder zijn bewind. Zo was het aantal moorden met 10 procent afgenomen. En verder: Lula en Dilma lieten het land in puin achter terwijl het rustig was in de wereld, wij hebben corona gehad en zitten nu in een oorlog. Dan nog groeit de economie en vermindert de werkloosheid.

Waar links een land in puin ziet, voelt rechts zich in een land dat zijn nationale trots terug aan het winnen is en waar zo ongeveer alles beter gaat. En een middenweg zien de Brazilianen niet.

**De interviews**

Elke drie minuten loog president Bolsonaro tijdens zijn interview voor *Jornal Nacional* op 22 augustus, bij de aftrap van de campagne. *Estadão* checkte zijn uitspraken over covid-19, het milieu en ook Pix, dat betaalsysteem.

De fans van de president zijn niettemin laaiend enthousiast over zijn optreden op televisie. Hij heeft al die tendentieuze vragen van ster-interviewer William Bonner toch maar mooi gecounterd, en ze roemen hun held om zijn zelfbeheersing. 'Globo Afval' is zo een hak gezet.

Bolsonaro komt inderdaad rustig en ontspannen over, in zijn element. De vraag waarom hij de centrumpartijen nu heeft omarmd, voorheen politieke tegenstanders, countert hij ogenblikkelijk. "Jij stimuleert me om een dictator te zijn!" De interviewer is verbaasd, even van zijn stuk: "Ik?" Jazeker, zegt Bolsonaro. En hij legt uit dat zo een democratie werkt. Wanneer hij het verbond niet was aangegaan, had hij geen enkel plan door het parlement kunnen sluizen, want de linkse partijen krijgt hij nooit mee.

Ondanks zijn leugens – waar niemand meer om maalde – kreeg ik het gevoel dat Bolsonaro hier toch als winnaar de studio van *TV Globo* uitstapte. Lula kwam toen nog aan de beurt. Blijkbaar is er ook een diner gekoppeld aan het interview, maar wat doet Bolsonaro? Hij gaat in Rio een hotdog eten op straat in volkswijk Marechal Hermes. Een *cachorro quente* bij zo'n kraampje in Rio de Janeiro is een maaltijd. Het worstje wordt niet alleen bedolven onder mayonaise en ketchup, er gaan ook erwtjes, mais, olijven, frietchips, kwarteleieren en geraspte kaas in het broodje.

Bolsonaro laat het allemaal uitgebreid vastleggen. Het lijkt een weloverwogen actie, passende in de strategie van de Kapitein van het Volk. Die peperdure etentjes op zijn presidentiële creditcard blijven achter gesloten gordijnen.

Met deze volkse geste maakt hij zich weer wat onsterfelijker bij zijn aanhang. Zoals het merendeel van de voetballers van de Amigos de Itaipuaçu. De appgroep is inmiddels een politieke app geworden, er komen nauwelijks nog de gebruikelijke grappen voorbij. De oproepen om niet naar het interview van Lula op het *Jornal Nacional* te kijken worden continu herhaald. Het belang is groot, want naar aanleiding van de kijkcijfers bij beide kandidaten worden prognoses voor de verkiezingsuitslag gemaakt, zo luidt de boodschap.

Intussen speelt Bolsonaro steeds meer de religieuze kaart, lees de evangelische. Op 6 september, de dag waarop hij vier jaar eerder door een activist werd neergestoken, bezoekt hij de plek waar dit gebeurde in Juiz de Fora, Minas Gerais. Dat gaat gepaard met evangelische manifestaties. Jair Messias Bolsonaro verklaart op de dag van de aanslag 'herboren' te zijn, als Jezus, als de Messias.

De dan enig overgebleven, maar kansloze, serieuze vertegenwoordiger van de derde weg, Ciro Gomes, toont zijn afschuw over de gepolariseerde tweestrijd. Een strijd tussen 'twee corrupte kandidaten'. Het is in een fase dat Lula in de peilingen op 44 procent staat en Bolsonaro is opgeklommen naar 32 procent.

### Vlaggetjesdagen

Op de rechtstreekse vlucht van Amsterdam naar Rio met KLM zit ik naast een vriendelijke Braziliaanse vrouw die samen met haar tienerzoon reist. Haar dorst en eetlust zijn indrukwekkend. Buiten de drie maaltijden om loopt ze af en aan om stroopwafels en andere zoetwaren te halen bij de stewardessen en na drie flesjes rode wijn wil ze ook wel eens een witte proberen. Vanaf het laatste flesje rode wijn heeft ze geen glas meer nodig. Ze geniet zichtbaar van haar reis en knuffelt onophoudelijk haar bijna volwassen zoon.

Claudia had hetzelfde geobserveerd en er met een bevriende stewardess over gesproken, die toevallig op haar vlucht zat. Het zijn de liefste passagiers die je kunt hebben, de Brazilianen, vertrouwde ze toe. Maar na iedere vlucht is de voorraad eten en drinken helemaal op.

Gearriveerd in een nattig en kil Itaipuaçu in de laatste winterdagen van eind augustus, om het aftellen naar de verkiezingen mee te maken.

Abraão heeft de tuin van ons huis eens professioneel onder handen genomen, als een echte tuinman. Benieuwd hoe het is geworden. Hij kon er geen foto's van sturen want neemt zijn telefoon meestal niet meer mee als hij op pad gaat, sinds hij is overvallen. Dat is gebeurd op een ochtend toen hij zijn huis verliet, in Itaocaia Valley, iets dichter bij de rots op een wat afgelegen plek. Hij was op zijn motor en de boef lopend, maar met een revolver in zijn hand. Nu begrijp ik ook het bizarre relaas van onze gasten laatst. Ze werden verwelkomd op hun vakantiestek door Barata met een angstwekkend verhaal over een overval en gerustgesteld dat Barata ook een wapen thuis heeft. Ze beschreven dit als het enige minpuntje van hun verblijf.

Ik vertel Claudia maar even niet over de overval op onze tuinman en sta zelf ook weer met beide benen op de grond. Want ja, dit is dus Brazilië en dit gebeurt dus ook in onze mooie, landelijke buurt, waar we ons zo veilig voelen. Ik was die realiteit even bijna vergeten.

Tijdens de campagnes gebeurt er van alles. Bolsonaro beledigt een journalist, en daarna nog vele collega's, en valt zo toch weer uit zijn rol van beschaafde kandidaat die hij enkele dagen had weten vol te houden. De saaie Ciro Gomes toont juist een wilde kant van zichzelf. Met een fles drank in de hand, whisky aan de kleur te zien, of een zeer gerijpte cachaça, slentert hij over straat en zoekt de discussie met een groepje drinkende mannen op een terras.

Het straatbeeld ademt elke dag meer de verkiezingsstrijd. Voor 50 real per dag zwaaien mensen met vlaggen van kandidaten voor afgevaardigde in het parlement, senator, gouverneur en president. Langs de wegen en vooral op kruispunten en bij bushaltes is het dagelijks vlaggetjesdag. Van negen tot vijf, vertelt het meisje in het centrum van Itaipuaçu, en dan mag ze ook nog een uur lunchpauze nemen. Als ze dat vijf dagen per week doet, heeft ze aan het einde van de campagne toch een minimumloon verdiend. "Die Bolsonaro heeft Brazilië kapot gemaakt", verklaart ze haar keuze voor de opdrachtgever van haar klus.

De expliciete uitingen van politieke voorkeur komen steeds meer aan de oppervlakte. Zodra de winkelier door heeft dat ze geen bolsonaristas aan het helpen is, gaat ze los. Deze migrant uit deelstaat Pernambuco kan het niet verkroppen dat de president haar volk (de mensen uit het noordoosten van Brazilië) heeft vernederd, door ze weg te zetten als onbeduidend en te zeggen dat ze wat hem betreft 'riet kunnen blijven eten'. Daarnaast zitten de 'respectloze uitspraken tegenover vrouwen' haar heel hoog. Haar man is in gesprek met een vriend ('een slijmbal') uit het vijandelijke kamp, die zeker weet dat Bolsonaro al in de eerste ronde gaat winnen. Absoluut niet, verzekert de opgewonden vrouw, Lula zal direct met hem afrekenen. Haar ogen spuwen vuur.

**Bolsonaro-feest in Copacabana**

Geen woord spreken we over politiek binnen de familie de eerste tien dagen – het stiltepact houdt stand – maar rond de manifestaties op 7 september worden de verhoudingen duidelijk, nadat we wat foto's in de familieapp posten. Exemplarisch voor het landelijke beeld lijkt Bolsonaro terrein te hebben verloren binnen de extended family. Maar de hardliners houden vol, en krijgen de twijfelaars uiteindelijk mee.

Na 7 september barst de strijd echt los. Bolsonaro benut de viering van tweehonderd jaar onafhankelijkheid ten volle voor zijn campagne. Aan de historische gebeurtenis besteedt hij nauwelijks aandacht, keizer Dom Pedro I die met de schreeuw van Ipiranga de onafhankelijkheid uitriep, citeert hij niet eenmaal. Wel komen de vaste onderwerpen voorbij in zijn toespraken voor duizenden aanhangers in Brasilia en Rio de Janeiro: tegen abortus, voor liberalisering van wapens, waakzaam voor 'socialistische dictaturen', een schoonmaak van het 'communistische en partijdige' Hooggerechtshof en Brazilïë boven alles en God boven iedereen. Hij schreeuwt dat hij 'niet impotent te krijgen is' en vergelijkt zijn eigen jonge vrouw met de echtgenote van Lula. Kort daarop zou de opgetutte Michelle de show stelen tijdens de begrafenis van de Britse koningin Elizabeth. Een nieuw wapen in de verkiezingen.

Heel erg gênant en smakeloos allemaal, roepen de media, maar zijn aanhangers worden op hun wenken bediend. Wel is zijn toon op deze 7 september gematigder dan een jaar eerder: geen toespelingen op een militaire staatsgreep en geen dreigement dat de verkiezingsuitslag, bij verlies, niet wordt geaccepteerd.

We maken het Bolsonaro-feestje in Copacabana mee en staan op enkele tientallen meters van de bulderende president, met onze voeten in het zeewater. Een wat oudere man loopt met een nationale vlag in zijn handen zorgwekkend diep de zee in. Wat is zijn plan? In het zwart gekleed, met een wit overhemd onder zijn jack, gaat Bolsonaro verbaal tekeer maar is alleen te verstaan door de nabije omstanders. Zijn aanhangers wat verderop juichen harder tijdens de show van marineschepen en vooral gevechtsvliegtuigen, met een geel-groen-blauwe uitstoot.

Het is ook simpelweg een mooi, patriottisch spektakel en Claudia vergeet even dat het eigenlijk om een politieke manifestatie gaat en feest vrolijk mee. Voor haar is het wél de uitbundige viering van het bicentennial van haar geboorteland.

De sfeer is vriendelijk, met enkele uitzonderingen. Die hebben vooral rechter Alexandre de Moraes als doelwit, de duivel zelve voor bolsonaristas. Hij wordt door hen levend als Satan (met een neppistool in de hand) en als gevangene uitgebeeld. De kerken zijn aanwezig, net zoals de wapenlobby. En er is zowaar een bus uit Itaipuaçu. De Israëlische vlag wappert om iemands nek, een andere man draagt een pet met 'Jeruzalem'. Het volkslied klinkt regelmatig over het volle kilometerslange zandstrand. Wanneer doorsijpelt dat de president is gearriveerd, scanderen de mensen 'mito, mito'. De mythe is nu onder hen.

Op de bijeenkomsten komen een miljoen mensen af, de meesten in Rio. Van een raciale factor is geen sprake, het is een bont gezelschap met ook veel zwarte Brazilianen. Al snel daarna verbiedt rechter Alexandre de Moraes Bolsonaro om opnames van het feestje voor zijn campagne te gebruiken. De beelden zijn immers gemaakt tijdens een nationale openbare gebeurtenis.

Richting nachtrust na een lange Onafhankelijkheidsdag gaan op de Rua do Catete de handjes al boven de deken uit wanneer we met de pizzadoos aan komen lopen. Toch nog een avondmaaltijd. Toen dezelfde straatbewoonster ons overdag elders zag wandelen zei ze: "Jullie zijn veel op pad hè". Deze buurvrouw houdt ons in de gaten.

De nacht in het appartement in Flamengo wordt gedomineerd door een hartverscheurend gehuil van een pitbull op het balkon van een appartementencomplex naast ons. Het dier met een beschermkraag om heeft de boel al flink ondergepoept. Ik probeer hem pratend wat te kalmeren en dat lukt een beetje. Een overbuurman is de wantoestand aan het filmen en er blijkt een stroom aan klachten bij de portier van het complex te zijn gearriveerd. Het werkt, want een uur later is de hond opgehaald door zijn baas, een alleenstaande man.

De specialist die deze dag de airco in ons appartement een grondige onderhoudsbeurt komt geven, maakt een ronduit depressieve indruk zodra de politiek ter sprake komt. Zijn stiefvader is fel bolsonarista en heeft inmiddels ook zijn moeder zover gekregen. "Ze is helemaal gehersenspoeld, niet meer voor rede vatbaar", klaagt de jonge vader die met dit soort klussen net de eindjes aan elkaar kan knopen.

## De gekaapte nationale symbolen

De nationale vlag en kleuren zijn intussen een uiting van bolsonarisme geworden. Gekaapt, zoals dat in Amerika het geval was met de nationale vlag ten tijde van Trump. En begin 2023 hoor ik tot mijn verbazing, of naïviteit, dat rechtsextremisten in Nederland zich op sociale media uiten en vereenzelvigen met de nationale driekleur.

Iemand die in september 2022 in Brazilië over straat loopt in een geelgroen voetbalshirt van het land, is in de eerste plaats een Bolsonaro-supporter, ook al is het WK in Qatar in aantocht. Het werkt door, want de koelbox die we aanschaffen voor het huis wordt toch maar niet die mooie groen met gele. We nemen een rode met wit deksel, op het moment van de keuze niet helemaal bewust dat dat ook weer een politieke lading kan hebben. Een PT-koelbox.

Presidentskandidaat Simone Tebet (middenpartij MDB) maakt uitgebreid een punt van de kwestie tijdens een interview voor de televisie. "Die vlag is van ons allemaal, en geel, groen en blauw ook!" De centrumrechtse politica speelt een marginale rol maar pakt haar moment. "Jij valt vrouwen aan en hoort achter de tralies. Ik ben helemaal niet bang voor jou en je ministers", wendt ze zich direct tot de president.

Zij is ook de kandidaat die het onderwijs als haar prioriteit benoemt, en wekt steeds meer sympathie. Mijn schoonmoeder overweegt even op haar te stemmen, nadat ze beseft dat het niet verplicht is op een van de twee te gaan stemmen. Ze ziet echt twee kampen in haar land en voelt zich bij geen van de twee thuis. Maar de druk van enkele familieleden is groot om toch weer Bolsonaro aan te vinken.

Ciro Gomes blijft ondertussen maar roepen dat Lula verantwoordelijk is voor de verkiezing van Bolsonaro vier jaar eerder. Als hij zelf in de tweede ronde moest kiezen tussen deze 'twee corrupten' zou hij niet gaan stemmen, kondigt hij aan. En dat terwijl hij nog minister was onder Lula, die Ciro als 'een vriend' beschouwt.

Het lijkt een persoonlijk dingetje dat escaleert, want de linksige Ciro flirt zelfs even met Bolsonaro. Daags voor de verkiezingen ligt hij helemaal op ramkoers met alles en iedereen. In thuisstaat Ceará kan hij zich niet meer vertonen na politiek gekibbel met zijn broers en hij zet zich buitenspel voor een ministerspost bij zowel Lula als Bolsonaro. Die zou die andere kandidaat uit het midden, Simone Tebet, wel krijgen. De uitbranders die zij Bolsonaro gaf, betalen zich uit.

**Hippiedorp in de bergen**

Even geen Lula of Bolsonaro. Op weg naar neef Paulo in de bergen van deelstaat Espírito Santo maken we een tussenstop in Macaé. 'Hoofdstad van de energie', heeft de citymarketeer bedacht. En ook hoofdstad van de petroleum, wordt de bezoeker duidelijk bij het binnenrijden van de flinke provinciestad. Dat hier het nodige gebeurt aan winning en opslag van olie en gas is goed zichtbaar.

Bij de vestiging aan zee van Petrobras kunnen we niet verder, draaien om en vinden iets verderop hotel Paradiso. De gasten van dit hotel zijn vrijwel allemaal medewerkers van Petrobras of van toeleveranciers van het olieconcern. En het gros zit in quarantaine op de kamer. Nog steeds eisen de bedrijven dat van hun medewerkers in verband met covid, vertelt de receptioniste. De anderen slenteren wat rond, precies zoals je dat kunt verwachten van functionarissen op reis die wachten op het moment dat ze aan de slag kunnen. Particuliere beveiligers waken over hen, en vooral over de quarantaine-discipline.

Onze kamer lijkt in de woeste Atlantische Oceaan te liggen. Op acht hoog kijken we vanaf het balkon zo het water in. Het strand en de boulevard zijn smal. De stad heeft geen reputatie van een aantrekkelijke toeristische bestemming maar ons bevalt het hier uitstekend. Smetteloos schoon zijn de straten en stranden en de horeca is van een allure die we in de deelstaat Rio de Janeiro niet direct gewend zijn.

Al valt ons dinertje vies tegen. Kreeft op de kaart, die buitenkans wilde ik niet laten passeren. Ik had beter moeten weten, want eerdere ervaringen met kreeft in Brazilië waren ook teleurstellend. Geheel doorbakken en met een overdaad aan gedroogde Italiaanse kruiden wordt de potentiële lekkernij geserveerd. Ik sla me er doorheen. Claudia treft het nog minder. Haar biefstuk is eerst doorgeslagen, bij de tweede poging rauw en toen hoefde het voor haar niet meer want ik was ook al uitgegeten.

De menukaart meldt dat restaurant Luigi in 2020 bij de 10 procent beste restaurants ter wereld hoorde op Trip Advisor. Er kan veel gebeuren in twee jaar. Het personeel weet niet om te gaan met kritische klanten en probeert ons maar te ontwijken. Andere gasten hebben het of beter getroffen of de lat lager liggen, zij eten rustig door met hun jassen aan in de tochtige eetzaal tijdens de nadagen van de Braziliaanse winter.

Gelukkig serveert het hotel de volgende ochtend een majestueus ontbijtbuffet. De werkers in de oliebusiness scheppen hun borden ook vol, vooral met bakbanaan.

De zeelucht ruikt bij vlagen wel wat onaangenaam, valt ons na een tijdje op. Even op internet en ja hoor: door de olie-en gasindustrie is de luchtvervuiling hoog in deze contreien.

De volgende avond hebben we echt niets te klagen over de luchtkwaliteit. Op 800 meter hoogte tegen het nationaal park Serra do Caparaó aangeschurkt verblijven we in een idyllische gemeenschap, Patrimônio da Penha. Tot de jaren negentig een paar huisjes van lokale boeren en veehouders. Toen ontdekten jonge hippies uit welgestelde families in Rio de Janeiro de plek. Ze bleven, kochten voor een habbekrats gronden op en nu wonen er circa duizend mensen, voor een deel nog idealisten en overgebleven hippies en hun kinderen. Het gehalte aan kunstenaars, artiesten en schrijvers is hoog en onder de natuurliefhebbers bevinden zich ook 'radicalen'. Dat vertelt Laissa, eigenaresse van de pousada waar we verblijven en vrouw van Relva, dochter van hippiepioniers.

De sfeer in het dorpje doet denken aan dit soort oorden in India. Het is er zeer relaxed, voor de buitenstaander in ieder geval. De serene avondrust onder een indrukwekkende sterrenhemel wordt alleen verstoord door de muziek van een van de plaatselijke evangelische kerken. Het lawaai galmt door het dal het nationaal park in. En dat terwijl er maar een paar mensen in de kerk zitten.

Het ergert veel bewoners, maar er is een compromis gesloten. Tot tien uur mag de dominee schreeuwen en de muziek het dorpje domineren, dan is het klaar voor de dag. “De gemeenschap hier is een microkosmos”, verklaart Laissa. “Alles wat je in de wereld ziet, is hier ook, op kleine schaal.” En dus is er niet alleen opeens een luidruchtige evangelische kerk, maar openen ook regelmatig nachtclubs. Die treffen dan fel verzet van de inwoners en sluiten de tent maar weer onder al die druk.

Op weg hiernaartoe slaat de natuurverwoesting je in het gezicht. Kale heuvels, soms net platgebrand, wat koeien en als er bomen staan, horen die bij de kortstondige monocultuur van eucalyptus. Rond Patrimônio da Penha zijn de bossen deels beschermd en in het nationaal park helemaal. Maar de controles op illegale ontbossing hebben onder deze president wel een flinke deuk opgelopen, verzucht Laissa.

Koffiestruiken zijn overal te vinden op de hellingen. Aan het einde van een wandeling door de natuur kloppen we aan bij een herkenbare koffieplantage. De boer, zijn vrouw en haar moeder ontvangen ons hartelijk en we drinken een kopje van de specialty versie, met een duur keurmerk. Schoonmoeder doet mee en is eerlijk: ze vindt dat lichtbruine spul niet te drinken, en lacht haar schoonzoon uit. Geef haar maar een gewoon stevig bakkie. Dat vinden wij eigenlijk ook, en we kopen een pak van de doorsnee koffie. De boer toont zijn moderne apparatuur om de bonen te branden en vertelt over het uitvoerige proces van de keuringen. Het is het verhaal van de traditionele, marginale koffieteler die door zijn gestudeerde kinderen de moderne tijd in wordt gelanceerd. Met succes.

De bouwactiviteiten zijn ook alom aanwezig. Een van de aannemers, een echte local, ziet veel buitenlanders en mensen uit Vitória, de hoofdstad van Espírito Santo, de plek kiezen om een stuk grond te kopen en een huis te bouwen. Werk zat heeft deze Elizeu. We ontmoeten hem op de route van de watervallen. Drie honden uit het dorp wijzen ons de weg en zouden drie dagen lang niet van onze zijde wijken.

Ik heb dan mijn koudste nacht ooit in Brazilië overleefd, onder drie dekens in een tochtig hutje bij 6 graden Celsius. Inmiddels zijn trainingsjack en trui uit en duik ik poedelnaakt in een ijskoud bassin van een waterval. Hond Iara houdt de wacht, we zijn duidelijk de enige toeristen.

**Familiebezoek**

De werkwijze is als volgt: eerst wordt koffie verbouwd, dan eucalyptus en vervolgens wordt alles platgebrand voor veehouderij, grazende koeien. Het continue kaalscheren van de voorheen beboste heuvels is een voorwaarde om het te behouden als puur graasland, want wanneer de grondeigenaren bomen laten groeien wordt door de milieucontroleurs direct kap verboden. Het systeem ter natuurbescherming zet dus eigenlijk aan tot ontbossing.

Deze les wordt gegeven door twintiger Carol. Een eigenzinnig stadsmeisje dat op haar veertiende alleen in een favela in Rio ging wonen en op haar zeventiende het land introk om overal vrijwilligerswerk te gaan doen. Inmiddels woont ze vier jaar in het buitengebied van Patrimônio da Penha, op een berghelling letterlijk op de grens van het nationaal park Serra do Caparaó. Behoorlijk verwijderd van alles en iedereen – de buurman, een alleenstaande Amerikaan, woont in een nog primitiever hutje zo'n honderd meter verderop.

Ze kocht het stukje grond en woonde er drie jaar lang alleen, in een met zeil bedekte barak. Nadat ze Paulo ontmoette kreeg niet alleen haar liefdesleven een impuls, ook in materiële zin werd het beter. Paulo kan bouwen van klei en hout en inmiddels staat er iets van een huis. Ze koken op houtvuur en eten uit halve kokosnoten. De slaapplekken lijken op Japanse tatami's, een matje op een bed van harde bamboestokken.

Ze hebben een dochtertje, Iarim. Een verbraziliaanste naam uit het Hebreeuws. De afkeer van Bolsonaro zit diep bij de twee en de liefde voor de inheemse landgenoten gaat ver. Een jaar later vertelt Paulo trots dat het meisje is geregistreerd als 'inheems'. Brazilianen moeten hun kleur opgeven en het komt in het paspoort: ben je zwart, wit, bruin of inheems. Doe maar inheems dan, bedacht het jonge stel, want ergens ver weg zitten er mogelijk wat inheemse genen in de familie, ook al zijn de ouders en grootouders van deze 'indiaanse' in de stad opgegroeid. Verbijstering alom binnen de familie over deze actie.

**Onverantwoordelijk links**

Lijstje gesprekspunten gemaakt, zijn boek nog even doorgenomen, pak stroopwafels voor de gastheer en -vrouw, helemaal klaar was ik voor het interview met André Constantine in het penthouse van Henrique Pizzolato in Copacabana. Direct bereikbaar was André niet, maar Pizzolato wist hem tot een lunch te verleiden waarbij ik kon aanschuiven.

Deze donkere jongen uit de favela, op een van de steile berghellingen in de Zona Sul, groeide op met veel huiselijk geweld door zijn vader tegen zijn moeder en verloor al jong zijn vader. Die bleek later te zijn vermoord door een drugskartel. Als tiener kreeg hij een vuurwapen aangereikt om die moord te wreken, in dienst van het heersende kartel in de wijk. Zijn moeder smeekte haar zonen dat niet te doen. André gehoorzaamde. Op zich een wonder, want, schrijft hij in het boek *O dia em que o morro vai descer* (de dag waarop de berg naar beneden komt): "Alles drijft ons richting de criminaliteit."

En dan heeft hij het over zwarte jongens in de favela. Racisme blijft een weinig besproken en gevoelig onderwerp in Brazilië.

Nelson Mandela noemde Brazilië de ideale multiraciale samenleving. Als buitenstaander zie je het niet, volgens veel Brazilianen bestaat het niet, anderen zien een subtiel racisme, maar André heeft vanaf zijn kinderjaren racisme ervaren. Vooral op school waar hij allerlei bijnamen kreeg, afgeleid van zwarte mensen of dingen. Zou 'Seedorf' met wie ik zondag zo lekker heb gevoetbald bij de Vrienden van Itaipuaçu, dit ook zo voelen, vraag ik me af wanneer ik dit lees.

Zijn rechtvaardigheidsgevoel dreef hem een ander pad op, dat van dominee van een evangelische kerk. Hij veranderde zijn achternaam in Constantine, naar een film waarin de hoofdpersoon slechte geesten bestrijdt.

Uiteindelijk kon het gedachtegoed van de kerk hem niet meer bekoren en hij ging zich los van de kerk om zijn gemeenschap bekommeren. De ervaren lokale leider ontving hem met open armen; hij kon een bevlogen assistent goed gebruiken in de aangrenzende favela's Chapéu Mangueira en Babylonia in Copacabana. André ging zich inzetten voor kansarme zwarte wijkgenoten en ook voor vrouwen, daartoe aangezet door zijn eigen ervaringen als kind thuis.

Hij kon zich goed presenteren, had een vlammend betoog vanuit het hart in huis en maakte zo indruk op zijn toehoorders. Hij trok de aandacht van het linkse televisiekanaal *TV 247* waar hij zijn eigen programma kreeg. De PT ontdekte hem en André zag een carrière als politicus wel zitten.

Afgevaardigde in het deelstaatparlement beschouwde hij als eerste stap naar een glorieuze politieke loopbaan. Maar zijn kandidatuur is er niet van gekomen voor de verkiezingen van 2022. "Er kwam wat gedonder toen hij assistent werd van een afgevaardigde en daar een salaris voor kreeg", vertelt Pizzolato. "En hij zei vervelende dingen over Joden, live op televisie. Hij is een einzelgänger en erg direct in zijn communicatie en generaliseert daarbij nog wel eens. Nu is hij verbitterd dat hij geen kandidaat is geworden voor de PT."

In zijn boek, in interviewvorm, schrijft Constantine over 'de vooroordelen van de linkse elite'. Daar zal hij in zijn perceptie nog steeds mee te maken hebben.

Ik kan het hem niet vragen want hij komt niet opdagen voor de lunch, al woont hij in de favela om de hoek. Pizzolato blijft maar bellen en appen maar geen enkele sjoege. En hij had nog wel Braziliaans gekookt voor André, terwijl hij gewoonlijk Italiaanse gerechten bereidt. Nu staat er op de voor vier gedekte tafel een schaal varkensvlees, zwarte bonen, gebakken groene kool, bonte rijst en *farofa*. De rode wijn is wel Italiaans. De limoncello toe heeft Pizzolato in zijn eigen keuken gefabriceerd.

André laat het echt afweten, concludeert hij, en dat is niet voor het eerst. Pizzolato trekt het breder: dit is een probleem van links. De avond hiervoor had hij een bijeenkomst waar oud-president Dilma Rousseff ook bij was en een toespraak hield, nog steeds verward en onsamenhangend. Ook hier ergerde hij zich over niet nagekomen afspraken. "Er spelen allemaal eigenbelangen en links is eigenlijk heel onverantwoordelijk. Indrukwekkend gewoon. Wanneer je met iemand van rechts afspreekt komt die zeker wel op tijd."

Mijn eigen ervaringen rechtvaardigen toch een nuancering op deze kritiek op links vanuit het eigen kamp. Het niet nakomen van afspraken, onbereikbaar zijn en lastig samenwerken is niet voorbehouden aan linkse Brazilianen, maar een algemeen verschijnsel. Rechtse politici krijg ik ook maar niet te pakken voor een afspraak en binnen familie en vrienden verdwijnen ook mensen regelmatig van de radar.

Lula gaat winnen, weet Pizzolato zeker, en trekt een mandaat van vier jaar nog wel. Maar dan? Hij maakt zich grote zorgen, want er dient zich geen opvolging aan. "De PT is verworden tot *lulismo*."

Dilma noemt hij 'een grote fout', en Fernando Haddad, die in 2018 Lula verving, is simpelweg te beschaafd, te academisch en niet volks genoeg om de Braziliaanse massa voor zich te winnen. Deze Haddad doet dezer dagen tevergeefs een gooi naar het gouverneurschap van Brazilië's machtigste deelstaat, São Paulo. Hij legt het af tegen Tarcísio, een toen nog trouwe bondgenoot van Bolsonaro en door menigeen vanuit rechtse hoek gezien als toekomstig president.

Toch krijgen de verkiezingen ook voor Haddad een mooi vervolg, hij wordt minister van Economie in de nieuwe regering Lula.

**Gepolitiseerde rechtspraak**

Mijn langzame eterij maakt Pizzolato wat ongedurig. Hij moet een online meeting in om met een groepje medestanders de statuten te bespreken van de op te zetten vereniging van slachtoffers van lawfare. De een zit achter het scherm in Brasília en een ander in Zwitserland, in een rood shirt waarop de beeltenis van Lula prijkt. Zo'n shirt draagt Pizzolato ook. Een relikwie uit de campagne van 2018, die hij moest staken, en de rest is geschiedenis en tracht ik hier te beschrijven. Wanneer de advocate in Brasília door heeft dat er een onbekende buitenlandse man in de meeting is beland, rent zij opgewonden uit beeld om haar lippen te stiften.

Ze bespreken eerst nog even het geval van twee vervolgde journalisten in deelstaat Paraiba. Het beviel een 'tweederangs rechter' niet dat in een documentaire (*Besmette Justitie*) die de journalisten maakten een van de 'slachtoffers van lawfare' een rechter (Rogério Favretti) verantwoordelijk hield voor alle psychologische schade die zij had opgelopen nadat zij was aangeklaagd. Het slachtoffer dat aan het woord kwam was een oud-burgemeester die veel goeds had gedaan voor haar stadje.

De druk om zulke journalisten te veroordelen wordt vooral gegenereerd vanuit de rechtse pers, leggen Henrique Pizzolato en zijn partner Andreia Haas uit. Die journalisten duiken er bovenop en maken de beschuldigde af. Daarom vinden ze internationale tegendruk ook zo nodig. Andreia noemt Lula als voorbeeld. Zonder internationale druk waren zijn veroordelingen nooit geannuleerd, weet ze zeker. Enfin, of ik deze casus uit Paraiba onder de aandacht kan brengen in Nederland.

Een ander sprekend voorbeeld is dat van een dokter die de openbare, gratis gezondheidszorg wilde opkrikken en de toorn opwekte van particuliere ziekenhuizen. 1400 processen binnen een jaar kreeg hij aan zijn broek. Voor wie de details wil weten, die staan op de website *lawfarenuncamais.org*, een project waar het stel Pizzolato dag en nacht mee bezig lijkt te zijn.

Kritiek op de rechtspraak blijkt niet aan rechts voorbehouden. Bolsonaro heeft best een beetje gelijk met zijn kruistocht tegen het Hooggerechtshof, verklaart Pizzolato. Hij heeft het over een gepolitiseerde rechtspraak en een hof dat zich met alles bemoeit, teveel macht krijgt en wetten verandert waar dat de taak van het parlement zou moeten zijn.

Als voorbeeld noemt hij een door het parlement aangenomen wet die een controlerende rechter zou instellen. Het Hooggerechtshof annuleerde dit voorstel. En heel recent: een verhoging van het salarisplafond voor zorgmedewerkers werd door het hof naar de prullenbak verwezen nadat particuliere ziekenhuizen erover aan de bel trokken.

Het overgrote deel van de rechters in het land is rechts en dat vormt een bedreiging voor linkse regeringen. Dat het huidige Hooggerechtshof nu het mikpunt van woede van de bolsonaristas is, komt omdat dit hof de ongeleide president, die het zelf in het zadel heeft geholpen, tracht te beteugelen. Aldus Pizzolato.

En machtsblokken in de samenleving spelen in op de toenemende politieke macht van rechters, stelt hij vast. Neem de oprichter en schatrijke ondernemer bisschop Edir Macedo van de pinkstergemeente Igreja Universal do Reino de Deus (de Universele Kerk van het Koninkrijk Gods). Hij vermarkt zijn concept niet alleen met succes wereldwijd, maar gaf onlangs ook tweeduizend studiebeurzen weg aan jonge gelovigen van zijn genezingskerk, die vooral armen aantrekt. Zij kunnen een studie rechten gaan volgen aan de beste universiteiten en daarna met hun gedachtegoed kantoren openen of als rechter bij de overheid gaan werken. Pizzolato: “Deze kerk heeft door waar de macht zit.”

Hij ziet het ook als een wereldwijde ontwikkeling en heeft daarom best wel bewondering voor de Turkse president Erdogan. Die ontsloeg immers alle rechters na de mislukte staatsgreep door Fethullah Gülen en zijn aanhang in 2016. De rechters zaten in het verkeerde kamp.

**Gratis gezondheidszorg**

Toch maar de avondrit vanuit Rio terug naar Itaocaia Valley, waar vriend Boguinha de volgende ochtend een nieuwe kluspoging gaat wagen. De vorige strandde bij de deurbel, die hij niet gebruikte omdat hij dacht dat die kapot was en vervolgens maar weer huiswaarts keerde.

De klus wordt ditmaal verhinderd door de regen. Met regen stopt ongeveer alles in Rio. Het is het ergste wat een carioca kan overkomen, een nat pak. En in en rond Itaipuaçu is ook nog overal modder. De mensen maken een ontredderde indruk en hun stemming slaat op me over. In die omstandigheden denk ik vaak aan het boek *Het trieste der tropen* (1955), waarin de Franse antropoloog Claude Lévi-Strauss verslag doet van zijn reis door de binnenlanden van Brazilië. Al heeft zijn triestheid vooral betrekking op de teloorgang van inheemse volken, waarmee hij werd geconfronteerd in het aardse paradijs.

Tot overmaat van ramp worstelt Barata met een lelijke plek onder zijn voet, die nog pijn doet ook. Ik breng hem naar de dokter en onderweg vertelt hij me alle ins en outs over de drugsbusiness op de route. In het arme deel van het plaatsje Inoã is er een bloeiende handel en hij weet exact aan te wijzen waar. Hier geen uiterlijk vertoon van drugssoldaten met wapens, maar de verdekte variant. De lokale baronnen hebben wel een knauw gekregen onlangs, toen vier kameraden in een vuurgevecht met de politie werden doodgeschoten.

Barata heeft een duidelijke visie op de problematiek: vrijgeven die ellendige drugshandel. "Dan hebben die gasten geen macht meer, ze gedragen zich nu als koningen."

Er is een bescheiden wachtrij bij de gloednieuwe gezondheidspost in Inoã van SUS (Sistema Unico de Saúde), de gratis gezondheidszorg waar 100 miljoen Brazilianen (en niet alleen arme mensen) gebruik van maken. Met name de rijke gebruikers nemen dat voor vanzelfsprekend en bekritiseren het vooral, vanwege lange wachttijden en slechte behuizing. Maar ik ben het met een deskundige van de gezondheidszorg eens, die op *CNN Rádio* verkondigt dat dit ondanks de tekortkomingen 'een briljant systeem' is.

Barata wordt uitgebreid onderzocht en krijgt gratis antibiotica, nog wel, de bezuinigingen van Bolsonaro op basismedicijnen zijn nog niet doorgevoerd. De dure zalf moet hij wel zelf aanschaffen. Bij het tonen van zijn fiscale nummer krijgt hij in de drogisterij flinke korting, een van de eigen maatregelen van de gemeente Maricá om de lage inkomens te steunen. Die steun komt nog wel eens bij de verkeerde mensen terecht, klaagt mijn schoonmoeder vaak.

De zo gevreesde injectie met antibiotica blijft hem bespaard. De dokter bespeurt zijn hoge bloeddruk en zijn angst voor de naald en vindt het niet verstandig Barata nog meer stress te bezorgen. "Je loopt en werkt te veel op slippers in de bush en hebt zo uitwerpselen van paarden in de voet gekregen en daarmee een gevaarlijke infectie opgelopen", diagnosticeert de vrouwelijke arts.

Eenmaal thuis slaat Barata de ene na de andere mierzoete koffie achterover en bereidt zich voor op een ander leven: met kaplaarzen in plaats van teenslippers, en op de een of andere manier moet hij minder vet en suikerwaar eten. Een immense uitdaging. "Oud worden is klote", vat hij de situatie samen. Ik maak van zijn kwetsbare stemming gebruik door met hem af te spreken dat hij zijn honden niet meer slaat. In ruil daarvoor heb ik immers zijn leven gered.

**Verkiezing van de afwijzing**

Meermalig presidentskandidaat in het verleden en milieuactiviste, Marina Silva, spreekt ruim een maand voor de verkiezingen haar steun uit voor Lula. Het is een voorziene tegenvaller voor Bolsonaro in de strijd om een belangrijke kiezer: de evangelische vrouw. Ook deze groep pruimt uiteindelijk zijn houding tegen vrouwen niet en herinnert zich goed de ellende tijdens de pandemie.

Dat hij drie weken voor de verkiezingen grote bezuinigingen aankondigt op het verstrekken van gratis basismedicijnen (zoals tegen astma), valt ook niet goed bij arme moeders. Evenmin het vrijwel geheel schrappen van de lunch op openbare basisscholen. Het zal nodig zijn om de, plotseling kort voor de verkiezingen, forse verhoging van de Bolsa Família (Bolsonaro's naamswijziging in 'groen-gele beurs' beklijft niet) te kunnen waarmaken. De toelage voor arme families stijgt van 400 naar 600 real, en in sommige gevallen komt daar nog eens 200 bij. Aanvankelijk schrapte hij de toelage zelfs. Lula roept dat hij dit bedrag ook garandeert. En zo strijden de twee om de stem van de arme massa.

Veel verder gaat de strijd inhoudelijk niet. Van de vijf hoofdpunten op de flyer van Lula wijzen vier op inkomen en koopkracht, de vijfde op onderwijs. Verder vallen ze elkaar vooral persoonlijk aan: Lula is een bajesklant en corrupte dief en Bolsonaro heeft genocide gepleegd tijdens de pandemie en discrimineert bevolkingsgroepen. Ze noemen elkaar niet bij naam. Het is de ex-gevangene tegen de genocidepleger.

Af en toe komen ook groene energie en bescherming van de regenwouden even bovendrijven bij Lula als agendapunt. Mogelijk te laat, vreest Henrique Pizzolato: "Brazilië heeft aangetoond dat het niet competent is om de Amazone te besturen. De agressieve milieuvervuilers waren er al. Maar nu hebben ze ook de macht." Andreia: "Ik ben bang dat Brazilië de Amazone gaat verliezen. Stel je eens voor dat het in handen van de Amerikanen komt! Dan is de ramp nog veel groter."

Hoewel de dagelijkse gesprekken op straat er niet over gaan, ondervindt ook Brazilië de klimaatverandering aan den lijve. Het midden van het land, op dezelfde breedtegraad als de Sahara, krijgt steeds meer te maken met grote droogtes. De agribusiness voelt het ook, want oogsten mislukken. En daar kan geen steun van de president voor deze sector tegenop, de natuur heeft het laatste woord. Met de aankondiging van Lula dat hij gronden terug gaat geven aan inheemse gemeenschappen, slaat de paniek toe bij deze groep.

Journalist en wetenschapper Deysi Cioccari zegt op *Rádio Transamérica* precies wat ik op dat moment denk: de twee kandidaten ventileren slechts vage kortetermijnplannen waardoor een inhoudelijk debat helemaal ontbreekt. "Daardoor kunnen de kiezers straks de gekozen president ook niet op iets afrekenen."

Een collega in de politieke wetenschappen, Adriano Oliveira, heeft het over de verkiezingen van de afwijzing. Diegene die het meest wordt afgewezen door het volk, verliest. En beide kandidaten zetten in op afwijzing van de ander, door de minpunten van de ander te benadrukken, in plaats van de eigen visie en ambities voorop te stellen.

Volgens Oliveira heeft de derde weg (Ciro Gomes en Simone Tebet) gefaald door geen partij te kiezen en beide hoofdkandidaten aan te vallen. Daardoor blijven ze marginaal. Eerst als kandidaat van het midden alleen Bolsonaro afwijzen en vervolgens in de tweede ronde de pijlen richten op Lula, zou wel succes hebben gebracht, analyseert hij. Nu beperkt deze 'lauwe verkiezingsstrijd' zich tot lulisme versus bolsonarisme.

Henrique Pizzolato noemt het '*imediatismo*' wat politici tegenwoordig aan de dag leggen. Iedereen roept datgene waar voor hemzelf het snelst voordeel uit te halen is. Een overtreffende trap van opportunisme.

Een ruggensteuntje voor de president komt ook voorbij: de inflatie in Brazilië is lager dan in de Verenigde Staten en Engeland. De nieuwslezer kan een juichtoon niet onderdrukken. Nederland wordt natuurlijk niet genoemd, maar staat er wat dit betreft slechter voor dan de twee Engelstalige landen. En dat Nederland een hogere inflatie heeft dan Brazilië, heb ik in de afgelopen dertig jaar niet meegemaakt, waarschijnlijk is het nooit voorgekomen.

De zondagse voetbaldagen tussen de bolsonaristas verlopen uiterst sportief en harmonieus. Politiek komt zelden ter sprake op deze fysieke bijeenkomsten, de groepsapp is daarvoor het kanaal. Toch een glimp. Bij het aanschouwen van een gemeentelijke schoonmaker die zondagochtend vroeg de vuilniszakken op het strand vervangt, becommentarieert een van de voetballers: "De gemeente heeft geld genoeg, alleen dat is helaas in verkeerde handen." Dat de gemeente Maricá al vele jaren een links bolwerk in een overwegend rechtse deelstaat is, is hier eerder al beschreven.

Intussen wordt het regenachtige, kille weer gecultiveerd. Bij 22 graden wandelen de mensen in truien en regenpakken met hun warm aangeklede honden langs het strand. Maar er wordt wel gevoetbald, en hoe. Voor drie teams is er net niet genoeg animo maar de diehards rennen 90 minuten lang de longen uit hun lijf in de klei vol stenen. De machtige oceaan knipoogt.

**Bang voor agressie**

Schreeuwende krantenkoppen. De arme Brazilianen lijden honger, op veel plekken in het noorden en noordoosten zelfs ongeveer een derde van de bevolking. Wat betreft kinderen van onder de tien jaar zijn de cijfers nog zorgwekkender: bijna 38 procent van deze gezinnen kent dagen zonder eten op het bord. De verschillen per regio zijn groot. Deelstaat Espírito Santo in het zuidoosten en het zuidelijke Santa Catarina scoren respectievelijk 13 en 16 procent. In de noordelijke staat Maranhão kampt 63 procent van de gezinnen met jonge kinderen met voedselproblemen. Brazilië is helemaal terug op de mondiale hongerkaart.

Het is een wapen in handen van de PT, want onder Lula verdween Brazilië van die hongerkaart, met 3 procent van de mensen in extreme armoede. Landen met zo'n groep onder de 5 procent, komen niet op die hongerkaart.

We zitten ruim twee weken voor de eerste verkiezingsronde. De campagne van Ciro is goed, weet een analist op de radio, maar hij is slachtoffer van de constante aandacht voor de twee hoofdpersonen. Dat heeft een groot deel van de kiezers gemonopoliseerd.

Maar Ciro raakt gedesillusioneerd en zijn campagne wordt almaar cynischer, en krijgt een agressief karakter: hij valt zowel Bolsonaro als Lula aan. Zo poogt hij eigenlijk een derde polariserende factor te worden, en het is al zo'n onvriendelijk gebeuren. Onderzoeksbureau Datafolha komt op 15 september met cijfers over de gevoelde angst bij kiezers. 67 procent van de ondervraagden blijkt bang te zijn om aangevallen te worden (verbaal of zelfs fysiek) vanwege een politieke keuze. En 3 procent is daadwerkelijk fysiek aangevallen. Zoals die man op de veerboot van Rio naar Niterói die het waagde 'Lula' te roepen. Maar ook wethouder Ricardo Netuno van de aan Bolsonaro gelieerde partij Republicanos werd tijdens zijn campagne met eieren en flessen bekogeld door hardliners van de PT.

De uitkomsten van dit onderzoek maken indruk en keren dagenlang terug in de media. De Brazilianen beseffen: hun vrolijke land is grimmig geworden.

De verhitte politieke discussies hebben al meerdere doden opgeleverd. En een bolsonaristische afgevaardigde van het deelstaatparlement in São Paulo, Douglas Garcia, valt journaliste Vera Magalhães aan. De journaliste die al diverse malen door Bolsonaro was gedemoniseerd, ook tijdens de manifestaties op 7 september. Toen was er ook een reusachtig spandoek overigens, met foto's van 'de echte journalisten'. 'We moeten hen eeuwig dankbaar zijn' stond erbij.

## Tegen de genderideologie

Rond een interview met een kandidaat deelstaatparlementslid voor de PT, spreek ik twee Uber-chauffeurs over de verkiezingen. Ze zijn praatgraag. En ze belichamen de situatie in het land. Sérgio Roberto Alves werkte als techneut voor een bedrijf dat onder meer aan recycling en aan opwekking van energie deed, voordat hij noodgedwongen chauffeur werd. Zijn situatie is duidelijk niet verbeterd de afgelopen jaren, toch gaat hij zonder enige twijfel Bolsonaro stemmen, 'want hij is beter dan niets'. "Het is misschien niet de beste regering van de wereld maar altijd beter dan de PT." Hij vreest dat 'Brazilië een Venezuela gaat worden', wanneer Lula aan de macht komt.

Hij heeft meer motieven: "De economie is zo slecht nog niet nu en ik ben een patriot en een familieman. Wij als hetero's verliezen onze rechten. Wanneer steeds meer mannen met mannen samengaan, worden er geen kinderen meer geboren." Het is het standpunt dat Bolsonaro 'tegen de genderideologie' noemt, en veel Brazilianen – en niet alleen Brazilianen – aanspreekt.

De peilingen waarin Lula ruim leidt, gelooft hij niet, hij heeft zijn eigen bronnen en groepen waar hij op vertrouwt. Hij erkent dat Bolsonaro het milieu 'verwaarloost', en betreurt dat wel. "Maar daar maalt de Braziliaan niet om. Het gaat om eten op het bord en een barbecue in het weekend." De maatregel van de president om thuis bij mensen die een pensioen genieten, te controleren of ze nog in leven zijn, wil hij er positief uitlichten. "Dat heeft heel veel fraude aan de dag gelegd. Veel mensen waren al jaren dood en het pensioen ging gewoon door."

We zijn al even gearriveerd in het nog steeds sterk verloederde centrum van Rio de Janeiro. En er is zoveel moois van te maken met al die historische gebouwen, die onderhand op instorten staan. In die tientallen jaren van voornamelijk rechtse bestuurders is het niet gelukt. En ook onder de gematigd-linkse burgemeester Eduardo Paes is er geen vooruitgang te zien wat dit betreft. Het is acht uur 's ochtends wanneer we parkeren. Aan de andere kant van de straat ontwaakt een rij straatbewoners. Ze rekken zich uit, voordat de nieuwe overlevingsdag aanvangt.

Nog meer dan zeven maanden eerder valt de armoede op straat op. De cijfers staven die observatie. In september 2022 leven 33 miljoen Brazilianen in extreme armoede (14 miljoen meer dan een jaar eerder), volgens de internationale hongerkaart, zo'n 15 procent van de bevolking. Hetzelfde aantal mensen als dertig jaar geleden, toen de rechtse liberaal Fernando Collor de Melo als president net was afgezet wegens corruptie.

**Rafaela en racisme**

Rafaela Albergaria gebruikt gretig de armoedecijfers in haar campagne. Ze probeert afgevaardigde van de PT in het deelstaatparlement van Rio de Janeiro te worden.

Ze laat haar jongere broer koffie zetten, dat doet de twintigjarige voor het eerst in zijn leven. Helemaal tevreden met het resultaat toont Rafaela zich niet, ze houdt van een sterker bakkie. Haar moeder verzorgt intussen de ontbijttafel. Verse witte broodjes, kaas, gekookte ham, cake, sinaasappelsap. De vrouw is in de zevende hemel met het appartement dat haar kinderen voor haar hebben geregeld. Ze is ook klaar met een leven lang werken als huishoudelijke hulp bij rijkere landgenoten.

Bevrijd is ze van haar overbevolkte thuisgrond, São João de Meriti, een heel arme voorstad van Rio met een half miljoen mensen op 32 vierkante kilometer. 84 procent van de bevolking is er werkloos of werkt, met name als straatverkoper, in de informele economie. Er is geen ziekenhuis, geen schoon water, geen riolering. Een van de vele derdewerelddelen van Brazilië.

De zwarte vrouw heeft ook veel onder racisme geleden in haar leven, vertelt dochter Rafaela, "Zelfs door mijn vader en zijn familie. Hij was een Portugees en beschouwde zwarte mensen als minderwaardig. Ook al was het zijn eigen familie. Zijn familie was nog racistischer. Ze wilden ons als gemengde kinderen witter maken en mijn moeder werd zelfs voor aap uitgescholden."

Rafaela strijdt nu vooral voor beter openbaar vervoer in de wijk waar ze opgroeide. Want daar zijn geen fietspaden, en bus- en treinverbindingen maar mondjesmaat voor zo'n grote bevolking. Fietsroutes aan laten leggen wil ze in de arme voorstad, net zoals dat zo royaal is gebeurd in de Zona Sul van Rio. Daar maken de rijke stedelingen gretig gebruik van de panoramische fietspaden langs de strandboulevards.

Ze strijdt ook voor haar overleden nicht. Joana kwam tussen de deur toen ze een volle trein instapte, die haar vele meters meesleepte, tot de dood. De familie kreeg daarna een rekening van de spoorwegmaatschappij voor de kapotte deur, veroorzaakt door de 'zelfmoord' van Joana. Het zette Rafaela aan tot het schrijven van een boek over de onveiligheid en ongelijkheid in de stadstreinen van Rio, opgedragen aan haar nicht.

Er is heel veel geweld – met name verkrachtingen – in de overbevolkte treinen, en 68 procent van de slachtoffers is zwart, weet Rafaela. Ze trekt al jaren ten strijde tegen racisme. Bijgestaan door assistenten, geregeld door de PT. Ze geniet zo de voordelen van gelieerd zijn aan een grote partij.

Zij ging studeren, haalde haar diploma's en nu is ze de trots van de familie. Haar moeder weet niet hoezeer ze haar dankbaarheid kan uiten. Ze straalt van geluk, maar de pijn van haar vroegere leven is nog zichtbaar.

Over de regering Bolsonaro is Rafaela vernietigend, een regering die 'de agenda van de dood' hanteert. "Deze regering heeft de pandemie gebruikt om zoveel mogelijk armen te doden." Haar politieke opvattingen kennen geen nuances. Getúlio Vargas, de held van de arbeiders? "Hij praktiseerde de eliminatie van de zwarte bevolking, dat moest in het jaar 2000 volbracht zijn. Hij sloot de mensen met behulp van een wet op in gevangenissen."

Een politiek succes zou op zich laten wachten want Rafaela werd niet gekozen, maar ze kwam wel op de wachtlijst voor het deelstaatparlement terecht.

Dertiger is ze, net zoals haar tegenpool Ricardo Netuno, de wethouder in Maricá. Hij houdt zich staande tussen louter linkse collega's, maar gaat na de vlijmscherpe debatten in de raadszaal wel vriendschappelijk met ze om. Allebei zijn ze enorm bevlogen voor hun zaak, voor hun Brazilië. En allebei oprecht en de ander respecterend, hoe radicaal anders diegene ook denkt. Zo kan het ook. Als deze politici de voorbode zijn voor de toekomstige politieke leiders, is er nog hoop voor het land.

**Nieuw Venezuela**

Na het interview tref ik op de terugweg een chauffeur die nog meer redenen zou kunnen hebben om niet op Bolsonaro te stemmen. Maar ook Marcelo Vasconcelos is vastberaden. "Alle politici stelen, maar de PT heeft zoveel gestolen dat het land is gebroken. En zolang de corruptie bij de kinderen van Bolsonaro blijft, en niet bij hem, valt het nog mee."

Hij kent de weg niet zo goed in Rio. Uit het verre Manaus komt hij, zijn hele familie woont daar nog, in de miljoenenstad midden in het Amazonegebied. Een jaar geleden trok hij met vrouw en kind naar Rio, nadat hij tijdens de pandemie zijn comfortabele inkomen had verloren. Hij somt het allemaal op: een winkel had hij waar hij 30.000 real per maand aan verdiende, en daarnaast appartementen die hij verhuurde en een eetplein in de stad. De klanten bleven weg, de huurders konden de huur niet meer betalen en het eetplein raakte ook leeg. Ineens was hij arm.

Hij verwijt Bolsonaro helemaal niets en ziet de president vooral als een medeslachtoffer van de pandemie. Daarom verdient hij 'een tweede kans'. Die hoor ik deze dagen vaker voorbij komen, de tweede kans.

En toch heeft hij tegelijkertijd zoete herinneringen aan president Lula. "Tijdens zijn eerste termijn ben ik ondernemer geworden, en begon mijn goede tijd. Als Lula niet van de PT was geweest, had ik op hem gestemd." Hij is niet de eerste Bolsonaro-stemmer die ik tref die voorheen op Lula stemde.

Nu vermoedt hij dat Lula wraak gaat nemen voor alles wat hem is aangedaan. "Hij is zo bitter dat ik er voor vrees dat hij Braziliё in een nieuw Venezuela gaat veranderen." Bolsonaro prijst hij voor het 'bewustmaken van de bevolking'. "Iedereen praat nu over politiek, en dat was nooit zo. Iedereen kent nu ook het Hooggerechtshof en zijn rechters. Dat komt door alle uitspraken van de president."

**Buurtonderzoek**

Na twee dagen onophoudelijke regen beginnen de wegen in Itaocaia Valley onbegaanbaar te worden, en het openbare leven wordt stiller en stiller. Ik ben de enige klant in de buurtsuper en andere winkels houden de deuren zelfs gesloten. Bij de kassa sta ik achter een man in een Braziliaans voetbalshirt en een afgeknipt spijkerjack daaroverheen. Op de achterkant ervan staat *Patriota* geborduurd. Ook zo'n woord dat door de bolsonaristas is gekaapt, in navolging van de trumpisten. Alleen zij zijn de patriotten.

Afspraken maken lukt niet, de mensen willen niets anders dan thuis blijven en wachten tot het stopt met regenen. De telefoons staan ook in de regenstand. En straks komen de rampen: overstromingen, aardverschuivingen en stukken loskomende berghellingen.

Het is dus een eenrichtingsverkeer op de telefoon en einde vrijdagmiddag geef ik het op, geen interview met een kandidaat parlementslid van links of rechts. Een onderzoekje in de buurt dan maar. Schoonmoeder Ceiça blijkt er helemaal klaar mee te zijn. Deze zwevende kiezer wil eigenlijk niets meer zien of horen van de verkiezingen. "Ik ben heel blij wanneer het straks voorbij is", verzucht ze.

Druk vanuit een segment van de familie bracht haar ertoe in 2018 op Jair Bolsonaro te stemmen. Dat gaat ze nu in de eerste ronde niet doen, maar wanneer het op een keuze tussen Lula of Bolsonaro aankomt wordt het toch weer Bolsonaro, vertelt ze haar kleindochter, die haar walging daarover niet kan onderdrukken. Oma op andere gedachten brengen lukt echt niet.

Hetzelfde gebeurde in 2018 met Barata en Geralda. Ze werden overtuigd door een van hun drie zonen. Bolsonaro zou een einde maken aan de corruptie en het land verbeteren. "Ik ben slecht geïnformeerd en heb toen tegen mijn wil gestemd", verklaart Barata vier jaar later. Tot de lancering van Bolsonaro stemde hij steevast PT.

Dat gaat hij nu weer doen. En weer is het motief de hoop op verandering, verbetering. Daarnaast heeft ook Barata goede herinneringen aan het eerste mandaat van Lula, van 2003 tot 2007. "Toen heb ik mijn werk opgebouwd en stukken grond kunnen kopen. Mijn bazen hadden het toen goed, dus ik ook. Nu juist niet, want Bolsonaro heeft de pensioenen gekort."

Daardoor heeft niet alleen hij maar ook twee collega's hun beste opdrachtgever verloren. Intussen verwildert het riante landgoed – in het tropische bos op de helling van de Rots van Itaocaia – van de oude man en staat het voor een relatief laag bedrag te koop. "En het vrijgeven van wapens vind ik ook niet goed", schiet Barata nog een motief te binnen.

"Luister, dat is een papegaai die Ibama hier heeft losgelaten", onderbreekt hij zijn betoog even. "Ze hebben zo'n ringetje om hun poot."

Hij keert snel terug naar 'het interview': "In plaats van wapens hebben de mensen eten en onderwijs nodig, want er is nog heel veel honger. Honger is er natuurlijk altijd wel geweest."

Geralda staat er ongeveer hetzelfde in, maar vindt in tegenstelling tot haar man dat Bolsonaro wel zijn best heeft gedaan om het volk te helpen tijdens de coronapandemie. Waarom het nu Lula wordt, kan ze moeilijk uitleggen. "Het gaat niet goed hè met de wereld, en de prijzen van voedsel en brandstof stijgen maar in Brazilië."

Zoon Angelo dubt. Hij zit alweer in zijn laatste jaar van de academie voor lichamelijke oefening en krijgt les van een van onze vaste Airbnb gasten. Wat een toeval. Zijn vrienden op de faculteit proberen hem over te halen Bolsonaro een tweede kans te geven. Die verdient hij op zich wel, vindt Angelo. "Want hij heeft veel schade van de PT moeten herstellen en ook nog de coronapandemie moeten doorstaan. Hij heeft daardoor niet de kans gekregen zich echt te bewijzen." Ook hij ziet Bolsonaro dus eerder als slachtoffer van de pandemie dan dat hij er een kwalijke rol in heeft gespeeld.

Waarom de twintiger vier jaar eerder op Bolsonaro stemde, weet hij heel goed. "Ik was de PT helemaal beu na al die jaren in de regering met alle corruptieschandalen." Hij volgt het nieuws niet zo, en kijkt ervan op dat Bolsonaro in het buitenland niet bijster populair is. Bolsonaro is voor de rijken, Lula voor de armen, wat hem betreft.

**Tolerante bolsonaristas**

Exact twee weken voor de zondag van de verkiezingen opent de president van de Veteranos Amigos de Itaipuaçu de voetbaldag met een emotioneel betoog over de dood van de vrouw van een van de kameraden. Hij voetbalde de afgelopen twee keer gewoon mee maar was daarna snel vertrokken. Zijn aan terminale kanker lijdende vrouw verzorgen, hoor ik nu.

Die voetbalmomenten met zijn maten had hij nodig, zegt president Toninho Jaú. En hij zou het heel verstandig vinden wanneer de weduwnaar zou blijven opdagen op zondag. Zelf deed hij dat ook nadat zijn vrouw overleed, zo'n twee jaar eerder. "Want de energie die hier circuleert is fabuleus. Het heeft mij door een heel moeilijke periode gesleept."

De mannen staan zoals altijd hand in hand in een kring op het modderige veld. Jong, oud, arm, rijk, wit, bruin, zwart, protestants, katholiek, spiritistisch, Afro-Braziliaans. Voetbal verbroedert. Qua politiek is het wat minder veelkleurig. De bolsonaristen zijn veruit in de meerderheid. Maar dat die niet altijd intolerant hoeven te zijn, wordt mij deze dag heel duidelijk, het is best een eyeopener. Toninho predikt respect en pleit ervoor 'om iedereen de ruimte te geven'. Het zijn geen hardliners, wel denken ze dat ze weten hoe het zit: Bolsonaro brengt Brazilië weer op orde en met de PT is het land reddeloos verloren.

De deelstaat Rio de Janeiro is de warme thuishaven van Bolsonaro. Net zoals in het zuiden en het midwesten van het land zijn hier niet armoede en honger – zoals wel het geval is in het noordoosten en noorden – de allergrootste zorg van de meeste mensen, maar veiligheid en corruptie. En daar sluit Bolsonaro's verhaal het best bij aan.

Dan is het de hoogste tijd voor de twee katholieke gebeden, Onze Vader en Ave Maria, voordat de bal gaat rollen. Iedereen doet mee, ook de evangelische gelovigen. De spelers zijn extra opgewonden, na dagen regen schijnt de zon uitbundig. De hoogbejaarde spits Wilson pikt zijn doelpuntje weer mee.

De nazit, natuurlijk met barbecue, krijgt onverwacht bezoek. Van een kandidaat deelstaatparlementslid van de PT, die met een stoet auto's en vlaggenzwaaiers campagne voert over de strandboulevard. Als dat maar goed gaat, denk ik.

Toninho praktiseert zijn preek van tolerantie, en zijn manschappen luisteren ook aandachtig en zonder vervelende opmerkingen naar het verkiezingsverhaal van Renato Machado. De evangelisch voorganger uit Maricá voert campagne om afgevaardigde namens de PT te worden in het deelstaatparlement van Rio de Janeiro, en dat zou hem lukken. Weer een treetje omhoog op de sociale ladder die hij als hulpje van een tegelzetter betrad.

De politicus legt uit dat de asfaltering van de strandweg twee jaar heeft stilgelegen vanwege een blokkade door Ibama, het natuurbeschermingsorgaan van de rijksoverheid. Het leefgebied van de hagedis moest worden beschermd. Nu er corridors zijn gemaakt, is de bouw hervat. Wat lijken Nederland en Brazilië soms veel op elkaar.

"Natuurlijk, jullie voetbalveld wordt verbeterd en daar krijgen we geen gedonder over met Ibama." En er komt nog meer leven in de brouwerij, kondigt hij aan, op dit nog zo heerlijk rustige laatste stukje Itaipuaçu, voordat het uitgestrekte duinreservaat begint.

Ik kan het niet laten hem even aan de arm te trekken over de situatie in Itaocaia Valley. De ontbossing en verstening van dit landelijke gebied zijn ook Renato een doorn in het oog. Hij noemt het een van zijn prioriteiten. Het geeft de burger wat moed, maar ja, verkiezingen in aantocht.

De voetballers laten hem rustig uitpraten, dollen met hem en gaan samen op de foto. Maar stemmen op hem, ho maar. Ook al belooft hij een mooi voetbalveld. "Want hij vertegenwoordigt een partij die helemaal verrot is."

Einde onderwerp en verder met belangrijker zaken, het glaasje wordt weer gevuld met ijskoud bier en de schalen met gegrilde stukken varkensworst en rundvlees gaan van hand tot hand. De gesprekken gaan vooral over de voetbalklassieker die vandaag wordt gespeeld in Maracanã: Flamengo-Fluminense.

**São Gonçalo**

De leden van dit recreatieve voetbalclubje komen veelal uit São Gonçalo, een stad van bijna een miljoen inwoners op een half uur rijden van Itaipuaçu. De deelstaat Rio de Janeiro heeft het hoogste percentage evangelisch gelovigen in Brazilië en van de deelstaat staat São Gonçalo hoog genoteerd. De burgemeesters zijn traditioneel rechts en qua schoon water en sanitaire voorzieningen bungelt de stad onderaan in de vergelijkende statistieken. Het is er ook Bolsonaro-land.

Antonio Carlos Felipe Emiliano, roepnaam Boguinha, is er geboren en getogen. Hij gaat er kort voor de verkiezingen vanuit dat Bolsonaro het land alsnog op orde gaat brengen, na alle pech met corona. Wederom het verhaal van de tweede kans.

De informele klusjesman heeft eerder op Lula gestemd ('omdat hij leverde wat hij beloofde') maar vanwege 'alle diefstal' doet hij dat niet meer. Ook bij hem is het niet zozeer een afkeer van Lula, maar een diepe afkeer van de PT. 'Helemaal zat', is hij die partij. De huidige president krijgt van hem het voordeel van de twijfel.

De zittende rechtse gouverneur Claudio Castro en een eveneens Bolsonaro-gezinde lokale kandidaat voor het deelstaatparlement kunnen ook op zijn stem rekenen. De laatste omdat hij recent asfalt heeft laten aanbrengen in de buurt waar hij woont, en ervoor heeft gezorgd dat de drugsoverlast wat is afgenomen. "Alleen daarom stem ik op hem, al kan ik hem niet uitstaan."

Boguinha heeft eigenlijk alle reden om zich van de huidige politieke bestuurders af te keren. Vijftien jaar lang bouwde hij aan zijn eigen huis, een nu flink gebouw van twee etages. De trots klinkt door wanneer hij erover vertelt. En de pijn. Want hij zag zijn wijk steeds verder achteruithollen, met het ene na het andere drugsverkooppunt en schietpartijen in de avonduren. Zijn huis verminderde in waarde en is nu onverkoopbaar. En hij wil het graag verkopen om de benzine- en hasjgeuren te verruilen voor de zeelucht van Itaipuaçu.

Steeds als ik dit soort verhalen hoor, komt een uitspraak van toenmalig wethouder Paulo Cerri naar boven: "De drugshandel is een alles contaminerend gif." Cerri probeerde, onder meer met de aanleg van sportfaciliteiten voor de jeugd, begin deze eeuw de problematiek bij de wortel aan te pakken in de wijk Vila Isabel in Rio, waar Claudia opgroeide.

Terug naar de vooravond van de verkiezingen in 2022. De 'respectloze uitspraken' en andere uitglijders van de president verwerpt Boguinha. Maar ja, wat kan hij eraan doen? Het hoort er een beetje bij, vindt hij, net zoals de corruptie. "Alle politici zijn onbetrouwbaar, ze willen alleen maar geld."

Net als de Uber-chauffeur licht hij er een actie van Bolsonaro uit die hij in het bijzonder kan waarderen. "Hij heeft *Globo* aangepakt en de geldkraan eindelijk dichtgedraaid!" Hij neemt de kwast weer ter hand en dompelt hem in de vernis. De kozijnen zijn op weg naar een nieuw leven. Een klus die ik heb uitbesteed. Zelf leg ik me toe op het tegelpad onkruidvrij maken en het bestrijden van mierenplagen.

Een verdrietige bezigheid dat laatste. Ik voel me een massamoordenaar wanneer ik het witte gifpoeder in het nest strooi, waarvandaan een ingenieus gangenstelsel door de tuin loopt. Gangen vol met bezige mieren, dapper sjouwend met stukjes blad, takjes en zelfs de wortels van de bomen worden door de mieren gebruikt om hun huis van te bouwen. Het gaat daarom niet goed met onze tuin, en daarom dit laatste redmiddel.

"Voorzichtig met dat gif want het vervuilt je grondwater", waarschuwt buurman Marcos. En dat grondwater pompen we uit de put in de tuin en komt uit de kraan. Dit zakje witte poeder kan maar zo een van de door Bolsonaro vrijgegeven verdelgingsmiddelen zijn, taboe elders in de wereld (behalve Rusland waar Brazilië de meeste van die middelen vandaan haalt), besef ik later.

**Idealisme**

20 procent van de kiesgerechtigden onthield zich in 2018 van stemmen en er zijn zorgen dat dit percentage deze keer hoger wordt. Dat is gunstig voor Bolsonaro, legt een analist op de radio uit. Want bolsonaristas zijn 'idealistischer' dan stemmers op Lula. Ze stemmen hoe dan ook op Bolsonaro. En de mensen die aangeven op Lula te gaan stemmen, afgezien van de fanatieke lulistas, zijn minder zeker van hun zaak, stelt de deskundige wiens naam ik vergeet te noteren. Zijn herkenbare uitleg blijft wel hangen. "Ze kunnen denken dat Lula toch wel gaat winnen en hun stem daarom niet zo nodig is."

Ik begin steeds meer benieuwd te worden naar de uitslag van 2 oktober. Het wordt spannender dan de officiële peilingen aangeven, krijg ik de indruk, en dat voorgevoel bleek te kloppen.

Veel mensen die ik spreek weten niet waarom ze op de een of de ander gaan stemmen. Het is op gevoel of op dringend advies vanuit hun omgeving. Zoals de werkloze vrouw van in de vijftig die aanvankelijk verklaart op Bolsonaro te gaan stemmen, 'omdat iedereen op hem stemt' in haar omgeving, São Gonçalo. Gedurende het gesprek stelt ze haar keuze bij: het wordt een blanco stem, of wellicht een van de vrouwen of Ciro. "Want Ciro is tenminste een vriendelijk persoon." Later bedenkt ze zich en wordt ze fanatiek adept van Bolsonaro.

# 17. Spannender dan een voetbalkraker

Gewonnen, maar het voelt eigenlijk als verloren. Dat is de stemming bij Lula en zijn aanhang op maandag 3 oktober 2022, een dag na de eerste ronde van de verkiezingen. Ruim 48 procent van de stemmen heeft hij gekregen, niet genoeg voor het presidentschap. En de 43 procent voor Bolsonaro is veel meer dan de peilingen aangaven. Het verbaast me niet, die stemming was overal voelbaar in het land. Het compleet verdeelde land, wordt nu nog duidelijker.

De media in Brazilië en in Nederland gingen al, zij het voorzichtig, uit van een beslissing in het voordeel van Lula in de eerste ronde, en Bolsonaro werd ingeschat op rond de 33 procent. Ik mocht mijn licht laten schijnen over de verkiezingen bij *Bureau Buitenland* op *Radio 1*, en nuanceerde die stemming nogal tegenover Tim de Wit. Het geloof en de overtuiging van de bolsonaristas en de diepe afkeer van Lula van veel zwevende kiezers die ik trof in Brazilië, lagen nog vers in mijn geheugen. Het zou spannender worden dan het leek.

Tijdens de verkiezingsdag rekenen de bolsonaristas zich lange tijd rijk, want ze gaan aan de leiding. Het beeld kantelt wanneer de noordelijke en noordoostelijke deelstaten aan bod komen. Op het hoofdkwartier van Lula in São Paulo gaat gejuich op.

Wanneer de uitslag definitief is, geeft Lula toe dat het resultaat best tegenvalt. In de Braziliaanse media is de teneur dat Bolsonaro weliswaar niet heeft gewonnen, het bolsonarisme wel degelijk. Want Bolsonaro heeft veel meer stemmen gekregen dan verwacht, met name van veel stille stemmers. En ik ken er wel een aantal. Daarnaast wonnen partijleden of geallieerden van Bolsonaro in meer deelstaten dan berekend de strijd om het gouverneurschap. Zoals in Rio, waar gospelzanger Claudio Castro met 58 procent meteen klaar was. Castro propageert een light bolsonarisme met oog voor andersdenkenden, zelfs samenwerking met Lula zou hij geen punt vinden. En zo zitten er nog wel wat grijstinten tussen de twee contrasterende kampen.

In deelstaat Rio de Janeiro krijgt Bolsonaro, ook onverwacht volgens de peilingen, veel meer stemmen dan Lula, 51 tegen nog geen 41 procent. De stemming voor afgevaardigden en senatoren levert een grote zege voor rechts op. Met meer dan de helft van de parlementariërs aan de politieke rechterflank is het nationale parlement rechtser dan ooit geworden in de democratische geschiedenis van het land. De huidige partij van Bolsonaro, de PL, alleen al krijgt 99 afgevaardigden, bijna een vijfde van het hele Huis van Afgevaardigden (Tweede Kamer).

De meerderheid van de zittende parlementsleden wordt herkozen, daarbij geholpen door de riante toelage van de staat – flink verhoogd door Bolsonaro – om campagne te kunnen voeren. Zo'n voordeel hebben nieuwkomers niet, die moeten het allemaal grotendeels zelf betalen, soms heeft een partij er budget voor.

"We zijn nog nooit zo machtig geweest", concludeert Bolsonaro terecht. Intussen gaat hij ook door met het creëren van chaos door het in twijfel trekken van de eerlijkheid van de verkiezingen. En zijn volgelingen zijn nog stelliger: 'Opnieuw is er fraude gepleegd!' Met 'opnieuw' doelen ze op het verlies van Donald Trump. Ze slijpen de messen en de lulistas lijken zich te beraden op de juiste strategie in de komende vlamvattende maand. Spreek je duidelijker uit over je economische plannen, geven analisten Lula mee.

Het is zo gevaarlijk om tegenwoordig links of rechts te zeggen, dat wanneer ze me de weg vragen ik antwoord: altijd maar rechtdoor.

Een grapje dat de ronde doet in Brazilië, en aardig de toestand in het land in de fase tussen de twee verkiezingsrondes weergeeft.

De bolsonaristas delen intussen gretig een video van voetballer Neymar waarin hij zijn steun voor Bolsonaro uitspreekt, uitzingt eigenlijk. Logisch, concludeert de andere kant, want zijn vader heeft een openstaande boete van miljoenen reais vanwege fraude bij de transfer van zijn zoon destijds van Santos naar Barcelona. De familie heeft al wat pogingen ondernomen op het presidentieel paleis, maar de boete staat nog.

**Jefferson draait door**

Het eerste van de twee debatten tussen de kandidaten is ongeveer onbeslist geëindigd, analyseren de traditionele media veilig. Misschien een klein voordeel voor Lula, want Bolsonaro had wel erg vaak geen adequaat antwoord op prangende kwesties, zoals de ontbossing van de Amazone. Het was uiteraard een grote moddergooierij, 5 procent van de discussies ging over de regeringsplannen van de kandidaten. In de peilingen ligt Lula dan krap op kop.

'*Pintou um clima*', beheerst de (sociale) media twee weken voor de finale op 30 oktober. Vrij vertaald iets van 'er ontstond een bepaald sfeertje'. Een uitspraak van Bolsonaro nadat hij bij minderjarige tienermeisjes uit Venezuela op bezoek was in de buurt van Brasília. Vluchtelingen, die er op zaterdagochtend verdacht opgetut uitzagen, vond Bolsonaro. Hij concludeerde dat ze klaar waren voor een '*programa*', om zich te prostitueren. Dat alles deelde hij via Twitter, en niet met politie of andere autoriteiten die hier eventueel zouden kunnen ingrijpen. Later bleek hij deze plek een jaar eerder ook al te hebben bezocht, en hetzelfde te hebben geconcludeerd op Twitter.

De PT-aanhangers gaan er ditmaal mee aan de haal, en al snel wordt de president in verband gebracht met 'pedofilie'. Bolsonaro neemt zijn uitspraken terug en verklaart, met een bedremmeld kijkende echtgenote Michelle naast zich, dat het allemaal om een misverstand gaat.

De media brengen daarna naar buiten dat de betreffende meisjes door het kamp van Bolsonaro waren gevraagd of zij op een filmpje ook wilden verklaren dat het om een misverstand gaat. Daar hadden de meisjes geen zin in.

De president moet meer rechtzetten in de laatste dagen van zijn campagne. Een uitgelekt plan van economieminister Guedes om de minimumlonen en de pensioenen te bevriezen en niet meer te laten stijgen met de inflatie, zorgt voor onrust.

Een bondgenoot van Bolsonaro, Roberto Jefferson, slaat helemaal door in zijn haat tegen het Hooggerechtshof. Waarschijnlijk nog gefrustreerd door de beslissing hem te verbieden mee te dingen naar het presidentschap, vanwege al te veel onbetamelijkheden. Eerst maakt hij een van de vrouwelijke rechters uit voor van alles en nog wat, waaronder hoer. Wanneer daarop het hof besluit zijn huisarrest weer om te zetten in gewone gevangenisstraf, ontvangt hij de agenten die hem komen ophalen met geweerschoten en handgranaten. De twee agenten raken daarbij gewond. Jefferson schreeuwt dat hij zijn huis alleen dood zal verlaten. Zover komt het niet.

Op filmpjes die circuleren in de appgroep 'Wij houden van Brazilië' legt hij op het moment voordat hij gaat schieten nog uit waarom hij zich niet laat pakken, en dat hij dat met zijn vrouw heeft besproken. Wat een toestanden daar in huize Jefferson.

In zijn woning wordt een waar arsenaal aan wapens gevonden, waarmee de strafeis verder stijgt. Het oud-parlementslid weet niet van ophouden want in gevangenschap gaat hij gewoon door met het bedreigen van dezelfde rechter.

De kwestie werkt door naar de president, want die zou een mild thuisregime hebben gesteund en bovendien hebben toegestaan dat Jefferson bezoek van geestverwanten ontving, en vervolgens al zijn agressie spuide via sociale media. Ook wordt in de nasleep duidelijk dat Jefferson verschillende ontmoetingen heeft gehad met ministers, en met Bolsonaro zelf, tijdens zijn thuisdetentie. De president wil er allemaal niets van weten en noemt Jefferson snel 'een crimineel', 'want iemand die op de politie schiet is een crimineel'.

De arrestatie wordt door een deel van de bolsonaristas als 'censuur' opgevat en een nieuwe ronde van petities voor afzetting van het Hooggerechtshof wordt gelanceerd. Ook op de appgroep van de voetballers in Itaipuaçu, dezer dagen een politiek forum met éénrichtingsverkeer.

## Trumpisme en bolsonarisme

In Amerika leeft het trumpisme weer op in de aanloop naar de tussentijdse verkiezingen. Hierbij worden parlementsleden en gouverneurs gekozen. Anders dan in Brazilië, waar dat tegelijkterijd met het kiezen van een president plaatsvindt. De Amerikadeskundigen aanhorend, is alles weer heel herkenbaar en verschillen weliswaar de namen, de uitleg kan net zo goed over de Braziliaanse situatie gaan. Ja, Trump heeft het soms te bont gemaakt, maar toch blijven zijn aanhangers hem steunen. Want er zijn maar twee keuzes en een rechtse Amerikaan zal nooit op een Democraat stemmen. Dat ten eerste. Daarnaast volgt de meerderheid van de Trump-stemmers alleen de eigen informatiebubbel, waarin vaststaat dat de verkiezingswinst van Joe Biden in 2022 'gestolen' is geweest, fraude was het, de Grote Leugen. Ook een roofverhaal.

Tegelijkertijd beledigt in Nederland Tweede Kamerlid Gideon van Meijeren een journaliste en zoekt haar zelfs op, met camera, om verhaal te gaan halen, onder het mom van 'riooljournalistiek ontmaskerd'. Hij spuit allerlei verwensingen de ether in, en de journalistiek voelt zich bedreigd en spreekt er schande van. Dat laatste doet trouwens ook minister-president Rutte.

Een beetje een onschuldig voorval, in vergelijking met de Braziliaanse en Amerikaanse toestanden, maar in de kern zeker wel van hetzelfde laken een pak. Een wereldwijde trend is waarneembaar.

De voorsprong van Lula schommelt rond de vijf procentpunten daags voor de finale op 30 oktober, geen enkele garantie voor succes. Bolsonaro wil dat het electorale gerechtshof radiozenders in het noordoosten op de vingers tikt, zij zouden veel te veel propaganda voor Lula maken dan wettelijk is toegestaan. Het blijkt dat de president en zijn partij hun huiswerk niet goed gedaan hebben, want 'de bewijzen' die ze aanleveren zijn zo beperkt dat de president van dit hof, Alexandre de Moraes, het dossier terzijde schuift en een onderzoek aankondigt naar het stichten van wanorde door Bolsonaro in de aanloop naar de verkiezingen. Er lijkt lichte paniek uitgebroken te zijn in het kamp van de president, want zoon Eduardo spreekt zich zelfs uit voor uitstel van de verkiezingen.

De invloed van De Moraes is groot, want hij is een van de drie rechters van het Hooggerechtshof die, als voorzitter, ook zitting heeft in het zevenkoppige nationale verkiezingshof. Daarnaast maken drie rechters van het justitieel gerechtshof deel uit van het verkiezingshof, plus twee advocaten die zijn aangewezen door het Hooggerechtshof. Een nogal complexe constructie voor de buitenwacht. Dat het Hooggerechtshof het vaakst in het nieuws is, komt omdat de hoofdtaak van dit hoogste hof het beschermen van de grondwet is. Ontsporingen van politici en staatsbedrijven komen dus hier terecht.

De Heineken-drinkende bolsonaristas, en dat zijn er veel, zitten dezer dagen met een ander dilemma. Want het symbool van hun ideale biertje is een ...rode ster, exact dezelfde als het symbool van de PT. Ze hebben er wat op gevonden, virtueel dan. De ster op het flesje verandert in een 22, het verkiezingsnummer van Bolsonaro.

Vladimir Poetin verklaart tijdens een militaire bijeenkomst midden in zijn oorlog met Oekraïne dat Lula en 'meneer Bolsonaro' hem even lief zijn. Wie er ook president wordt, de warme banden tussen Rusland en Brazilië – 'de belangrijkste bondgenoot in Latijns-Amerika' – zullen blijven, weet hij zeker. Het grote belang van de economische samenwerking tussen de BRICS-landen (Brazilië, Rusland, India, China en Zuid-Afrika) stipt hij ook nog aan. En het arrogante westen speelt met vuur. Het komende decennium wordt 'het gevaarlijkste sinds de Tweede Wereldoorlog'.

Ik moet meteen aan de PT'ers Marcos Robba, Henrique Pizzolato en aan de bolsonaristas bij de voetbalclub denken. Geen veroordeling van de Russische invasie, sceptisch over Oekraïne en over de NAVO en overtuigd van een ophanden zijnde nieuwe wereldorde, waarin Brazilië maar beter de vriend van China én Rusland kan blijven. Intussen stomen Nederlandse militairen in Engeland Oekraïners klaar voor de strijd aan het front. Daarna komen de leveranties van steeds zwaardere wapens aan Oekraïne. Andere werelddelen, andere waarheden en belangen.

Dat de banden inderdaad warm blijven tussen Rusland en Brazilië, blijkt wel als in mei 2023 de Russische minister van Buitenlandse Zaken, Sergej Lavrov, met alle égards door president Lula in Brasília wordt ontvangen. Midden in de oorlog. Het shockeren van Europa is niet voorbehouden aan Bolsonaro.

**Schietend parlementslid**

Oud-president Cardoso spreekt aan de vooravond van de verkiezingen, in een filmpje op Twitter, zijn steun uit aan Lula, en vergeet niet zichzelf ook een pluim te geven. "Mijn vrienden en vriendinnen, jij, wiens leven is verbeterd met de real en die gelooft in Brazilië, stem 13, stem Lula, daar bestaat geen enkele twijfel over, en je leven zal verder worden verbeterd", roept de broze 91-jarige de kiezers op. Ter opfrissing: de real is de huidige munt die Cardoso als minister van Financiën in 1994 invoerde en waarmee hij een einde maakte aan de hyperinflatie.

Op datzelfde sociale medium wordt over 'een oorlog' gesproken, aan de hand van beelden waarop oudere Lula-aanhangers in São Paulo agressief worden bejegend door bolsonaristas. Een kerk in Campo Grande, een grote en arme buitenwijk op liefst 55 kilometer ten westen van de binnenstad van Rio, sluit de deuren omdat de pastoor bedreigd wordt door bolsonaristas. Hij weigerde zijn katholieke kerk beschikbaar te stellen voor een campagnebijeenkomst van aanhangers van de president. Ciro Gomes twijfelt dan niet meer over het stemadvies aan zijn kiezers; hij maakt Bolsonaro uit voor onder meer 'bandiet' en beschuldigt de 'familieclan' ervan zich te verrijken ten koste van het Braziliaanse volk. "En ik moet toegeven, dat doen ze goed."

Nog drie dagen en dan is de druk van de ketel, maar wie er ook wint, de pot zal blijven borrelen.

De dag voor de verkiezingen schiet een federaal parlementslid van de PL, Bolsonaro's partij, op de valreep een nieuw gat in de campagne van de president. Op de beroemde Avenida Paulista in de stad São Paulo – toevallig of niet rond de tijd dat Lula er zou passeren – opent Carla Zambelli, uitgedost in de nationale kleuren, het vuur op een zwarte journalist met een rood petje met daarop MST (Movimento Sem Terra, de landlozenbeweging) op zijn hoofd.

Het vormt de escalatie van een discussie die ze zelf aanzwengelde. Toen de man de bakkerij uitkwam riep Zambelli: 'Morgen is het Tarcísio!', de PL-kandidaat voor het gouverneurschap van de deelstaat. De man reageerde met 'morgen is het Lula!'. Genoeg om haar pistool te trekken, waarop de man doodsbang het hazepad koos. Ze haalde de trekker over maar raakte hem niet. Later verklaart ze dat ze in de lucht had geschoten. Het hele incident werd gefilmd en wordt getoond op sociale media én websites van kranten als *Estadão*.

**Stemadvies voor de radelozen**

30 oktober, verkiezingsdag. Geralda en Barata weten het niet meer, ze zijn volslagen radeloos. En zo zullen er miljoenen zijn, die net

het verschil gaan maken. "Tijdens de eerste ronde wisten we het nog precies maar nu we de laatste twee weken alles horen wat deze twee allemaal hebben aangericht, weten we echt niet op wie we moeten stemmen", zegt een slaperige Geralda om zes uur 's ochtends. De hopeloosheid is hoorbaar. In de eerste ronde, nog geen vier weken geleden, was Lula nog dé man voor dit echtpaar.

Maar de debatten tussen de twee kandidaten bestonden voor 95 procent uit elkaar aanvallen en beledigen, overwegend op persoonlijk vlak. Regeringsplannen kwamen nauwelijks aan bod. Dit heeft mede – er zal ook wat druk vanuit de kinderen meespelen – geleid tot de toestand waarin mensen zoals Geralda en Barata zich nu bevinden, op verkiezingsdag: geen enkel vertrouwen in de twee kandidaten en dus echt niet weten wie ze moeten kiezen. Ik moet het beslissen, Geralda smeekt me om een stemadvies. Daar heb ik moeite mee, maar geef dan toch uitgebreide achtergrondinformatie over de twee, waar wel een verkapt stemadvies in doorklinkt. Wellicht de druppel.

Een constructief glimpje in alle oorlogsretoriek is Bolsonaro's verklaring dat hij de uitslag zal accepteren. Dat heeft hij al eerder verklaard, toch blijven Nederlandse media dezer dagen zijn gedateerde uitspraken herhalen dat hij een verlies zal aanvechten, en dat zullen ze ook na de verkiezingen blijven doen.

Het grootste incident op verkiezingsdag is de afsluiting van wegen door de federale politie en inspecties van de gratis busdiensten, die er zijn om arme kiezers de kans te geven naar het stembureau te reizen. De politie voert 560 acties uit, bijna allemaal in het noordoosten, de electorale machtsbasis van Lula. Het verkiezingsgerechtshof besluit uiteindelijk niet tot verlenging van de stemtijd, omdat alle stemmers, met vertraging, wel op hun stembureau gearriveerd zouden zijn. Later wordt duidelijk dat tot deze acties door Bolsonaro en zijn regering was besloten op een bijeenkomst daags voor de verkiezingen.

**Pacificatie**

Het tellen van de stemmen begint om negen uur 's avonds (17.00 uur in Brazilië) en is de start van een zenuwslopende tijd, die heel snel verloopt. Een uur later is al 30 procent geteld en ligt Bolsonaro nog ietsje aan kop (51 tegen 49 procent). De voorsprong is al flink geslonken en de avond verloopt ongeveer net zoals in de eerste ronde. Euforie van de bolsonaristas slaat om wanneer Lula steeds verder inloopt – ditmaal vanaf 67 procent van de stemmen – de leiding pakt en die niet meer loslaat. Maar het blijft bloedstollend, bij 98 procent van de stemmen is er nog geen uitsluitsel. Veel spannender dan een voetbalkraker.

Wanneer de 99 procent is gepasseerd en Lula 1,5 procent voor ligt, verschijnen de eerste berichten in de media dat Lula heeft gewonnen. Het wordt uiteindelijk een pyrrusoverwinning van 50,9 tegen 49,1 procent. Maar wel een verschil met een enorme impact. Voor het winnende kamp voelt het revolutionair: niet nog eens vier jaar Bolsonaro.

Drie uur nadat de elektronische stembussen sluiten zijn alle 120 miljoen stemmen geteld, op zich al een huzarenstukje. Er verschijnen geen beelden van de kandidaten tijdens de tellingen, zoals dat in Nederland gebruikelijk is. Een mysterieuze, geheimzinnige sfeer houdt de kijker in spanning. Pas een half uur na de uitslag treedt Lula naar buiten, van Bolsonaro zou nog lang niemand iets vernemen.

We blijven op tot en met de indrukwekkende, langdurige overwinningsspeech. Lula begint schor en hakkelend maar komt snel op stoom en heeft veel te vertellen. Allereerst bedankt hij natuurlijk God op deze 'historische dag'. Geen bitterheid vanwege het verleden, geen openlijke sneren naar de tegenstander en geen borstklopperij. Hij houdt zich aan het script: een milde, liefdevolle toespraak met herhaalde oproepen tot eenheid in het land, pacificatie, het neerleggen van de wapens en verzoening in verdeelde families. Alsof Brazilië werkelijk in een burgeroorlog verkeert, zo extreem is de polarisatie opgelopen.

Nee, het wordt geen regering van de Arbeiderspartij, maar van alle partijen die meedoen in deze 'coalitie van de hoop'. De nationale vlag wordt uitgerold en de overwinnaars poseren achter wat het symbool van Bolsonaro is geworden. Deze avond is het voorbij met dat gekaapte monopolie. "Deze vlag behoort alle Brazilianen", benadrukt Lula nog maar eens.

**Einde als een sprookje**

Het duurt even voordat de Amazone ter sprake komt, maar dan kondigt hij iets spectaculairs, onhaalbaars eigenlijk, aan: "We gaan voor nul ontbossing." Lula gaat investeren in een groene en digitale economie, en al zijn landgenoten stelt hij ontbijt, lunch en avondeten in het vooruitzicht. Hij gaat 'opnieuw' een einde aan de honger maken.

De mensen die hem flankeren pinken een traantje weg, net zoals zijn vrouw Janja, die hem steeds punctueel zijn speechpapieren aanreikt. Lula gaat intussen onverschrokken en vol vuur door met zijn toespraak. Op zijn 77ste jaar en na alle klappen en vernederingen – hij werd mikpunt van hoon tijdens die 580 dagen in de gevangenis, ook toen hij in die periode zijn broer, vrouw en kleinzoon verloor – die hij heeft doorgemaakt, maakt hij een onbreekbare indruk. Eenmaal klinkt er iets van wrok door wanneer hij opmerkt dat 'ze hem levend wilden begraven'.

Lula wil Brazilië ook zijn vertrouwde plek op het wereldtoneel teruggeven, als sympathiek land. "We zijn te groot om in de wereld als paria te worden gezien."

Dat verlangen blijkt wederzijds, want de felicitaties van wereldleiders stromen direct binnen. Maar niet die van Bolsonaro. Die hult zich in stilzwijgen, en laat ook een dag later nog niets van zich horen. Slechts een enkeling binnen de regering krijgt hem te spreken, en meldt dat de president nog niet wil praten over de machtsoverdracht en zijn eventuele rol in de oppositie.

Analisten verwachten dan dat Bolsonaro zich uit de politiek terug gaat trekken. De maanden in de aanloop naar de verkiezingen liet hij al weten zich veel meer een militair dan een president te voelen, dat laatste werd hij 'per toeval' (overigens vond Cardoso dat ook van zichzelf, en gaf het zelfs de titel van zijn memoires). Met de partij waaraan hij nu is gelieerd (Liberale Partij) heeft hij ook weinig. Hij zou al langer uitkijken naar zijn pensioen, om meer tijd door te brengen in zijn buitenhuis bij Angra dos Reis en zich in de kustwateren aldaar te vermaken met zijn grote hobby, vissen.

Zou het bolsonarisme dan samen met de naamgever ook van het politieke toneel verdwijnen, of staat er een nieuwe populist op om deze ruim vijftig miljoen Brazilianen te bedienen? Het zijn vragen die direct opkomen bij deze speculaties. Een half jaar lang lijkt het dat het geen bolsonarisme zonder maar mét Bolsonaro wordt, als het aan de hoofdpersoon ligt, en hij de groeiende berg aan processen tegen hem overleeft.

Maar dan valt halverwege 2023 toch het doek voor Bolsonaro wanneer het electorale gerechtshof hem, na stemming, acht jaar lang de presidentskandidatuur ontneemt. Onder meer omdat hij tijdens zijn presidentschap een presentatie had gegeven aan buitenlandse ambassadeurs waarbij hij de Braziliaanse stemcomputers had bekritiseerd. Machtsmisbruik, wordt hem ten laste gelegd. Opnieuw stel ik me de vraag: zou zo'n voorval in Nederland aanleiding zijn voor zo'n straf?

In de media duikt al snel de naam van Michelle op om in de voetsporen van haar man te treden. Maar er zijn meer kandidaten daarvoor binnen de familie Bolsonaro.

De president houdt zich dus stil na de verpletterende uitslag, hij verstopt zich, zoals hij wel vaker bij tegenslagen deed. Tijdens de coronacrisis was hij ook voornamelijk afwezig. Een deel van zijn aanhang laat wel van zich horen. Zo blokkeren een dag na de verkiezingen vrachtwagenchauffeurs uit protest tegen de zege van Lula snelwegen in het zuiden en midden van het land.

Vrachtwagenchauffeurs, wordt aanvankelijk gemeld. Maar dat spreekt de bond van deze sector direct tegen: het gaat om extremistische bolsonaristas, met auto's en busjes. De blokkades zorgen er ook voor dat vijf vluchten op vliegveld Guarulhos, bij São Paulo, worden geannuleerd. De agressieve protesten breiden zich daarna uit en de sfeer wordt almaar grimmiger, met in het zuiden van het land ook uitingen van nazisme en in de noordelijke deelstaat Pará bedreigingen van mensen die op Lula gestemd hebben. Extreemrechts terrorisme ontluikt. In het gunstigste geval is het een rite de passage die toepasselijk is voor het Brazilië van dat moment.

Op de voetbalapp blijven extreme reacties achterwege, behalve dat het land 'nu diep, heel diep is gevallen'. Voor het eerst verschijnt ook een ander beeld en geluid, iemand durft een afbeelding van Lula als overwinnaar te posten. Voetbalmaat Roosevelt gaat sindsdien als 'de communist' door het leven. Zijn uitingen leiden verder niet tot repercussies. Een van de mannen vraagt zich af hoe hij dit zijn zoontje uit moet leggen: dat een ex-gevangene de baas wordt over het land. Profielen op sociale media veranderen in een portret van Bolsonaro of een zwart vlak waarop wordt vermeld dat het land rouwt.

Er staan Lula intussen grote uitdagingen te wachten voor zijn derde ambtstermijn als president van Brazilië. Hij moet een brede regeringscoalitie vormen die op steun kan rekenen van een overwegend rechts parlement. Een parlement waarin ook oud-rechter Sérgio Moro en voormalig openbaar aanklager Deltan Dallagnol deel van zouden uitmaken. Inderdaad, het duo uit deelstaat Paraná dat ervoor zorgde dat Lula achter de tralies kwam, en later door het Hooggerechtshof als 'partijdig' werd beoordeeld. Dallagnol werd later door het electorale gerechtshof uitgesloten als afgevaardigde in Brasília. Senator Moro hangt even eenzelfde lot boven het hoofd maar hij mag blijven. In september 2023 beticht hij Lula van 'revanchisme' en pleit zelf voor 'pacificatie' in het land.

Lula voorzag de hobbels in het parlement en was al tijdens zijn campagne flink aan het voorsorteren op een regering met een breed politiek draagvlak. Dat had het gewenste effect, want koud na de uitslag lieten zelfs verschillende partijgenoten van Bolsonaro (gouverneurs, afgevaardigden en senatoren) weten open te staan voor samenwerking met de regering Lula. Het kan verkeren. Bolsonarisme en lulisme komen ineens tot elkaar en een woelige fase in de Braziliaanse geschiedenis eindigt hier dan toch een beetje als een sprookje. Althans, wanneer we nu een streep trekken.

Overigens had Dilma Rousseff tijdens haar presidentschap (2011-2016) deze 'duistere episode' al aangekondigd. Een toespraak van haar wordt op Twitter gretig gedeeld door PT-aanhangers. "De coupplegers willen ten koste van alles ons project van sociale inclusie vernietigen en haat en intolerantie planten in onze samenleving", sprak ze kort voordat ze zou worden afgezet. Het project van sociale inclusie. De armen die de berg afkomen en hun deel van de Braziliaanse rijkdom opeisen. Het schrikbeeld voor de middenklasse en rijker, waar Bolsonaro wel een stokje voor zou steken.

**Zuidelijk nazisme**

Maar voordat ik er een gekunsteld happy end van maak, waarin Lula de brug tussen de gepolariseerde kampen slaat, nog even de reactie van Jair Bolsonaro. Even, want zijn speech duurde maar twee minuten.

De interne druk op de president om naar buiten te treden neemt deze eerste november met de minuut toe omdat het land in een steeds grotere anarchistische toestand geraakt. De protesten breiden zich uit over het land, mensen komen niet meer op hun werk en supermarkten kampen met bevoorradingsproblemen. De roep om een militaire interventie is her en der hoorbaar. Zeker ook op de app van Amamos o Brasil. Dat er geen coup komt, vinden ze jammer maar wel begrijpelijk, want dat vergt meer voorbereiding. En een verlies was blijkbaar niet ingecalculeerd. Het toespraakje van Bolsonaro leidt hier tot bewondering, adoratie klinkt zelfs door in de commentaren.

De tegenzin druipt van zijn verslagen gezicht, Bolsonaro is hiertoe aangezet door zijn ministers. De hele dag hebben ze op hem ingepraat om nu toch echt iets te gaan zeggen. En dat gebeurt 45 uur na de uitslag van de verkiezingen. Een duidelijke oproep om de land verlammende protesten te staken komt er niet. Bolsonaro verpakt het in een verdekte uithaal naar zijn tegenstander. De vredige manifestaties zijn altijd welkom, zegt hij, maar 'onze methodes kunnen niet die zijn van links, van het illegaal bezetten van andermans eigendom en vernielingen aan publiek domein'. De huidige wanorde is 'de vrucht van verontwaardiging en een gevoel van onrecht over het verkiezingsproces'.

Hij benadrukt dat rechts een grote opmars heeft gemaakt in het land en dat de 'robuuste vertegenwoordiging in het parlement de kracht van onze waarden toont: God, Vaderland, Familie en Vrijheid'.

Hoewel hij altijd als 'antidemocratisch' wordt neergezet, acteert hij immer 'binnen de vier lijnen van de grondwet'. Deze vier lijnen gebruikt Bolsonaro steeds, als hier maar binnen wordt gebleven. Het klinkt als een eenvoudige voetbaltactiek. Hij noemt ze nu niet maar het betreffen: de federatieve staatsvorm, de directe verkiezingen (geheim, universeel en periodiek), de scheiding van machten en de individuele mensenrechten.

Nooit heeft hij media willen censureren en hij zal altijd 'de economische vrijheid, religieuze vrijheid en vrijheid van meningsuiting, de eerlijkheid en de groen-gele kleuren van onze vlag verdedigen'. De zin waarmee hij voor veel opluchting zorgt – de verslaggevers van *CNN Brasil* kunnen dat niet camoufleren – is dat hij zal doorgaan de grondwet te volgen. Geen afwijzing van de uitslag dus, geen coup.

De echte bevestiging dat de verkiezingsuitslag wordt geaccepteerd, krijgt hij niet over zijn lippen. Dat laat hij aan minister Ciro Nogueiro over, die na hem aan het woord komt. Deze kondigt aan dat de president hem heeft geautoriseerd om mee te werken aan de transitie van de macht.

Bij de eerste besprekingen en uitwisselingen van informatie komt direct een lijk uit de kast. De verkiezingsbelofte van Bolsonaro aan de arme Brazilianen om de Bolsa Família fors te verhogen, blijkt niet gedekt in zijn begroting. En zo zijn er meer mooie plannen waar helemaal geen geld voor is vrijgemaakt. Het parlement moet zich nu uitspreken over de verhoging van de Bolsa Família. Spannende tijd voor de 21,6 miljoen families die deze toelage ontvangen.

Bolsonaro houdt zich zo'n twee weken gedeisd terwijl zijn fanatieke fans steeds meer de grenzen verleggen. De wegblokkades gaan door en mensen die verdacht worden van een stem op Lula worden bedreigd of aangevallen. In een stadje in het zuiden van het land krijgt de middenstander die openlijk de PT steunt, een rode ster op zijn winkelruit geplakt. Niet de ster van Heineken, maar die van de PT. De praktijken die bij oude Europeanen alarmbellen doen rinkelen.

Het is geen incident want de meest extreme bolsonaristas gedragen zich tijdens hun bijeenkomsten zonder schroom als neonazi's, waarbij de Hitlergroet heel gewoon lijkt.

De radicalisering zet door en tegelijkertijd komt Bolsonaro met de Partido Liberal toch nog met een officieel bezwaar tegen de verkiezingsuitslag. De software zou niet kloppen bij een aantal stembureaus, waardoor de president onterecht heeft verloren. In de appgroep kraaien de deelnemers al victorie, maar het wordt een nieuwe deceptie. Het verkiezingshof, met De Moraes als opperhoofd, acht na onderzoek alle klachten ongegrond en legt de bezwaarmakers een boete op van 22 miljoen real, wegens het in diskrediet brengen van het democratische proces. Bij de bepaling van de hoogte van de boete is De Moraes mogelijk geïnspireerd door het verkiezingsnummer van Bolsonaro, 22. De PL betaalt die boete overigens ook daadwerkelijk.

Zo brengt de president struikelend zijn laatste ambtsdagen door. De nieuwe president is dan al druk in de weer om pacten in binnen- en buitenland te sluiten en zijn regering te vormen.

**Benauwde vreugde**

Geralda stelt droogjes vast dat Lula heeft gewonnen, 'wat goed'. Van een juichstemming is echter geen sprake, de zorgen om een politiek verdeelde familie zijn bovenliggend. Te benauwd om te juichen. Echte, vrije vreugde over de overwinning lees en zie ik in de berichten van een vriendin uit Bahia en de portier in Flamengo, een migrant uit Ceará. Deelstaten waar Lula overtuigend won, terwijl in Rio de Janeiro Bolsonaro weer de grootste werd.

Het stiltepact binnen onze familie blijft in stand. Er is nauwelijks contact rond de verkiezingen en als er wordt gesproken of geappt, dan helemaal niet over deze zo belangrijke gebeurtenis. Het is wel duidelijk dat op de jongste stemmer van het gezelschap na, iedereen Bolsonaro heeft gestemd. De teleurstelling over de uitkomst is ook op 10.000 kilometer afstand voelbaar.

Dan is er een verjaardag te vieren en lijkt de politiek weer naar de achtergrond gedrukt door de gebruikelijke onschuldige vrolijkheid met taarten, vlaggetjes en lachende gezichten. Lijkt, totdat ik de foto's beter bestudeer. De luidruchtigste op het feestje heeft een zwart T-shirt aan met nationale symbolen en de tekst 'Brazilië in rouw'.

**Voetbal en politiek**

Aan de vooravond van de verkiezingen stond ook het WK voetbal in Qatar voor de deur. Maar wat moet je nou als je wel voetbalfan van je land bent maar geen Bolsonaro-adept? Wat doe je met de nationale vlaggen en kleuren? Nou daar hadden fans in heel Brazilië iets op gevonden. De straten waren gewoon, zoals bij elk WK, versierd met groen-gele vlaggetjes. Alleen bij deze editie hing er een groot spandoek bij waarop stond: 'Dit is geen politiek, dit is het WK'.

In de stadions in Qatar zijn tijdens de wedstrijden van Brazilië veel bolsonaristas, onder wie Eduardo Bolsonaro. Met de pijnlijke stembusuitslag op zak heeft hij een collectie USB-sticks meegenomen ‘om de wereld te tonen wat er nu in Brazilië gebeurt’. Zo rechtvaardigt hij de trip tegenover zijn familie die er niet over te spreken is. In een skybox ver weg van alle luxe genieten, terwijl de trouwe aanhang thuis de straatprotesten voortzet!

De Braziliaanse fans in Qatar weten heel goed dat veel spelers van de *seleção* in hun kamp vertoeven, ster Neymar voorop. Een fenomeen dat door sociale wetenschappers in Brazilië wel verklaard wordt met de door Bolsonaro gewaardeerde ‘meritocratie’, een samenleving waarin individuele prestaties op een voetstuk staan, daar is geen beloning te groot voor. Iedereen heeft in deze gedachte gelijke kansen. De uit arme milieus afkomstige Bolsonaro-gezinde voetballers hebben hun kans gegrepen. Maar – dat vergeten de voorstanders van deze theorie voor het gemak – zij zijn de grote uitzonderingen in een massa die nooit een kans heeft gehad. Zo blijft het groen-gele voetbalshirt een dubbele betekenis houden.

De Braziliaanse politieke agressie verhuist mee naar de voetbalstadions van het WK. De fans zijn verdeeld. Zanger en nationale beroemdheid Gilberto Gil wordt op zijn oude dag uitgescholden op de tribune, vanwege zijn linkse sympathieën.

En wanneer het land op knullige wijze in de kwartfinale in een strafschoppenserie belandt en vervolgens door Kroatië wordt uitgeschakeld – wat een dag was die 9e december want vervolgens gebeurt hetzelfde met Oranje tegen Argentinië, hier na een ware veldslag – krijgt ook dat een politieke lading. Want bondscoach Tite zit in het ‘foute kamp’, hij moet niets van Bolsonaro hebben, dus krijgt hij alle hoon over zich heen. Zijn vertrek wordt door de bolsonaristas ontvangen met gejuich en commentaren als ‘de eerste communist is al gevallen, nu de rest van de bende nog!!!’.

Een onverwachte reactie op al die haat komt van bolsonarista Neymar. Hij publiceert op sociale media ongeveer een liefdesbrief aan lulista Tite ter afscheid. De voetballer schrijft veel te danken te hebben aan ‘dit mooie mens’.

Bolsonaro moet toch echt verhuizen, zijn vrouw Michelle kan dat nog niet accepteren in de laatste weken van december. Voor het Palácio do Alvarado in Brasília – de presidentiële residentie – nemen ze afscheid van een groep fanatieke aanhangers, een groengele pluk mensen. Bolsonaro staat stokstijf en probeert zich goed te houden. Michelle krijgt het te kwaad en zakt huilend door haar knieën.

De twee brengen de jaarwisseling niet samen door. Jair Bolsonaro neemt op 28 december alleen de benen naar een resort in Florida, waar Donald Trump, toevallig of niet, een woning heeft. Zo ontvlucht de president de traditie van het omhangen van de presidentssjerp bij zijn opvolger op 1 januari.

Een laatste verklaring blijft ook uit, daar had Bolsonaro volgens zijn adviseurs te lang mee gewacht. Een kritische speech zou later door rechters uitgelegd kunnen worden als ophitsing, wanneer het kruitvat in 'de karavaan van de vrijheid' zou ontploffen. En een milde toespraak zou zijn aanhangers teleurgesteld hebben. Dan maar met de stille trom vertrekken.

Op 29 december, drie dagen voor zijn inwijding, heeft Lula zijn ministersploeg rond. Vrijwel elk denkbaar onderwerp heeft een minister, 37 stuks. Met de elf vrouwen breekt hij het record van Dilma, Bolsonaro had plek voor drie vrouwen. Het is allemaal groot nieuws in Brazilië, maar wordt snel compleet overschaduwd door het heengaan van Koning Pelé op 82-jarige leeftijd. De wereld huilt mee en in Brazilië is even geen tweestrijd. Politiek en voetbal vermengen nu niet, het hele land rouwt drie dagen lang.

# 18. Twee historische zondagen

Luiz Inácio Lula da Silva neemt geen blad voor de mond tijdens zijn urenlange inwijding tot president van Brazilië op zondag 1 januari 2023. Het wordt een historische gebeurtenis. Dankzij een magisch kastje door een technische vriend geleverd, kunnen we thuis in Baarn de urenlange happening volgen op *GloboNews*. Zelden betere televisie gezien, daar kan geen film tegenop.

De verslaggeving en de commentaren van deze dagen doen me beseffen dat de mediagigant een draai van 180 graden heeft gemaakt, van het steunen van de kandidatuur van Bolsonaro en de gevangenneming van Lula in de aanloop naar de verkiezingen in 2018 – een verslaggever van *TV Globo* schreef met het boek Lava Jato een lofzang op Sérgio Moro – naar het verketteren van Bolsonaro en het haast bewieroken van Lula ruim vier jaar later.

Lula grijpt bij zijn derde inwijding tot president zijn moment, het mooiste moment van zijn leven, noemt hij het. Alleen al het omhangen van de presidentiële sjerp is een opzienbarend, emotioneel en uniek schouwspel.

Bolsonaro bedankte dus voor die eer en gaf daarmee zijn grote vijand de uitgelezen kans om geschiedenis te schrijven. Want nu hing ‘het Braziliaanse volk’ de sjerp om. Vertegenwoordigd door een bont gezelschap waaronder een gehandicapte man, een inheems stamhoofd, een witte kokkin, een zwart jongetje en een donkere vrouw die afvalverzamelaarster is, de derde generatie zelfs in haar familie. Zij voltrekt de handeling die gewoonlijk voorbehouden is aan de aftredende president.

Het wordt ook duidelijk dat Bolsonaro moet vrezen voor vervolging, gezien de dreigende taal van de nieuwe president. Lula is niet uit op revanche en zal de president zijn van alle Brazilianen. Maar diegenen die misdaden hebben begaan, zullen gestraft worden, zegt hij er direct achteraan. Om Bolsonaro in zijn toespraak ronduit van 'genocide' tijdens de coronapandemie te beschuldigen. De aanhang voor het presidentiële paleis in Brasília scandeert vervolgens 'geen amnestie'. De toon is verre van verzoenend meer, zoals na zijn overwinning op 30 oktober. De tijd van afrekening is aangebroken.

De dag zit vol filmische momenten en betekenisvolle symboliek. De pen waarmee Lula de officiële overdracht ondertekent, had hij in 1989 gekregen van een aanhanger van de Arbeiderspartij in de arme deelstaat Piauí, bedoeld om zijn toekomstige ambtstermijn als president mee te ondertekenen. Maar hij verloor drie verkiezingen op rij. De pen vond hij recent terug, om hem nu wel te gebruiken op het moment suprême. Hij vertelt er uitgebreid over, hoewel het protocol dat niet voorschrijft.

Niet alleen gewone Brazilianen krijgen een erepodium, ook een hondje behoort tot het selecte gezelschap. Een vuilnisbakkenras, met de naam Resistência (verzet). De straathond bleef 580 dagen lang bij de groep fanatieke lulistas die kamperend de wacht hield voor de gevangenis in Curitiba. Na zijn vrijlating namen Lula en zijn nieuwe vrouw, de sociologe Rosângela da Silva (Janja), de hond in huis, en nu loopt hij aan de lijn van zijn baas van officieel ritueel naar officieel ritueel. De traditionele kanonschoten heeft Janja laten afblazen, om dieren én mensen met een gehoorafwijking te ontzien.

## De vlag is terug

Wel controleert Lula de presidentiële garde. Het is een gevoelig moment omdat Bolsonaro het leger aan zijn zijde claimt te hebben. De harde kern van zijn aanhang gelooft tot op het laatste moment in een militaire coup. Maar dat het leger niet zo eensgezind is, wordt weer duidelijk. Zo'n coup hing eigenlijk nooit in de lucht.

Toen duidelijk werd dat de militairen niet ingrepen, werden ze door de bolsonaristen in de appgroep als 'zwakkelingen' weggezet. De presidentiële inauguratie was volgens hun overigens 'nep'.

De twee Brazilië's zijn nog lang niet verenigd. Dat merk ik ook binnen de voetbalgroep, en het overgrote deel van de schoonfamilie. De belangrijke gebeurtenis voor het land wordt niet gedeeld door de grote minderheid die niets op heeft met de nieuwe president, die zich niet door hem vertegenwoordigd voelt. De machtsoverdracht wordt totaal genegeerd, alsof er niets is gebeurd deze eerste dag van 2023. Terwijl de krappe meerderheid van het land er niet over uitgepraat raakt en overmand is door emoties.

In een open Rolls-Royce, omringd door tientallen rennende beveiligers, rijden de 77-jarige Lula en de 70-jarige vicepresident Geraldo Alckmin (centrumpoliticus en voorheen politiek tegenstander) met hun vrouwen langs de rood uitgedoste menigte. Boven de rode gloed ontrolt zich een reusachtige Braziliaanse vlag. In die handeling ligt de boodschap: de vlag en de nationale kleuren zijn terug bij het volk en behoren niet alleen aanhangers van Bolsonaro toe. Alles verloopt zonder incidenten, al werd in de aanloop naar de ceremonie wel een man opgepakt die met explosieven en een mes het terrein wilde betreden.

In zijn toespraken tot het parlement en later tot het volk slaat Lula een harde toon aan. Zo ferm hadden de analisten in de studio van *TV Globo* het nog nooit gehoord tijdens een presidentiële inwijding. Hij heeft 'een land in puin aangetroffen, dat nu weer opgebouwd moet worden'. Hij volgt een president op die leunde op 'leugens en fake news via sociale media en haat'. Lula wil er 'hoop, liefde en waarheid' voor terugbrengen. En: "Democratie voor altijd."

De kunst van het overdrijven verstaat hij ook, merken de analisten op. Want een wederopbouw van de staatsbedrijven is bijvoorbeeld niet actueel, het gaat immers goed met die bedrijven. Ook wijdt Lula wel erg lang (ook cijfermatig) uit over alle prestaties die hij tijdens zijn vorige termijnen als president had geleverd, waarbij elke vorm van zelfkritiek ontbreekt. Het is één groot succesverhaal en de val van links was een regelrechte coup.

Zijn rede tot het parlement is nog zakelijk van aard, maar wanneer hij zich rechtstreeks tot het volk richt vanaf het paleisbordes kan hij zijn emoties niet meer bedwingen en weerhouden tranen hem er een paar keer van verder te spreken.

Hij moet met zijn equipe van 37 ministers vanaf nul beginnen, dat wil hij duidelijk melden. De 32 miljoen landgenoten die honger hebben aan drie maaltijden per dag helpen, dat is zijn prioriteit. Picanha voor allen! Daarnaast zullen openbare diensten, onderwijs en gezondheidszorg op flinke investeringen kunnen rekenen, er is geen uitgaveplafond. De groene economie wil hij optuigen samen met ondernemers en vakbonden. En hij herhaalt zijn ambitieuze doelstelling die hij op 30 oktober na de nipte verkiezingswinst ook uitsprak: nul ontbossing en bescherming van de Amazone. De ontboste gebieden in Brazilië zullen herplant worden, kondigt hij daarbij als nieuwtje aan, wat ook veel werkgelegenheid gaat brengen. En als belangrijke bijvangst: internationale erkenning.

Janja speelde een belangrijke rol in de benoemingen van de ministers. Lula licht drie ministers er meerdere malen uit tijdens zijn toespraken: die van Inheemse Volken (een inheemse vrouw), Vrouwen en van Raciale Gelijkwaardigheid. Die laatste post wordt bekleed door Anielle Franco, de zus van de in 2018 vermoorde wethouder Marielle Franco. Die gebeurtenis van de familie Bolsonaro is in dit boek al gepasseerd (zie o.a. pagina's 38 en 57). De nieuwe minister van Justitie, Flávio Dino, verklaart met vuur op de tong dat nu echt uitgezocht gaat worden wie Marielle heeft vermoord, en wie opdracht heeft gegeven tot de moord.

Lula maakt bekend nepniews strafbaar te gaan stellen, de debolsonariasatie krijgt snel vorm. Jair Bolsonaro wordt ineens het wild waarop de jacht is ingezet. Hij kan het vanuit Florida nog niet accepteren, want noemt zichzelf begin januari 2023 in tweets nog steeds 'de president van Brazilië'. Van het tweede Brazilië.

### De mislukte coup

En dan gebeurt het toch, en hoe!

De meest extreme tak van dat tweede Brazilië zet het land op zijn kop op een rustige zondagmiddag, 8 januari. Precies een week na de historische inwijding van de nieuwe president beleeft Brazilië een historisch dieptepunt. Circa vijfduizend bolsonaristas trekken ongehinderd door politie naar het Plein van de Drie Machten en bestormen parlement, Hooggerechtshof en presidentieel paleis.

Weer zitten we een zondagavond gekluisterd aan *TV Globo*, vorige week opgewonden tijdens een prachtige ceremonie, nu in shock. Een surrealistisch schouwspel komt voorbij, van doorgedraaide mensen in het groen en geel gehuld die triomfantelijk het interieur van de regeringsgebouwen vernielen, en elkaar daarbij filmen. Hele families. Een politieman wordt van zijn paard getrokken. Museale stukken worden aan diggelen geslagen. Een klok van Dom João VI zou onherstelbaar blijken.

Het doet sterk denken aan de bestorming van het Capitool twee jaar eerder, alleen verbleekt die invasie in ieder geval qua omvang bij de Braziliaanse variant. Ik app even met de familie in Brazilië. De eerste reactie is dat 'we hier heel andere berichten krijgen'. "Maar ik zie hier live op televisie wat er gebeurt", sputter ik tegen. Iets later, waarschijnlijk wanneer de bubbel is verlaten, komt er een verdekte veroordeling van de gewelddadigheden. Het is 'betreurenswaardig' en tegelijkertijd 'gecompliceerd'. Daarna wordt er met geen woord meer gerept over dit wereldnieuws.

Er duiken ook beelden op van leden van de militaire politie die tijdens de bestormingen gezellig staan te keuvelen met de bestormers, en filmpjes voor hen opnemen. Dit atypische gedrag van ordehandhavers zal bijgedragen hebben aan het geringe aantal gewonden en de nul doden.

Vooral de eigen politie van het Huis van Afgevaardigden vecht voor de bescherming van de democratie en arresteert tijdens de invasie van de plenaire zaal op heterdaad dertig 'terroristen', zoals de manifestanten direct in de media worden genoemd. Pas later doet ook de militaire politie – na orders van hogerhand – haar werk en volgen honderden arrestaties.

Het zat al sinds december in de pijplijn, na gewelddadige acties, en in de eerste week van januari arriveerden nog zo'n vijftig volle touringcars met manifestanten in Brasília. Blijkbaar volledig gesponsord. Niet alleen de reis, ook het eten en zelfs barbecues waren allemaal gratis, vertelt een aangeslagen president Lula als de invasie nog gaande is. Hij noemt de agribusiness expliciet als geldschieter, en 'zelfs sponsoren uit het buitenland', en kondigt aan de exacte herkomst van de sponsoring tot de bodem uit te laten zoeken.

Hij weet het even niet meer en houdt een nogal verwarrende toespraak – met onder meer een vlammend betoog tegen ontbossing en een verwijzing naar 'de genocide' tijdens de coronapandemie door Bolsonaro – waarin hij toch weer vervalt in het versterken van de polarisatie. Het is de oude Lula met de activistische inslag. De geest van de vakbondsleider die in 1980 onder het dictatoriale regime werd gevangengezet.

Meerdere malen verklaart hij dat links zich nooit aan dergelijk geweld als op 8 januari 2023 heeft schuldig gemaakt, zelfs niet tijdens het gewapende verzet tegen de militaire dictatuur. Bij zijn inwijding speelde hij ook al die linkse kaart, niet bepaald een hulpmiddel om tot verzoening in het land te komen.

De chef van de openbare veiligheid in Brasilía, Anderson Torres, vertoeft op dat moment bij Bolsonaro in Florida. Hij wordt nog tijdens de rellen ontslagen. En de gouverneur van het federale district Brasília wordt negentig dagen op non-actief gesteld, en tijdelijk opgevolgd door de vicegouverneur, een bondgenoot van de ex-president en goede vriendin van Michelle Bolsonaro. De democratische regels blijven dus gerespecteerd, ook al is er mogelijk een nieuwe tegenwerker binnengehaald.

Gouverneur Ibaneis Rocha biedt Lula zijn excuses aan voor de fouten, maar die worden niet geaccepteerd. Vanuit Florida veroordeelt Jair Bolsonaro uren laten omfloerst de vernielingen en het geweld van de manifestanten, om in hetzelfde bericht geweld van linkse manifestanten in het verleden te memoreren. En dat laatste wordt weer netjes gereproduceerd door zijn aanhang, inclusief nepfilmpjes. Een heetgebakerd links protest op het Plein van de Drie Machten toen Michel Temer president was wordt over één kam geschoren met de bolsonaristische invasies en vernielingen van Hooggerechtshof, presidentieel paleis en parlementsgebouw.

Allerlei decreten worden direct door Lula ondertekend, waarvan een federale interventie de meest vergaande is. Tot het eind van de maand januari wordt Brasília een fort. Opperrechter Alexandre de Moraes verbiedt alle kampementen van bolsonaristas voor kazernes in het land.

De bom is gebarsten, maar de coup is mislukt. Vanuit de appgroep van de voetbalvrienden komt er opvallend genoeg geen steun. Het blijft oorverdovend stil, zelfs deze bolsonaristas lijken aangedaan. Op een enkel filmpje van demonstranten met schotwonden ('ze schieten met echte kogels!') volgen geen reacties.

In de appgroep van de radicale bolsonaristas is de toon heel anders. Hier volledige steun voor de 'helden in Brasília', en teleurstelling zelf niet bij deze 'historische gebeurtenis' aanwezig te zijn. Maar wanneer de gebouwen zijn leeggeveegd, de kampementen worden verboden en van militaire steun voor deze coup geen sprake blijkt, moeten ook zij concluderen: "Het is afgelopen."

Snel duiken de volgende complottheorieën op in deze bubbels: het is allemaal georkestreerd door de PT, het waren petistas die de vernielingen hebben aangericht en al in de gebouwen aanwezig

waren. Tegelijkertijd laat de andere kant van de bevolking zich ook op straat zien, met manifestaties ter verdediging van de democratie. 'Geen amnestie' is hier de strijdkreet.
Verzoening lijkt verder weg dan ooit.

De overeenkomsten met de Capitoolbestorming in Washington DC op 6 januari 2021 zijn groot, maar er zijn ook verschillen. Trump zweepte de boel verder op, Bolsonaro houdt zich stil. In Brazilië is de invasie massaler en zijn een dag later al zo'n 1200 mensen opgepakt, in Amerika laten arrestaties lang op zich wachten, na twee jaar zijn het er ongeveer 900. Er vallen vier doden in Washington, in Brasília niet één.

Dat laatste komt door de aanvankelijk met de coupplegers collaborerende militaire politie en kan te maken hebben met het feit dat er nauwelijks personeel aanwezig was in de gebouwen, het was vakantietijd. De cultuur speelt ook een rol: van lachende en feestende manifestanten zoals in Brazilië was in de VS geen sprake. Al met al is de invasie in Brazilië grootschaliger, maar wat minder grimmig dan in Amerika.

Saillant is dat Eduardo Bolsonaro kort voor de invasie heeft gesproken met zijn vriend Steve Bannon en dat hij op bezoek is geweest bij Donald Trump. Bannon is een voormalig adviseur van oud-president Trump, en wordt gezien als een van de aanjagers van het mondiale rechtsextremisme én van de Capitoolbestorming. De avond van de invasie in Brasília noemt Bannon de Brazilianen die de gebouwen bestormen in een tweet 'vrijheidsstrijders'. Na de aftocht van Jair, ziet Bannon in Eduardo de ideale leider van het land.

Itaipuaçu, januari 2023. Het land trilt na van de bestorming in Brasília. Maar we hebben het er niet over, het stiltepact werkt goed binnen de familie. We houden het harmonieus en alle betrokkenen begrijpen goed dat HET onderwerp ter tafel brengen vooral veel ergernis oplevert. Op enkele momenten gebeurt dat even, om daarna snel het onderlinge respect te laten prevaleren en het familiegeluk niet in gevaar te brengen. Claudia neemt daarin het voortouw.

Een escalatie vond wel plaats bij de schoonfamilie van nichtje Clarissa. Zij is de enige Lula-stemmer binnen haar naaste familie en schoonfamilie, en had het niet eenvoudig na de verkiezingen. Ze werd door haar schoonvader uit alle (sociale media) contacten verwijderd vanwege haar politieke voorkeur. Haar man steunde haar vervolgens en praatte een periode ook niet meer met zijn vader.

Een werknemer van het bedrijf van haar schoonvader bleef tijdens discussies Lula steunen, hetgeen de eigenaar niet kon verkroppen. De spanningen liepen dusdanig hoog op dat de functionaris ontslag nam.

En dan Barata. "Mijn zoon is boos op me omdat ik Lula heb gestemd", verklaart hij bedremmeld in onze woonkamer. De energie is uit hem getrokken nu de politieke spanningen ook de familierelaties hebben besmet. Net als mijn schoonmoeder Ceiça kiest hij voor zwijgen. Wanneer zijn zoon de laatste nieuwtjes over HET onderwerp wil bespreken, zegt hij dat hij niets heeft gezien of gehoord. Intussen gaat zijn handel in paarden, geiten, koeien en kippen gestaag door.

**Vergane glorie**

Op de terugweg van een bezoek aan het ditmaal warme en druilerige Patrimônio da Penha merken we in de flinke provinciestad Campos dos Goytacazes de gevolgen van het politieke slagveld sinds de val van Dilma in 2016. De Uber-chauffeur werkte jarenlang in de olie, op de booreilanden in het Campos-bassin. Maar sinds het Lava Jato corruptieschandaal wordt er voor dat werk 30 procent minder betaald, en dus rijdt hij nu vooral medewerkers van Petrobras van en naar de haven. Deze Maurício vertelt met groot respect over zijn opa, die als migrant uit Recife met zeventien kinderen naar Campos trok om daar in de rietsuikerfabrieken te gaan werken. Een noordoosteling op zoek naar een beter leven, net zoals een jonge Barata ooit met Geralda uit Paraiba vertrok.

Het wemelde van die *usinas* in Campos, totdat er olie werd gevonden. Nu zijn er nog twee suikerfabrieken over in een stad die het stempel 'arm en onveilig' heeft. Ook hier de sterke adem van vergane glorie. De jonge getalenteerde ober in de pizzeria is in de zevende hemel: hij vertrekt en gaat zijn droom leven op een cruiseschip in Europa.

Alle zeventien kinderen van de opa van taxichauffeur Maurício werden met succes grootgebracht, inclusief zijn vader. Een prestatie die nog generaties lang zou nagalmen binnen het geslacht. Hij brengt ons naar het stadscentrum waar we de zondagsmis in de kathedraal Santíssimo Salvador (de allerheiligste verlosser) bezoeken. De katholieke tempel is afgeladen, de sfeer aangenaam – ook honden zijn welkom – en de dienst luchtig, met veel ritmisch gezang. In het spoor van de grote concurrentie, de evangelische kerken.

De pastoor roept in zijn preek de politieke leiders van het land en de deelstaat op om zich meer om de armen te bekommeren. En dat zijn er veel in deze stad. Ze liggen letterlijk tegen het kerkgebouw aan tijdens de mis.

**Verbroedering**

Ik maak tijdens de wittebroodsweken van de regering Lula III ook kennis met Bolsonaro-stemmers die hun verlies hebben genomen, de couppoging zwaar veroordelen en duimen voor een beter Brazilië onder Lula. Ceiça is daar een van en ook de vriendin van kameraad Liberal. Hij fel petista, zij fanatiek bolsonarista. Maar nu is het klaar, zegt ze, en moet die extremistische gekkigheid snel stoppen. Maar ze kent de onverzoenbaren en uit grote zorgen over waar ze hen nog toe in staat acht. Ze vreest voor aanslagen.

Ook de eigenaar van een resort bij de watervallen van Sana heeft op Bolsonaro gestemd en vindt dat het land weer een eenheid moet worden en de nieuwe regering alle steun verdient. De in Angola geboren Portugees hoopt alleen dat Lula's beleid 'niet te socialistisch' wordt.

Er zijn meer tekenen van depolarisering, en debolsonarisering. Het groen-geel is uit het straatbeeld verdwenen. De woningen met een Braziliaanse vlag wapperend in de tuin of tegen het raam geplakt, zijn schaars geworden. En op mijn door schoonmoeder georganiseerde verjaardagsontbijt – zoals altijd groots uitgepakt met dit keer zelfs livemuziek – zijn beide kampen present maar is van enige spanning niets te merken. Ze hebben het vooral heel gezellig met elkaar.

De strijd voor God, Vaderland, Familie wordt wel standvastig door de hardliners via de sociale mediakanalen voortgezet. Ook door een aantal fanaten binnen de voetbalgroep. De enige openlijke lulista maant zijn clubgenoten vooral tot vrede en respect voor andere meningen, wanneer ze weer over de schreef gaan.

Op de zondagse voetbaldag wordt er nauwelijks over politiek gesproken. De Amigos de Itaipuaçu hebben wat belangrijkers aan het hoofd. De groep verkeert in een crisis vanwege een uit de hand gelopen eindejaarsfeest in december. Het was weer ouderwets gezellig en de drank vloeide natuurlijk rijkelijk, totdat een van de mannen wat al te opzichtig flirtte met de vrouw van een (nieuwe) teamgenoot. Fatale fout. Het opstootje dreigde te escaleren en kwam alleen tot een einde nadat een van de heren een revolver trok. Er volgden uitsluitingen en schorsingen, maar de onrust duurt voort. Tijdens het gesprek voorafgaand aan de gebeden blijken de meningen verdeeld.

De lulista komt ook weer eens opdagen, eventjes maar. Hij wordt verwelkomd met ‘hier is de communist’, maar geeft geen krimp. Roosevelt schuift aan bij de derde helft, drinkt een paar biertjes met de bolsonaristas en vertrouwt me toe dat dit een heel goede groep is. President Toninho vertelt me bloedserieus dat hij niet gediend is van politieke uitingen in de groepsapp en dat probeert te beteugelen.

Het uitzicht noordwaarts vanaf het voetbalveld zal veranderen, en wordt als onvermijdelijk gezien. Na twintig jaar lobbyen heeft een

Spaans consortium het toch voor elkaar: toestemming voor de bouw van een luxe resort in het uitgestrekte duingebied tussen Itaipuaçu en Maricá. De lokale indianen krijgen buren. Natuurbeschermer Ibama hield het tegen, het linkse gemeentebestuur wilde ook niet maar is nu blijkbaar om. Slecht nieuws voor de flora en fauna, een goed bericht voor de huizenbezitters in de nabije omgeving. Nu is het alleen nog wachten op toestemming voor appartementencomplexen op percelen bij het strand en Itaipuaçu zal 'exploderen'.

Zo krijgt het stedelijke karakter verder vorm. Het slaperige strandoord is binnen twintig jaar een stad geworden, met alle kenmerken: volle evangelische kerken, daklozen, een bordeel, een schietclub – dit heeft het tijdperk Bolsonaro de regio in ieder geval nagelaten – en nu dus ook een luxe resort. De roedels strandhonden zijn langs afvalzakken zwervende stadshonden geworden.

Het is weer zo'n zinderende zomerse zondag, waarop Brazilianen vanaf het ochtendgloren tot de late avond intens genieten van al het moois dat hun land biedt: zon, zee, strand, aangenaam gezelschap en vooral veel muziek. Overal spelen bandjes en in deze tijd voert samba de boventoon, carnaval staat voor de deur. Een volksfeest van verbroedering.

# Hoofdpersonen

Om het overzicht niet kwijt te raken volgt hier een lijst met een aantal terugkerende personen in het boek.

**Politiek**

Rafaela Albergaria. Jong kandidaat-parlementslid voor de PT uit Rio de Janeiro, komt op voor armen, vrouwen en zwarten.

De familie Bolsonaro. President Jair Messias, zijn zonen en eveneens politici Eduardo, Flávio en Carlos. Michelle, vrouw van Jair.

Vanessa Campagnac. Voormalig onderzoekster openbare veiligheid bij de deelstaat Rio de Janeiro. Kwam door Bolsonaro zonder werk te zitten.

Fernando Henrique Cardoso. President van Brazilië van 1995 tot 2003. Bleef altijd lid van de sociaal-liberale PSDB.

Claudio Castro. Gekozen tot gouverneur van deelstaat Rio de Janeiro en gospelzanger, gematigd rechts.

Fernando Collor de Mello. De eerste vrij gekozen president na de dictatuur, rechts-liberaal, afgezet wegens corruptieschandaal in september 1992.

André Constantine. Linkse activist namens favelabewoners in Rio de Janeiro.

Deltan Dallagnol. De openbaar aanklager die Lula achter de tralies kreeg. In 2022 gekozen tot parlementslid, in 2023 door het electorale verkiezingshof uitgesloten van dit ambt.

Marielle Franco. Wethouder in Rio de Janeiro namens de PT, kwam op voor arme Afro-Brazilianen, waartoe ze zelf ook behoorde. Vermoord in 2018.

Francisco Gaetani. Hoogleraar politicologie en voorheen politicus. Viceminister in de regeringen Dilma Rousseff en Lula II.

Paulo Guedes. De ervaren minister van Economische Zaken in de regering Bolsonaro.

Roberto Jefferson. Oud-parlementslid en bolsonarista. In de gevangenis na politie te hebben beschoten.

Alexandre de Moraes. Rechter ('minister') van het Hooggerechtshof en president van het electorale gerechtshof. Eerst getypeerd als anti-Lula, later anti-Bolsonaro.

Sérgio Moro. De rechter uit Curitiba die Lula tot gevangenisstraf veroordeelde, minister werd onder Bolsonaro en in 2022 werd gekozen tot parlementslid. De veroordeling van Lula werd in 2021 geannuleerd.

Ricardo Netuno. Jonge wethouder in Maricá en fanatiek bolsonarista.

Henrique Pizzolato. Gelieerd aan de PT, oud-vakbondsman en -bankdirecteur en veroordeeld wegens corruptie. Zit zijn straf de laatste jaren thuis uit in Copacabana, bij partner Andreia Haas.

Dilma Rousseff. Eerste vrouwelijke president van Brazilië, namens de PT van 1 januari 2011 tot haar afzetting in augustus 2016.

Luiz Inácio Lula da Silva (Lula). Leider van de Arbeiderspartij (PT), oud-president (2003-2010), aartsrivaal van Bolsonaro en sinds 1 januari 2023 opnieuw president van Brazilië.

Rosângela da Silva (Janja). Vrouw van Lula.

Michel Temer. Opvolger van Dilma, president van 31 augustus 2016 tot 1 januari 2019. Van middenpartij MDB. Veroordeeld wegens corruptie.

Getúlio Vargas. President van Brazilië van 1930 tot 1945 en van 1951 tot 1954. 'Held van de arbeiders'.

Wilson Witzel. Oud-gouverneur van Rio de Janeiro, veroordeeld wegens corruptie. Gelieerd aan Bolsonaro.

**Voetbalvrienden**

Boguinha. Verzorgt het eten op de voetbalzondagen. Klusjesman en gelegenheidsbolsonarista.

Liberal. Een oude vriend van de familie. PT'er die politieke gesprekken met zijn voetbalvrienden mijdt.

Roosevelt. De enige explicite PT'er in de goep, daarom 'de communist' genoemd, wordt gedoogd.

Toninho. Leider ('president') van voetbalgroep Veteranos Amigos de Itaipuaçu, bolsonarista.

**De buren in Itaocaia Valley**

Barata en Geralda. Beheerders van ons huis.

Angelo. Een van de drie zonen van Barata en Geralda.
Mikael. Zoon van Angelo, woont voornamelijk bij opa en oma Barata en Geralda.

Marcos Robba. Fervent PT'er.

Jorge. Eigenaar van de eskimohonden.

**Familie**

Bibí. Grootmoeder van Claudia.

Ceiça. Schoonmoeder, moeder van Claudia.

Cris en Patrick. Schoonzus en zwager.

Clarissa. Dochter van Cris, zij stemde als buitenbeentje in de familie op Lula in de tweede verkiezingsronde.

Paulo (Paulinho). Neef van Claudia en getrouwd met Carol. Fel anti-Bolsonaro.

Ons gezin: Claudia, Hans, Johannes en Catarina.

# Bronnen

Eigen ervaringen in en met Brazilië sinds 1992, en vooral tussen 2017 en 2023: contact met vrienden en familie, de voetbalsessies op zondag en interviews met politici en deskundigen.
De Braziliaanse media. Met name het abonnement op de online krant van *O Estado de S. Paulo (Estadão)* heeft me geholpen weinig te missen. Hier checkte ik vrijwel dagelijks het nieuws en de politieke analyses sinds het aantreden van president Bolsonaro op 1 januari 2019.
Ook uit de interviews die ik heb vertaald voor de uitzendingen op televisie van *Zembla (BNNVara)* over ontbossing door de aanleg van havens in de Amazone (2019) en de sojateelt in de Cerrado (2021), heb ik informatie gebruikt. De documentaire *Amigo Secreto* van Maria Augusta Ramos wordt ook aangehaald in dit boek.

De boeken, artikelen en websites die voor *De Tropische Trump* zijn geraadpleegd:

Rafaela Albergaria, Pedro Martins en Mihessen, *Não foi em vão, mobilidade, desigualdade e segurança nos trens metropolitanos do Rio de Janeiro*, Rio de Janeiro, Fundação Heinrich Böll, 2019.

Fernando Henrique Cardoso, *The accidental president of Brazil, a memoir*, PublicAffairs, New York, 2006.

André Constantine en Dafne Ashton, *O dia em que o morro vai descer*, Kotter, Curitiba, 2021.

David Graeber en David Wengrow, *Het begin van alles, een nieuwe geschiedenis van de mensheid*, Maven Publishing, Amsterdam, 2021.

João Francisco Haas, *O verdadeiro processo do mensalão, ação penal 470-stf*, Verbena Editora, Brasília, 2015.

Claude Lévi-Straus, *Het trieste der tropen*, Atlas, Amsterdam, 2004 (originele Franse versie 1955).

Leo Löwenthal en Norbert Gutermann, *Prophets of Deceit*, Harper & Brothers, New York, 1950.

Charles C. Mann, *1493, hoe de wereld zich ontwikkelde na de ontdekking van Amerika*, Rainbow, Amsterdam, 2011.

Matthew McManus, *What is post-Modern Conservatism: Essays on Our Hugely Tremendous Times*, John Hunt Publishing, Alresford, 2020.

Fernando Morais, *Lula Biografia volume 1*, São Paulo, Companhia das Letras, 2021.

Vladimir Netto, *Lava Jato, o juiz Sergio Moro e os bastidores da operação que abalou o Brasil*, Primeira Pessoa, Rio de Janeiro, 2016.

Reid Jewett Smith. *Teaching Trump: A frame analysis of educators' responses to 'the Trump effect' in American schools.* Education Policy Analysis Archives, 28, 144. 2020.

*http//fazendasantigas.com.*

Dit boek kan heel goed gelezen worden als vervolg op het eerder verschenen *Echo's uit Rio de Janeiro*. Veel van dezelfde plekken en personen komen hier in voor, over een veel langere periode, waarin de presidenten Cardoso, Lula en Dilma aan het roer stonden.

Hans Veltmeijer, *Echo's uit Rio de Janeiro, onder familie, voetballers, gelovigen en bandieten*, Aspekt, Soesterberg, 2015.

# Dankwoord

Zonder al die mensen in Brazilië die graag en openhartig met mij wilden praten over dat gevoelige onderwerp, was dit boek er niet gekomen. Ik ben mijn schoonfamilie, schoonmoeder Ceiça in het bijzonder, Geralda en Barata, Marcos Robba, de voetbalvrienden van de Amigos de Itaipuaçu, Henrique Pizzolato, Andreia Haas, Vanessa Campagnac, Francisco Gaetani, Ricardo Netuno en Rafaela Albergaria dan ook zeer dankbaar. En dan heb ik al die praatgrage taxichauffeurs, andere buren en passanten niet genoemd.

Toen het manusript vergevorderd was hebben Claudia – mijn liefde, steun en toeverlaat – en vriend Niels Renes de teksten kritisch doorgelezen en mij alvast voor foutjes behoed. Johannes dacht inhoudelijk mee, Catarina en haar vriend Bram Niessink bekommerden zich met name om de titel en de cover. Het idee van de uiteindelijke omslag kwam van Bram, grafisch specialist Koeno van der Schuur maakte er iets bijzonders van. Rob Vink heeft de foto's net nog wat beter gemaakt met zijn bewerking en Maja Haanskorf gaf in de eindfase nog welkome tekstuele adviezen. Met uitgever Cok de Zwart klikte het snel door zijn enthousiasme en persoonlijke benadering. Hij zorgde ervoor dat het project fraai werd afgerond.